AF244881

LE PREMIER PÈLERINAGE

DE PÉNITENCE

ET LA TERRE SAINTE

A TRAVERS LA SAMARIE

CAMPEMENT DES PÈLERINS A DJENINE

LE PREMIER PÈLERINAGE

DE PÉNITENCE

ET

LA TERRE SAINTE

PAR

LE P. HAVARD

(EUDISTE)

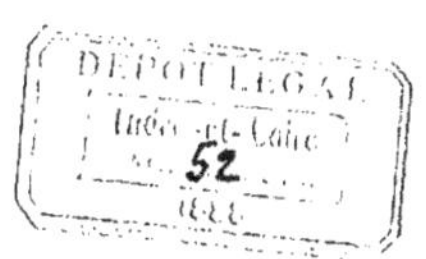

TOURS

ALFRED CATTIER, ÉDITEUR

1888

LE PREMIER PÈLERINAGE

DE PÉNITENCE

ET

LA TERRE SAINTE

CHAPITRE I

LE PÈLERINAGE. — SES APPRETS

I

NOTRE BUT

Vous savez bien, chers lecteurs, que nous ne faisons pas une promenade de pur agrément. Les touristes, le commun des voyageurs, ne se proposent guère que de passer leur temps d'une manière agréable, de voir des choses nouvelles, curieuses, intéressantes ; tout au plus visent-ils à s'éclairer en étudiant la nature, les productions des pays qu'ils parcourent, les mœurs des habitants, les lieux où se sont accomplis de grands événements. Cette curiosité n'a rien de blâmable et, dans le cas présent, elle serait fort légitime. Pour nous, en particulier, qui avons la charge de comprendre et d'expliquer les saintes Écritures, il n'est pas indifférent de connaître les lieux où ont vécu les Patriarches, Notre-Seigneur et ses Apôtres. Nous avions cependant un but plus élevé ; nous allions en terre sainte, à Jérusalem, pour ranimer notre foi, notre reconnaissance et notre dévouement envers Jésus-Christ et son Église.

II

RAISON, ANTIQUITÉ DES PÈLERINAGES

De prétendus sages ont pu vous dire que ces voyages ne sont nullement à propos, qu'ayant Jésus-Christ dans le tabernacle et dans ses sacrements, il est bien inutile d'aller le chercher au bout du monde. Cette belle manière de raisonner n'est ni celle des saints, ni celle de l'Église. Assurément, il n'est pas indispensable d'aller à Jérusalem pour faire son salut et devenir même un saint François de Sales, ou un saint Vincent de Paul ; mais entre cet aveu et la condamnation des pèlerinages, il y a de la distance. Nous ne sommes pas de purs esprits qui ne se conduisent absolument que par la foi et la raison. Dieu, en nous donnant des yeux, un cœur et de l'imagination, ne nous défend pas d'en user.

Il est de fait qu'à la vue d'un lieu, d'un objet consacré par un grand souvenir, nous pouvons être profondément émus et portés au bien. Aussi, sans parler des autres pèlerinages, Bethléem, Nazareth, Jérusalem n'ont-ils cessé, depuis l'accomplissement des grands mystères de notre salut, d'être visités par de pieux fidèles. Qu'est-il besoin de rappeler Jérôme, l'illustre Paule, François d'Assise, le roi saint Louis et tant d'autres. Dieu a souvent récompensé la foi de ces pèlerins par d'éclatants miracles ; les souverains pontifes ont encouragé ces pieux voyages par d'innombrables indulgences. Laissons donc les critiques se croire plus sages que l'Église. Tout au plus, pourrions-nous, au besoin, leur rappeler le mot sanglant, mais si vrai de Pascal : « Qui veut trop faire l'ange, est bien exposé à faire la bête. »

Nous allions donc sur les lieux consacrés par la présence de Notre-Seigneur Jésus-Christ prier pour l'Église, pour la France, pour la conservation et la propagation de la foi au milieu de nous et dans tout l'univers, et tout spécialement pour notre propre sanctification. Voilà pourquoi, outre les indulgences attachées à la visite des lieux saints, le souverain pontife avait bien voulu nous accorder d'abondantes faveurs spirituelles, à nous et aux personnes qui, sans quitter leurs foyers, s'uniraient aux pèlerins par la prière et les bonnes œuvres.

III

PRÉPARATIFS, RENCONTRES.

Les RR. PP. Augustins de l'Assomption, auxquels sans doute était venue la première idée de cette supplication solennelle et qui en avaient la direction, crurent que pour toucher plus sûrement le cœur de Dieu, il fallait joindre la mortification à la prière. Ils appelèrent donc ce grand acte de religion : *Pèlerinage de pénitence*. Un millier de personnes environ entrèrent dans les mêmes vues, et il fut décidé qu'on partirait de Paris le mardi 25 avril, et de Marseille, le jeudi 27, au soir, sur les deux bateaux de la Compagnie transatlantique, *la Guadeloupe* et *la Picardie*.

Deux enfants du vénérable P. Eudes furent autorisés par leur supérieur général à faire partie de ce pèlerinage, le P. F., de la résidence d'Abbeville, et le P. H., de la Roche-du-Theil, près Redon. Ils étaient à Paris, dès le dimanche 23, au soir. Le mardi matin, ils vont, en compagnie de deux séminaristes de Coutances, à Notre-Dame-des-Victoires, mettre sous la protection de Marie leur long et périlleux voyage. Le P. H. se rend de plus à Saint-Gervais où il y a messe, instruction et cantiques en l'honneur de sainte Philomène, patronne et guide des pèlerins.

Le même jour, mardi 25 avril, tous les préparatifs terminés et les provisions faites pour une journée, vers une heure et demie de l'après-midi, les quatre voyageurs, plus Mlle Victoire C., pensionnaire des Dames Saint-Michel, se dirigent vers la gare de Lyon où un train spécial les attendait et devait les transporter, en vingt-quatre heures, à Marseille.

Nous étions là près de cinq cents personnes. Ceux qui ont vu des départs un peu nombreux se figurent l'empressement, la confusion de tout ce monde chargé de bagages, trois fois plus embarrassants qu'il n'eût été à propos. La Compagnie des chemins de fer y trouva son compte. Elle nous avait fait une remise de 40 pour 100, mais sans vouloir se charger des bagages, ce dont la plupart de nous n'étaient pas prévenus. Ceux donc qui ne purent prendre avec eux tous leurs effets en voiture durent payer en conséquence. Pour mon compte, je croyais bien n'avoir pris que le strict nécessaire et arriver sans rien débourser à Marseille. On me fit voir que j'avais mal calculé, et je dus retrancher quinze francs des quarante-cinq que m'économisait mon billet à prix réduit.

Un autre désagrément, c'est que, ayant retenu nos places sans nous être entendus, le P. F. et moi, il était en troisième, tandis que j'étais en deuxième.

Malgré ces premiers ennuis, le pèlerinage de pénitence promettait d'être des plus agréables. A peine étais-je sur le trottoir de la gare, pour me caser, qu'un bon jeune homme que tout d'abord j'eus de la peine à remettre, sous sa barbe naissante, descend de voiture, accourt vers moi et me dit : « Quoi, vous ici, mon Père ! la bonne rencontre ! Voulez-vous monter avec moi ? nous ne sommes encore que trois personnes. » C'était un Vendéen, M. R. de F., un de mes anciens élèves dont j'avais conservé le meilleur souvenir. Vous devinez si j'accepte avec empressement cette aimable invitation. Avec lui se trouvaient Mme la V^esse d'App. et Mlle S., habituées de notre chapelle d'Abbeville. Notre compartiment se complète par l'arrivée de M. D., de Valognes, le frère d'un de mes anciens élèves, et d'un vénérable et savant chanoine de Paris, M. l'abbé P., qui a eu des relations fréquentes avec plusieurs de nos pères de Saint-Michel. Dites donc si, sans nous être concertés, nous ne formions pas une vraie famille du P. Eudes?

IV

EN CHEMIN DE FER

Au coup de sifflet, la longue file de wagons se met en mouvement, nous récitons les prières de l'itinéraire, celles que nous indiquait le *Manuel du Pèlerin*, le saint office; nous chantons des hymnes, des cantiques. Dans les intervalles, on cause, on lit, on regarde les plaines de la Champagne, les collines du Lyonnais; on dort, ceux du moins qui n'en sont point empêchés par une trop mauvaise installation ou par d'autres obstacles encore, ne fût-ce que le caquet du voisin ou de la voisine. Le pèlerinage n'était pas encore ouvert, il n'y avait donc pas de règle de silence à enfreindre. Il va sans dire que, sous ce rapport, un bon nombre se mettaient à l'aise, sans songer aux observations qu'ils pouvaient soulever.

A côté de nous, en troisième, un bon curé de la région du Nord se plaignait, le mercredi matin, de n'avoir pu fermer l'œil de toute la nuit : « Ni la bouche non plus, » répliqua en riant une voisine. Le saint homme avait passé le temps de manière à empêcher tout le compartiment, quarante personnes, de dormir toute la nuit.

Vous comprenez qu'en si bonne compagnie et avec des occupations si variées, les vingt-quatre heures ne nous parurent pas trop

longues. Un petit incident aurait pu cependant causer quelque ennui.
En quittant Saint-Michel, le P. F. s'était chargé de nos provisions
communes; c'est un bon Normand, et l'esprit de prévoyance ne
l'abandonne jamais. Au moment de nous séparer, je lui fis observer
qu'il serait à propos de procéder au partage. C'est inutile, reprit-il,
on stationnera; je vous apporterai à votre compartiment tout ce
dont vous pourrez avoir besoin, puis il disparut, se casa où il put.
On stationna, en effet, mais deux, trois, cinq minutes à chaque fois.
Il était onze heures du matin, nous avions passé Valence, et le bon
P. F. n'avait point paru. J'avais beau mettre la tête à la portière,
chercher à droite et à gauche; pas de nouvelles du P. F. Heureusement, il y avait des provisions abondantes à chaque buffet où nous
arrêtions. Quand le P. F. se retrouva, j'avais pu avaler à la
vapeur une tasse de café, mettre un petit pain dans ma poche et ne
pas prolonger démesurément mon jeûne.

V

MARSEILLE

Nous voyageâmes ainsi jusqu'au mercredi, vers trois heures du
soir, recueillant aux gares principales de nouveaux groupes de pèlerins. Arrivés à Marseille, chacun était pressé d'aller s'installer à
bord du navire qui lui était destiné. Des voitures louées par les
soins du Comité nous attendaient; c'est à qui passera le premier.
Mais là surgit une difficulté à laquelle nous n'avions pas songé. Les
bagages enregistrés à Paris ne se retrouvent pas immédiatement.
Les employés de la gare ont beau faire, ils ne peuvent satisfaire
tout le monde à la fois. Au milieu de la confusion produite par le

grand nombre et l'empressement des voyageurs, il faut s'armer de patience. Enfin, au bout d'une grande demi-heure, voilà nos effets; vite en voiture; filons à la Joliette (c'est le lieu de l'embarquement).

Je suis inscrit pour *la Guadeloupe*, le P. F., ses deux séminaristes normands et M. R. de F. pour *la Picardie*. Il connaît les pères directeurs; il espère obtenir un changement qui nous réunira pour la traversée. On lui répond qu'au milieu des embarras d'un pareil embarquement, il n'y faut pas songer. Nouvelle séparation plus pénible que la première, puisqu'elle doit durer au moins huit jours. Quoi qu'il en soit, montons à bord avec nos bagages. Nous n'y sommes pas; c'est ici chacun à son tour comme à confesse. Il y a plus de deux cents personnes avant moi, je n'aurai pas fini dans deux heures.

Comme je ne puis traverser Marseille sans faire une visite à mes vieilles connaissances, et comme, d'ailleurs, j'ai ma place assignée, n° 6, je fais hisser ma valise et prie mon compagnon, M. D., de vouloir bien déposer mes menus effets à mon numéro. Ainsi rendu à la liberté, je cours au Refuge, à l'Œuvre de la Jeunesse, où l'on se demandait s'il ne me serait pas arrivé quelque accident, si j'avais renoncé au voyage ou décliné l'aimable invitation qu'on m'avait adressée. Après l'accueil le plus affectueux, j'ai réparé dans un bon lit les fatigues des nuits précédentes.

Cependant, le P. F. et ses jeunes Coutançais se casaient à bord de *la Picardie*, puis ils venaient à leur tour demander l'hospitalité au Refuge.

VI

A LA MAJOR

La masse des pèlerins s'était dirigée vers la *Major* (Sainte-Marie-Majeure, l'ancienne cathédrale), l'église la plus voisine du port. Le T. R. P. Picard, supérieur général des Augustins, déclare le pèlerinage ouvert, et parle de la glorieuse mission qui incombe aux pèlerins d'aller prier au tombeau du Sauveur et demander la résurrection de la France. Mais une résurrection suppose la mort, des sacrifices, etc.; après avoir développé cette pensée avec chaleur, il s'écrie : « Etes-vous prêts à accepter le sacrifice même de votre vie pour affirmer votre foi et toucher le cœur de Dieu? — Oui, oui ! répondent les pèlerins, nous sommes résolus à accepter tout ce qu'il plaira à Dieu de nous demander. »

Cette promesse faite au milieu de la plus vive émotion, les pèlerins récitent l'acte de foi pour attester que si Dieu exigeait leur vie, ils entendent mourir en vrais enfants de l'Église, en vrais pèlerins de la pénitence. « Mais puisque vous êtes prêts à tous les sacrifices, reprend l'orateur, il en est un que Dieu agrée avant tous les autres, un que nous sommes obligés de demander, c'est celui de l'obéissance. Vous avez promis l'obéissance nécessaire à une pareille œuvre, voulez-vous fortifier cette promesse, la transformer en un serment? — Oui, répondent les auditeurs électrisés, nous jurons d'observer la plus entière obéissance ! » Le père, ému comme son auditoire, prononce alors devant Notre-Seigneur au saint Sacrement un acte ardent de consécration, et au sortir de cette réunion, on peut dire que les pèlerins ne formaient plus qu'un cœur et qu'une âme.

VII

A NOTRE-DAME-DE-LA-GARDE

Le lendemain, jeudi, dès minuit, les messes commencent à Notre-Dame-de-la-Garde sur les autels ordinaires et sur les vingt-quatre autels portatifs dressés dans la crypte.

Il en fut dit plus de quatre cents, et la prière se multiplia jusqu'au matin. A sept heures, les pèlerins étaient tous réunis dans l'église supérieure; Mgr Robert voulut célébrer lui-même la messe du départ et distribuer le pain des forts comme un viatique.

A l'Évangile, il se tourna vers la foule, et développant le texte : *Nisi pœnitentiam egeritis, omnes peribitis!* Il montra comment la pénitence est la loi fondamentale du christianisme que Jésus-Christ a pratiquée jusqu'au martyre et que les pèlerins vont reproduire, là même où Jésus-Christ est mort par amour pour la pénitence. Sa Grandeur félicite ces vaillants chrétiens d'avoir entrepris une œuvre si belle; avec une bonté toute paternelle il leur donne les plus sages conseils, leur recommande la prudence, l'esprit d'obéissance et de sacrifice.

Après la messe, le R. P. Picard adresse quelques chaleureuses paroles d'exhortation à ses compagnons de voyage et les invite à unir pour la première fois leurs prières aux pieds de Marie dont ils reviendront chaque jour implorer la maternelle assistance. L'Assemblée tombe à genoux et dit avec recueillement et ferveur sept *Pater* et sept *Ave* aux intentions du souverain pontife, de la France, de Mgr l'évêque, de l'Église de Marseille, du clergé et du comité catholique qui ont fait si bon accueil à leurs frères voyageurs et, enfin, aux intentions de tous les pèlerins.

Ensuite, Monseigneur bénit et distribue des croix que chaque pèlerin portera attachées sur sa poitrine pendant tout le cours du voyage. Ce sera donc une croisade nouvelle, mais toute pacifique, où chacun ne fera la guerre qu'à soi-même par la pénitence.

Après les derniers avis reçus à la *Major*, on s'embarqua, puis on déjeûna. Selon le programme, on devait partir dans la soirée, mais la Providence en avait disposé autrement. Le vent, d'une violence telle que Marseille n'en avait vu de semblable depuis longtemps, retint les navires au port jusqu'au lendemain. A l'aube du 28, malgré un roulis formidable, nous partions au chant du *Magnificat*. C'était un vendredi, fête de saint Paul de la Croix, c'est aussi le vendredi 5 mai que nous avons mis pied à terre à Caïfa, et nous sommes entrés le vendredi 12 à Jérusalem. Bon nombre de Marseillais, que la violence du mistral et l'heure matinale n'avaient pu arrêter, nous accompagnaient de leurs vœux et de leurs acclamations.

CHAPITRE II

LA TRAVERSÉE

I

PREMIER JOUR EN MER

Nous étions donc en mer, pleins de joie et de confiance, à la garde de Dieu. Mais notre pèlerinage de *pénitence* devait commencer par l'épreuve. Le diable, je crois, voulait nous faire payer cher l'ennui que nous allions lui causer. A peine sortons-nous du port; les cris : Vive Notre-Dame de la Garde! Vive le pape? Vive la France! sont encore sur nos lèvres que d'autres cris moins joyeux se font entendre. Le navire est jeté à droite, à gauche, en avant, en arrière, et avec le navire, tout ce qui est dessus, choses et gens. Malheur à qui n'est pas sur ses gardes; plus d'un chapeau vole à l'eau; plus d'un voyageur est renversé, roulé sur le pont, et en tombant se fait au visage des entailles qu'il portera jusqu'à Jérusalem. Je vois encore un de mes voisins, le brave commandant en retraite M. X..., le nez tourné à gauche et couvert d'un large emplâtre, comme s'il avait été à la bataille. Ce ne sont pourtant là que des cas isolés. Mais le sort commun, à moins d'avoir des dispositions toutes spéciales pour la navigation, comme le P. F., par exemple, le sort commun, c'est de donner à boire et à manger aux poissons. Quelques novices essayent de faire bonne contenance, pour n'en pas venir à cette extrémité désagréable. Peine perdue ; ils n'arrivent qu'à augmenter, qu'à prolonger leur mal.

Pour moi, instruit par une expérience plusieurs fois renouvelée qu'il faut payer le tribut et, que, règle générale, après ce nettoyage nécessaire, mais salutaire, l'estomac se remet promptement, je m'exécute sans résistance, et je m'en trouve bien ; trois grains d'émétique ne m'auraient pas mieux servi. Mais n'insistons pas sur ce point ; cela ne dura guère qu'une journée. Dès le samedi, la mer était tranquille ; les tables, jusque-là désertes, commencent à se garnir ; sauf quelques tempéraments tout à fait rebelles, qui continuent à souffrir plus ou moins longtemps, nous n'avons plus de malades ; la gaieté redevient générale et le ciel d'une beauté peu commune, au dire du capitaine.

II

INSTALLATION

Une autre épreuve qui devait nous accompagner jusqu'à terre, était notre installation à bord (1). Sans doute on avait fait le possible pour organiser convenablement les choses ; si nous n'avions été que

(1) Plusieurs des personnes qui lisent cette relation n'ayant jamais vu de bateau ou paquebot à vapeur, il n'est pas inutile de leur en donner une idée. C'est un bâtiment à plusieurs étages, dont le dessus qui s'appelle le pont est plat, mais légèrement arrondi. C'est sur le pont que montent les voyageurs au moment de l'embarquement ; c'est là qu'ils passent la plus grande partie de leurs journées, quand le temps le permet, protégés par une couverture de toile contre les rayons du soleil. Immédiatement au-dessous se trouvent les cabines et le salon de première classe ; puis, comme au second étage en descendant, ceux de seconde classe, éclairés par des ouvertures rondes appelées sabords, pratiquées dans le flanc du navire. Au fond est la cale où l'on dépose les bagages de toute sorte. Les salons sont de grands appartements où les voya-

trois cents personnes au lieu de cinq cents, la situation n'eût pas été
pénible. Ceux des pèlerins qui avaient une place fixe pour coucher et
où déposer leurs effets n'ont probablement pas compris ce que quelques
autres ont eu à souffrir. Pour moi, je m'étais bonnement imaginé que,
ayant le numéro 6 en seconde classe, je trouverais, en arrivant à
bord, une cabine avec lit, cuvettes et autres ustensiles semblables.
C'était une grave erreur de ma part. Les premiers venus avaient occupé
les premières places à leur convenance.

Il ne me restait plus pour m'établir, quand j'arrivai, que le pont et le
salon. Ma valise qui, m'avait-on dit, serait toujours à ma disposition,
avait été jetée à fond de cale, et ce ne fut qu'au bout de trois à
quatre jours qu'on finit par me la trouver. Mon petit sac de voyage,
qui contenait papiers, brosses, peigne, serviettes, chausse-pied et
autres objets de toilette, aurait pu me suffire à la rigueur. M. D...,
à qui je l'avais confié, avait été envoyé sur *la Picardie*. Mon pauvre
sac, laissé à bord, fut jeté à fond de cale pêle-mêle avec le reste des
bagages, et nous n'étions pas loin de Caïffa quand je pus remettre la
main dessus. Ces objets mêmes, une fois retrouvés, c'était toute une
affaire que de les avoir sous la main.

Pour peu qu'on vînt à s'en dessaisir; ils étaient bien exposés, à
cause du peu d'espace dont nous pouvions disposer, à être changés
de place, et il fallait courir longtemps après. J'aurais toute une his-

geurs prennent leurs repas et peuvent se retirer pour causer, lire, jouer,
quand il fait mauvais temps. Les cabines sont de petites chambres établies sur
les flancs du navire, entre le salon et la charpente, où sont placés les lits des
voyageurs, ordinairement superposés au nombre de deux ou trois. Je n'ai pas
calculé les dimensions de *la Guadeloupe*, mais je ne crois pas m'éloigner con-
sidérablement de la vérité en lui donnant cent mètres de long sur dix de large.
A l'arrière, étaient les voyageurs de première et de seconde classe, à l'avant,
ceux de troisième, et, au milieu la machine avec le fourneau et sa cheminée
qui, au besoin, fait l'office de porte-voix, sous l'action de la vapeur, comme le
sifflet du chemin de fer.

toire à faire, si je voulais suivre, dans toutes ses pérégrinations, mon pliant qui, pourtant, est un objet presque indispensable à bord. Au retour, on eut la bonne idée de nous assigner une cabine où déposer ces petits effets. C'était une amélioration sensible.

Je ne dirai qu'un mot du régime alimentaire. Quoique, au moment du départ, nous eussions remarqué sur le pont plusieurs compagnons de voyage auxquels nous n'avions pas songé, bœufs, moutons, volailles, etc., qui ne devaient pas revoir la terre, vous devinez bien que chacun ne retrouvait pas là son petit ordinaire. Mais il n'y avait pas lieu de se plaindre, au moins avec un bon estomac ; si les choses ne péchaient pas par excès de soin et de propreté, la quantité ne faisait pas défaut.

Le moment pénible était la nuit. L'heure du coucher venue, ceux des pèlerins qui n'avaient pas de cabine se rendaient à l'ouverture de la cale. Là, chacun attendait qu'on appelât son numéro d'ordre et qu'on lui jetât un matelas et une couverture qu'il allait étendre dans le salon transformé en dortoir. L'opération durait quelquefois plus d'une heure. Les premiers appelés pouvaient choisir leur place. Mais bientôt l'appartement est rempli ; il y a des lits sur le parquet, sur les canapés, autour des tables, dessus, dessous, et tout le monde n'est pas encore casé ! il faut serrer les rangs. Plus le moindre espace à prendre. On s'étend sans ôter ses habits, comme le soldat sous la tente ; pour peu qu'on allonge les pieds ou les bras, on est sur le terrain d'autrui. Et quelle chaleur dans ces dortoirs peu élevés où sont entassées cinquante, soixante personnes ! Et quelle musique, quels ronflements au milieu de la nuit ! Quelle odeur nauséabonde quand arrive le matin, après sept, huit heures passées là-dedans ! Aller coucher sur le pont, au grand air, pour se tirer de cette étuve, c'est s'exposer à des fraîcheurs qui deviennent vives et dangereuses à partir de minuit. Et si, quand les lampes sont éteintes, comme on le fit d'abord pour diminuer la chaleur, on éprouve le besoin de sortir, il est impossible de faire un pas, sans s'exposer à de graves accidents. Est-ce sur un bras, une jambe, une tête que je vais mettre le pied? Et au sortir de là, pas une goutte d'eau pour se laver, pendant plusieurs jours. Ce n'est pas cependant qu'il en manquât autour de nous; mais on n'avait pas songé que nous pouvions en avoir besoin! Nous étions obligés de réserver dans un petit flacon (ceux qui en avaient) de celle qu'on nous servait le soir à table!

Vous voyez donc que nous n'étions pas en paradis. Aussi ai-je entendu dire plus d'une fois : Si nous touchions à terre à Reggio, par exemple, sur la côte d'Italie, la moitié des pèlerins fileraient vers leurs foyers. Il y avait là une exagération manifeste, les pèlerins n'étaient pas des enfants qui ne cherchent que leur plaisir, des sensitives qui cèdent à la première impression. Mais si, comme on nous l'a redit plusieurs fois, *la Guadeloupe* était dans de bonnes conditions, comparativement à *la Picardie*, je ne m'étonne pas que des personnes délicates, habituées au bien-être, déconcertées à la vue de ce dernier navire, aient renoncé au voyage.

Fallait-il être surpris, montrer du mécontentement? Nous étions bien prévenus qu'il y aurait à souffrir; nous allions visiter les lieux consacrés par la Passion de Notre-Seigneur Jésus-Christ ; nous savions que les sacrifices les plus pénibles avaient été embrassés avec joie. On nous citait un pèlerin qui, affligé, comme on dit vulgairement, d'un revenu de plus de cent mille francs, s'était imposé de prendre *une* place *de troisième classe*, et par esprit de pénitence, et pour procurer à un grand nombre de pauvres les moyens de faire ce voyage. D'autres s'étaient mis au pain et à l'eau. Que de traits semblables n'aurais-je pas à citer? Il eût été vraiment par trop déplacé de faire les difficiles.

III

PERSONNEL

Mais à côté de ces désagréments, quels sujets de joie, de bonheur, d'édification ! Et d'abord, nous allions visiter les sanctuaires les plus vénérables du monde, les saints lieux. Et en quelle compagnie (1) ! Chaque navire contenait environ cinq cents personnes, venues de tous les diocèses de France. Il y avait aussi des Italiens, des Espagnols, des Suisses, des Belges, des Hollandais, des Allemands, des Anglais et des Irlandais. Ils appartenaient à toutes les conditions, à toutes les classes de la société, depuis le vicaire général et le supérieur de communauté jusqu'au modeste frère lai; depuis le sénateur, le représentant de la haute aristocratie, le grand industriel, jusqu'au serviteur, à la bonne de grande maison, à l'ouvrier de la ville et des champs.

Tous les âges étaient représentés, depuis le jeune homme de dix-huit ans jusqu'au vieillard de soixante-dix-huit ; c'était une véritable image de l'Église catholique. Et parmi tout ce monde si disparate à l'extérieur, il y avait unité parfaite de vues et de sentiments. Chacun pouvait sans crainte aborder son voisin qu'il n'avait jamais vu, comme si c'eût été une vieille connaissance ; il était sûr de trouver bon accueil, et, au besoin, assistance efficace. Au milieu de cette grande famille, je me trouvai en relations plus habituelles, plus

(1) Il ne m'est pas possible de donner le nombre précis des pèlerins, soit de *la Guadeloupe*, soit de *la Picardie*. Les listes qu'on a publiées sont inexactes ou incomplètes. Des personnes inscrites ont fait défaut ; d'autres ont donné leur nom au dernier moment, trop tard pour qu'il fût imprimé. D'après la liste que j'ai entre les mains, il y aurait eu, en chiffres ronds, un millier de pèlerins ; cinq cents prêtres et religieux, autant de laïcs, dont la moitié de dames. Une liste reçue à la dernière heure porte mille trois noms.

intimes encore avec des compatriotes ou des connaissances des diocèses de Rennes, Nantes, Angers, Luçon, Coutances, Amiens, Paris, Tours, Saint-Brieuc.

Il n'y avait pas jusqu'aux employés du bord, depuis le capitaine jusqu'au petit mousse, qui ne se montrassent pleins d'attentions pour nous et ne se fissent un honneur de porter la croix des pèlerins sur sa poitrine. Je signalerai, entre autres, deux bretons : le maître d'hôtel et le garçon qui servait à ma table. Il fallut suivre le premier dans sa cabine, voir ses papiers, constater qu'il est Nantais d'origine, et là, il me fit l'offre empressée de ses services. Le second, qui habitait près de Vannes, ne voulait pas qu'on l'appelât garçon, mais Barthélemy ; et, quoi qu'on lui demandât, du vin, du café ou des oranges : « Oui, Monsieur, vous en aurez tout à l'heure, *comme s'il en pleuvait,* » répondait-il invariablement, et bien vite il courait en chercher à la cuisine.

IV

OCCUPATIONS

Ce qui contribuait encore à faire passer rapidement les journées, c'était l'heureuse distribution du temps, la variété et l'intérêt qu'offraient les exercices. Dès le samedi matin, on établit le règlement qui fut désormais suivi pendant l'aller et le retour, sauf les exigences des manœuvres ou des circonstances particulières :

A 5 heures, lever, nettoyage du pont ;

A 7 heures, messe du pèlerinage, avec le chant du *Credo,* du *Salutaris,* du *Magnificat,* avis et prières aux intentions du pèlerinage, par le R. P. Bailly, directeur de *la Guadeloupe ;*

A 7 heures 3/4, le café, pour les personnes qui ne pourraient attendre plus tard ;

A 9 heures, récitation en commun des petites heures, pour les prêtres ;

De 9 heures 1/2 à 11 heures 1/2, repas ; deux ou trois services successifs ;

A 1 heure, vêpres et complies en commun ;

A 1 heure 1/2, chapelet avec cantique ou chant de l'*Ave Maris stella*, présidé par les PP. Dominicains Matthieu Lecomte, de Nantes, et Dubourg, de Toulouse. Ce n'est pas une simple récitation, mais chaque jour le président développe une série des mystères joyeux, douloureux ou glorieux ;

A 3 heures 1/2, chemin de la Croix, par le R. P. Pierre, capucin ;

De 4 heures 1/2 à 6 heures 1/2, repas ;

A 7 heures 1/2, deuxième chapelet (le troisième se dit en particulier), ou instruction du mois de Marie, prière du soir et avis, du R. P. Bailly ;

A 9 heures, coucher, à moins que les circonstances, ou une soirée d'une beauté exceptionnelle, ne le fassent différer.

Depuis le coucher jusqu'à 6 heures du matin, silence dans les cabines, les salons et sur le pont.

Mais en dehors de ce règlement observé durant toute la traversée, chaque jour apportait ses exercices particuliers. Le samedi soir, nous eûmes la bénédiction du navire, la procession sur le pont, l'érection solennelle et l'adoration de la Croix. C'était un spectacle vraiment magnifique et touchant que ces cinq cents personnes, dames, laïcs et prêtres, défilant deux à deux le long des plats-bords, au chant du *Vexilla*, et venant baiser tour à tour l'instrument de notre salut, avec l'expression du plus profond respect. La Croix, maintenant honnie, outragée même par des chrétiens, se dressait triomphante au milieu de nous. Elle était notre protection et notre guide vers la terre où elle porta la victime de nos péchés. On bénit aussi et l'on exposa au

:pied du grand mât l'image du grand pénitent et pèlerin, saint Benoît
Labre, dont la vue devait être pour nous une précieuse leçon.

Ces cérémonies terminées, le R. P. Bailly conduit les prêtres au
pont de l'avant, et leur annonce l'ordre dans lequel se diront les
messes et s'entendront les confessions. Monseigneur l'évêque de
Marseille, qui a juridiction sur les navires sortis des ports de son
diocèse, a donné des pouvoirs très étendus. Un certain nombre de
religieux et de prêtres séculiers sont désignés pour absoudre tous
ceux qui s'adresseront à eux. Les autres auront sur les personnes de
leurs diocèses respectifs les mêmes pouvoirs que s'ils étaient dans
ces diocèses. Sur l'arrière-pont, on disposera une petite chapelle
fermée par des voiles, et là, autour de l'autel principal, on dressera
une dizaine de petits autels où chaque jour, de 6 à 9 heures, quand
le temps le permettra, une soixantaine de prêtres, à tour de rôle,
pourront offrir le saint Sacrifice. (J'ai eu personnellement ce bonheur
trois fois, deux fois en allant et une fois en revenant.) C'est là aussi
que, hors le temps des offices publics, chacun pourra se retirer pour
prier, lire, méditer, etc. Cette dernière observation ne fut point perdue ; il est bon nombre de pèlerins qui ont passé la plus grande
partie de leur temps dans ce petit sanctuaire : notre navire se trouvait tranformé en une basilique d'où, sans cesse, la prière montait vers
le trône de Dieu.

Demain, dimanche 30 avril, fête du Patronage de saint Joseph ;
lundi, saint Philippe et saint Jacques ; mercredi, Invention de la
Sainte-Croix, on pourra conserver la Sainte Réserve jusqu'au lendemain matin, afin d'avoir pendant ces jours au soir la bénédiction
du saint Sacrement. Il y aura adoration tout le jour et toute la
nuit. Il en sera de même les autres fêtes de seconde classe.

Dimanche, fête de saint Joseph, grand'messe avec diacre et
sous-diacre par des prêtres espagnols qui célèbrent en ce jour leur

fête patronale, Notre-Dame du Montserrat; deux petites allocutions :
l'une en français, après l'évangile ; l'autre à la fin de la messe, en
espagnol, dont les pensées saisissantes et le ton chaleureux empor-
tèrent tous les suffrages. Nous eûmes encore, ce même jour, une
fort belle instruction sur saint Joseph protecteur : 1° de la Sainte
Famille à Béthléem, à Nazareth, en Egypte ; 2° de la famille chrétienne
dans ses besoins et dans ses dangers ; 3° de l'Église dans les différentes phases de son existence. Le prédicateur était M. l'abbé Metge,
archiprêtre de Perpignan.

Dans la matinée du samedi 29 avril et dans la nuit suivante,
nous passons à l'ouest de la Sardaigne et laissons la Sicile à notre
gauche et Tunis à droite, mais sans rien apercevoir, à cause de la
distance et de l'obscurité. Il est onze heures du matin, nous sommes
en face, un peu à droite, d'une île peu éloignée de la côte d'Afrique.
Il y a si longtemps que nous ne voyons que le ciel et l'eau ; deux jours
et demi, c'est beaucoup pour des navigateurs comme nous. Tout
le monde se porte de ce côté, calcule l'étendue de ce petit coin de
terre, l'élévation de ses rochers, son importance, on se demande son
nom. C'est Pantellaria, autrefois puissante par sa marine, maintenant ignorée. Elle compte 5,000 habitants et dépend de la Sicile.

V

MALTE

Mais une satisfaction bien plus vive nous attendait le même jour.
Voici les rochers de Gozzo et derrière, à droite, le boulevard de la
puissance anglaise dans la Méditerranée, l'île de Malte. Nous y
serons dans la soirée et nous pourrons, dit le capitaine, donner des

nouvelles à nos amis inquiets. Aussitôt tout le monde a la plume ou le crayon à la main, et quand, à six heures, le beuglement de la cheminée a signalé notre présence, le canot qui nous aborde remporte plus de six cents missives pour tous les coins de la France. Nous avions fait trois cents lieues, environ un tiers de notre chemin; on compte près de mille lieues de Marseille aux côtes de la Terre Sainte. Le chef-lieu de l'île, la cité Valette, apparaît fort gracieuse au fond de son golfe triangulaire, entre les rochers qui forment amphithéâtre au sud et à l'est. Malgré son peu d'étendue (28 kilomètres sur 16) et sa population relativement peu considérable, peut-être 130,000 habitants, Malte tient une grande place dans l'histoire. Après avoir appartenu aux Phéniciens, aux Carthaginois, aux Romains, aux Arabes, aux Normands de Sicile, aux rois d'Aragon, elle fut cédée, en 1530, aux chevaliers de Saint-Jean de Jérusalem par l'empereur Charles-Quint et devint le rempart de la chrétienté contre les Turcs. Napoléon allant en Egypte, en 1798, s'en empara, supprima l'ordre de Saint-Jean (de Malte) et prépara une occupation facile aux Anglais qui se sont bien gardés de lâcher cette proie (1800).

La population maltaise est avant tout catholique, comme le montre l'accueil enthousiaste qu'elle vient de faire au cardinal Lavigerie, le premier prince de l'Église dont elle ait reçu la visite; et les Anglais, tout protestants qu'ils sont, sont trop habiles pour combattre ces sentiments dans lesquels ils voient une garantie de fidélité. La foi des Maltais remonte au temps de saint Paul.

Le grand Apôtre, en avait appelé à César, pour échapper aux poursuites des Juifs qui complotaient sa mort. Dirigé sur Rome, il fut jeté par une tempête sur la côte de Malte. Pendant qu'il ramassait des sarments de vigne pour entretenir le feu qu'avaient allumé les insulaires, afin de le sécher et de le réchauffer, lui et ses compagnons de naufrage, une vipère chassée de ces sarments par la chaleur, s'attache à sa main et y reste suspendue. Les spectateurs se disent que ce doit être un bien grand criminel, puisque, à peine échappé aux flots, il est poursuivi par la vengeance divine qui ne veut pas le laisser vivre. Mais voyant qu'au lieu de tomber mort, il n'enfle pas, qu'il ne souffre même pas de cette piqûre, ils passent d'une extrémité à l'autre, et veulent l'adorer comme un dieu ; sur sa résistance, ils lui rendent tous les services en leur pouvoir. Pour les en récompenser, saint Paul, pendant les trois mois qu'il passe parmi eux, leur prêche Jésus-Christ, guérit leurs malades et les délivre des serpents dangereux que, depuis cette époque, on ne trouve plus dans leur île.

VI

MOIS DE MARIE

Le lundi 1er mai, les longs et nombreux exercices de la veille n'avaient pas permis de faire l'ouverture solennelle du mois de Marie. On y supplée le lundi matin. C'est le R. P. Touche, supérieur des missionnaires Maristes de Notre-Dame de Verdelais (Bordeaux), qui nous rappelle dans un langage tout apostolique, combien nous avons besoin du secours de Marie et chaque soir, jusqu'au débarquement, on nous entretint des grandeurs et des vertus de notre Mère. Il faut croire que nous nous efforcions d'imiter son innocence et sa douceur, puisque les oiseaux apprivoisés, comme au temps de saint François et de saint Antoine de Padoue, venaient se reposer sur les mains des pèlerins. M. le comte de Coupigny chantait en vers la visite de ces aimables hôtes sur *la Picardie* ; qu'aurait-il fait, s'il avait été témoin de la familiarité de nos hirondelles ?

VII

HYGIÈNE

Le lundi soir, le Docteur-médecin du bord réunit les pèlerins, et dans un langage distingué, affectueux et chrétien, il nous donne les conseils que lui inspire sa longue expérience de l'Orient. La différence entre ce climat et le nôtre demande bien des précautions. Il faut se prémunir contre le soleil qui est très dangereux et contre la fraîcheur sensible des nuits, se couvrir le ventre et la tête surtout (les autres parties du corps importent assez peu). Les Arabes savent combien cela est nécessaire et ils bravent impunément la chaleur : aussi en trouve-t-on qui, pendant l'été, portent tout leur avoir en guise de couvre-chef.

La soif est un autre ennemi presque aussi redoutable et souvent l'eau que l'on trouve est de mauvaise qualité : boire peu, jamais d'eau fraîche, quand on est en transpiration ; en détruire la crudité en y mêlant un peu de vin, d'eau-de-vie, de jus d'orange, de citron. Les liqueurs pures sont également dangereuses. Un moyen plus simple et plus économique encore d'étancher sa soif, c'est de porter sur soi un petit caillou poli, de se le mettre dans la bouche quand on la sent desséchée et de l'y presser quelques minutes. Ce frottement excite la salive et diminue sensiblement la souffrance. L'expérience nous a démontré la sagesse de ces conseils. Plusieurs pèlerins m'ont assuré avoir usé avec profit du petit caillou ; et parmi nos morts il en est un qui a été emporté par une insolation, pour avoir omis de se tenir la tête couverte.

VIII

COSTUMES

Mais il faut dire qu'en somme chacun fut fidèle à observer ces recommandations déjà suggérées par les directeurs du pèlerinage. Peut-être même, en fait de précautions contre le soleil, dépassa-t-on tant soit peu la mesure. C'était du moins le sentiment de quelques esprits chagrins, il faut croire. Quoi qu'il en soit, à partir de ce moment surtout, à mesure que la chaleur augmentait et que nous approchions des côtes de Syrie, on vit se multiplier les costumes les plus variés et les plus pittoresques. Il y en avait de toutes les formes et de toutes les couleurs. Sans parler des moines et des religieux blancs, gris, bruns, noirs, des laïcs et des dames qui avaient plus ou moins modifié leur toilette accoutumée, on y voyait des curés et chanoines aux manteaux blancs, jaunes, rouges, bariolés, des coiffures de toutes les formes et de toutes les dimensions, depuis le tricorne avec ou sans voile, jusqu'au casque à mèche de la Basse-Normandie et au casque en liège de deux centimètres d'épaisseur.

Je me rappelle, entre autres, un bon vieux curé angevin faisant un matin son apparition sur le pont, en soutane, ceinture, manteau blanc, blanc de la tête aux pieds, comme le souverain pontife au jour de ses audiences ; et toutes ses connaissances s'écriant à cette vue : « Comment ? un pape ! Quelle audace ! » Et le vénérable, tout embarrassé « : Mais... je ne croyais pas qu'il y eût mal à cela ; ce sont mes religieuses qui m'ont habillé de la sorte... » Et il fut quelque temps à se demander si nos protestations étaient bien sérieuses.....

Et vous ? me direz-vous peut-être ; quel accoutrement aviez-vous adopté ? Il faut bien satisfaire votre curiosité. Comme le P. F., comme la plupart des religieux, je n'avais rien changé à la forme ordinaire de mes habits. Je m'étais contenté de mettre au fond de mon chapeau quelques feuilles de papier blanc, par-dessus, un voile de même couleur et sur mes épaules un petit manteau noir qui me préservait contre le frais et contre la chaleur, et ce voile, je ne le gardai que jusqu'à l'arrivée à Jérusalem ; cela m'a suffi.

Mardi 2 mai. A la place du saint Sacrement conservé dans un petit coffret en guise de tabernacle, les deux jours précédents, on dispose sur l'autel toutes les reliques qui se trouvent à bord, principalement celles de la vraie Croix et on les laisse exposées tout le jour et le lendemain (Invention de la Sainte Croix), à la vénération des pèlerins. Comme nous avons fait plus de la moitié de notre chemin et que nous approchons des côtes de la Palestine, il faut nous disposer, par un redoublement de recueillement et de ferveur, à mettre le pied sur cette terre sanctifiée. De là une retraite de trois jours pendant chacun desquels on nous fait une instruction spéciale dans ce but. Dans la soirée, nous apercevons à notre gauche, presque à l'horizon, au milieu du brouillard, l'île de Candie, l'ancienne Crète où saint Paul laissa Tite, son disciple, pour former et gouverner les Églises naissantes.

IX

LE P. MATTHIEU

Mercredi 3 mai, Invention de la Sainte Croix. Le R. P. Matthieu, sur ce texte : *Voici que nous montons à Jérusalem et le Fils de l'homme sera livré aux Gentils, condamné à mort, outragé, flagellé, mais il ressussitera le troisième jour*, nous montre comment, pour rendre notre voyage utile, il faut nous élever au-dessus des pensées et des affections terrestres, être prêts à souffrir les trahisons, les douleurs, les ignominies de toutes sortes avec Jésus-Christ. Dans cette instruction, comme dans toutes les autres qu'il nous adressa, particulièrement en nous prêchant le saint Rosaire, le bon père commençait par se bien mettre dans la situation où nous étions au moment où il nous parlait : puis il développait son texte, le mystère proposé dans un sens analogue à cette situation, nous en faisait l'application et en tirait les conséquences pratiques. Sa parole, simple, précise, claire, énergique, faisait pénétrer ces vérités jusqu'au fond de l'âme et quoiqu'il nous ait entretenu tous les jours, plusieurs fois même sur le même sujet, il était toujours nouveau et toujours écouté avec un nouvel intérêt.

X

CONSÉCRATION

Le soir, cérémonie vraiment saisissante, consécration au Sacré-Cœur de Jésus, prononcée successivement au nom des familles chrétiennes françaises, des religieux, des nations catholiques, du clergé séculier de France, par M. de Vauloger, d'Alençon, par un prêtre espagnol, M. l'abbé Escola, directeur de l'Académie de Marie à Lérida, par le R. P. Matthieu et M. l'archiprêtre de Perpignan.

Jeudi 4 mai, fête de sainte Monique, spécialement honorée par les RR. PP. Augustins de l'Assomption. On nous la présente comme modèle des mères chrétiennes dont on nous rappelle l'influence et les vertus.

XI

DISTRACTIONS

Dans les moments laissés libres par ces exercices, chacun se créait des occupations en rapport avec ses goûts. Les uns en passaient une partie considérable à prier; les autres dessinaient, chantaient, composaient des cantiques qu'on exerçait pour le soir, étudiaient leurs cartes, leurs guides de la Terre-Sainte. Les dames, toujours charitables et obligeantes, réparaient, achevaient les toilettes endommagées ou incomplètes, faisaient au besoin les petits miracles dont se vantait saint François de Sales, des habits neufs avec de vieux habits. On en a vu transformer leurs vieux chapeaux tout démodés en couvre-chef très présentables pour les pèlerins qui avaient eu le malheur de se laisser dépouiller par le mistral. Le bon P. R., de Rennes, en conservera longtemps un souvenir reconnaissant. Ai-je besoin de dire que ce travail ne les empêchait pas de causer et d'entrenir la gaieté à bord?

Sur *la Picardie*, mêmes exercices, ou à peu près, mêmes occupations, même charité fraternelle. Ainsi, un jour, on demande des hommes de bonne volonté pour le service des tables. Aussitôt MM. de Belcastel, de Lacroix, de Scoraille, etc., des prêtres en grand nombre s'offrent pour ce modeste office. Là aussi se passa un fait que je ne puis omettre. Le jour de l'érection de la Croix, après la touchante cérémonie que présidait le R. P. Marie-Antoine, franciscain de Toulouse, on vit M. de Belcastel, entraîné par l'élan de sa foi, inviter tous les pèlerins à consacrer désormais leur vie à l'extension du règne de Jésus-Christ. A l'instant tous les bras se lèvent vers la Croix et de toutes les poitrines sort le cri brûlant : Nous le jurons!...

Ainsi, nous arrivâmes en face de Caïffa, où nous devions débarquer, et du mont Carmel, le vendredi matin, 5 mai. Avec quel enthousiasme nous saluâmes ces côtes bénies ; vous le comprenez sans peine, quoique les sept jours de traversée se fussent écoulés rapidement. *La Picardie*, qui s'était tenue près de nous jusque vers le milieu du chemin, avait fini par nous devancer pour porter de nos nouvelles et des bagages à Jaffa. Elle apparut en rade au moment où nous allions mettre pied à terre. La mer, tout le temps, excepté le premier jour, avait été d'une beauté qui dépassait tout ce que nous avions osé espérer. Véritablement Notre-Dame de la Garde et nos bons anges étaient avec nous.

CHAPITRE III

CAIFFA, LA TERRE SAINTE, LE CARMEL

I

RADE

C'est donc le vendredi, 5 mai, que nous allons toucher au premier terme de notre pèlerinage. Nous sommes, depuis l'aurore, en face de Caïffa, presque à l'angle nord-ouest de la Palestine. Le ciel, sans nuages, est d'un bleu inconnu en Occident ; la mer, polie comme une glace ; la rade, un peu déserte, mais très jolie. Nous avons sous les yeux, devant nous, au levant, Caïffa et le Carmel ; à gauche, Saint-Jean-d'Acre et sa plaine couverte d'élégants palmiers ; à droite, au sud-est, sur un promontoire du Carmel, le couvent des PP. Carmes, au-dessus duquel flotte le drapeau de la France ; au-dessous du couvent, une riche plaine cultivée par une colonie de trois cent cinquante *Prussiens !* assez près de nous, au midi, quelques navires parmi lesquels *un aviso français, le Voltigeur,* dont le commandant vint nous saluer et nous faire l'offre de ses services.

II

CAÏFFA

Caïffa, allongée sur le rivage, nous présente la première l'aspect d'une ville orientale : murailles blanchâtres, constructions basses et pesantes, toits aplatis, nombreux minarets (espèces de clochetons en pierre arrondis, voisins des mosquées, du haut desquels les muezzins appellent les mahométans à la prière).

III

LE CARMEL

Le Carmel, au second plan, haut d'environ 600 mètres, est la plus belle montagne de la terre-sainte, aussi l'Écriture lui compare les objets les plus gracieux. Toujours il a été environné du respect des peuples, même des Gentils, comme on le voit dans Tacite et dans la vie de Pythagore. C'est sur le Carmel : 1° que Dieu confondit les prêtres de Baal par le ministère d'Élie ; 2° qu'apparut au même prophète, du côté de la mer, après trois ans et demi de sécheresse, le petit nuage qui annonçait une pluie salutaire et figurait la très sainte Vierge Marie ; 3° que la Sunamite vint supplier Élisée de rendre la vie à son fils ; 4° enfin, c'est le berceau et comme le centre de tout l'ordre des Carmes.

IV

LES CARMES

D'après le sentiment des Carmes, les disciples du prophète Élie
constituèreut une communauté qui se conserva jusqu'au temps du
Messie. Préparés par les prédications de saint Jean-Baptiste, ils
auraient embrassé la foi et le culte de Marie dès les premières années
de l'ère chrétienne et continué de former un ordre religieux qui se
serait perpétué sans interruption jusqu'à nos jours. D'après une
autre opinion, saint Berthold, secondé par Aiméric, patriarche d'Antioche, réunit un certain nombre de moines autour de la grotte du
prophète Élie (1156) et fut le premier supérieur des Carmes. Ce fut
son troisième successeur, le bienheureux Simon Stok, réfugié à Rome,
qui établit la confrérie du Scapulaire. Plusieurs fois, les religieux du
Carmel furent dispersés, massacrés, et virent leur couvent pillé ou
démoli, notamment après la prise de Jérusalem par Saladin, et après
la levée du siège de Saint-Jean-d'Acre par Napoléon Bonaparte. Les
Turcs ne pouvaient leur pardonner d'avoir recueilli les Français
malades et blessés. Mais ils ont toujours réussi à se rétablir, malgré
les dépenses et les dangers les plus menaçants.

V

SAINT-JEAN-D'ACRE

Saint-Jean-d'Acre, appelé d'abord Acco, ensuite Ptolémaïde, doit
son nom actuel aux chevaliers de Saint-Jean de Jérusalem (de Rhodes,

Malte). Enlevée aux Arabes par les Croisés (1104), elle devint le centre des opérations des chrétiens en Syrie. Tombée au pouvoir des Mahométans après la bataille de Tibériade, elle fut reprise par les Chrétiens, quatre ans plus tard, après un siège de trois ans, où périrent plus de cinq cent mille hommes et où prirent part une foule de personnages illustres, rois, prélats et princes, entre autres, Philippe-Auguste, roi de France, et Richard Cœur-de-Lion, roi d'Angleterre. Elle devint le chef-lieu des possessions chrétiennes en terre sainte, jusqu'au moment où elle fut conquise par le sultan d'Égypte (1291). Ce fut alors que les religieuses Clarisses, pour échapper aux outrages des infidèles, eurent le courage héroïque de se couper le nez.

Napoléon Bonaparte en fit en vain le siège en 1799; mais elle fut prise par Ibrahim, pacha d'Égypte, en 1823, bombardée par les Anglais, prise et rendue aux Turcs, en 1840. C'est toujours une des plus fortes places de cette côte de l'Asie. Sa population, de 8.000 habitants, compte 700 catholiques de différents rites, 1.700 schismatiques, 5.500 mahométans et une centaine de juifs. Je donne ces détails sur cette ville, quoique je ne l'aie pas personnellement visitée; mais les quelques pèlerins qui ont pu s'y rendre y ont trouvé l'accueil le plus gracieux. L'élite de la population catholique avait envoyé une embarcation à leur rencontre, une escorte qui les attendait au port, les conduisit à l'église latine, puis dans un riche salon, orné tout exprès pour la circonstance, où ils furent comblés de marques de distinction.

Pendant que l'on remplissait les formalités requises pour le débarquement, nous admirions le beau spectacle que nous présentait la rade, tout entière à la joie et à la reconnaissance. Nous avions accompli, sans le moindre accident sérieux, une longue et périlleuse traversée; dans quelques instants, nous pourrons satisfaire les désirs empressés de notre foi et de notre piété, coller nos lèvres sur cette terre bénie, prier Jésus, Marie, Joseph, dans les lieux mêmes où ils ont souffert et prié pour nous. Tout nous annonce l'accueil le plus bienveillant. Déjà le bon frère Liévin, des Franciscains de Jérusalem, qui parcourt, étudie la Terre-Sainte depuis trente ans, est à bord de notre navire. Il sera à notre disposition tout le temps que nous passerons à terre, pour diriger notre marche et répondre à nos questions avec une obligeance qui ne se démentira jamais. Comme aucun de nous ne regrette les fatigues qu'il a pu supporter ! Comme nous nous sentons largement dédommagés, si nous avons un peu souffert !

VI

LA PALESTINE

Avant de continuer ce récit, quelques mots sur un pays si éloigné, si différent du nôtre et sur ses habitants; cela vous aidera à mieux comprendre ce qui me reste à dire. Tournez-vous vers le soleil entre huit et neuf heures du matin, supposez que vous avez fait un millier de lieues (3,913 kilomètres de Marseille), dans cette direction, vous arrivez sur la côte occidentale de la Syrie. La partie que nous allons visiter s'est appelée successivement terre de Chanaan, terre Promise, terre d'Israël, Judée, à cause de ses principaux habitants, les Chananéens, les Israélites ou enfants d'Israël (Jacob,) les membres de la tribu de Juda, revenus de Babylone ; à cause des promesses que Dieu fit à Abraham et à sa postérité. Les auteurs profanes l'ont appelée Palestine, du nom des Philistins qui en ont longtemps occupé la côte occidentale, et nous, chrétiens, nous l'appelons Terre Sainte, parce que le Fils de Dieu l'a consacrée, sanctifiée par sa naissance, sa vie et ses souffrances.

VII

SES HABITANTS

Ce pays, qui a joué un rôle si considérable dans l'histoire, occupé d'abord par plusieurs nations idolâtres, les Philistins et les Chananéens, par Abraham et ses descendants, le peuple de Dieu, conquis ou disputé par les rois de Ninive, de Babylone, de l'Egypte, par les Grecs et les Romains, par les Arabes, les Perses et les différentes dynasties de Bagdad et du Caire ; par les Croisés venus de l'Occident ; par les Turcs, les Français et les Egyptiens dans ces derniers temps ; ce pays est relativement peu étendu, puisqu'il ne compte que cinquante lieues de long, depuis le mont Liban au désert d'Arabie, sur une quinzaine de large, de la Méditerranée au Jourdain et à la mer Morte. Je ne parle pas du pays de Galaad, à l'est du Jourdain, où l'Evangile ne mentionne que deux ou trois apparitions de Notre-Seigneur.

VIII

GÉOGRAPHIE

Ses principales divisions sont : la Galilée, au nord ; la Samarie, au centre ; et la Judée, au sud. C'est un massif de collines calcaires escarpées, variant entre 600 et 1,000 mètres de hauteur, formant autant de remparts très faciles à défendre. Ces collines se divisent en trois groupes principaux, à commencer par le nord : montagnes de Nephtali, en Galilée, qui se détachent du Liban ; montagnes d'Ephraïm ou de Samarie, au centre, auxquelles se rattache le Carmel ;

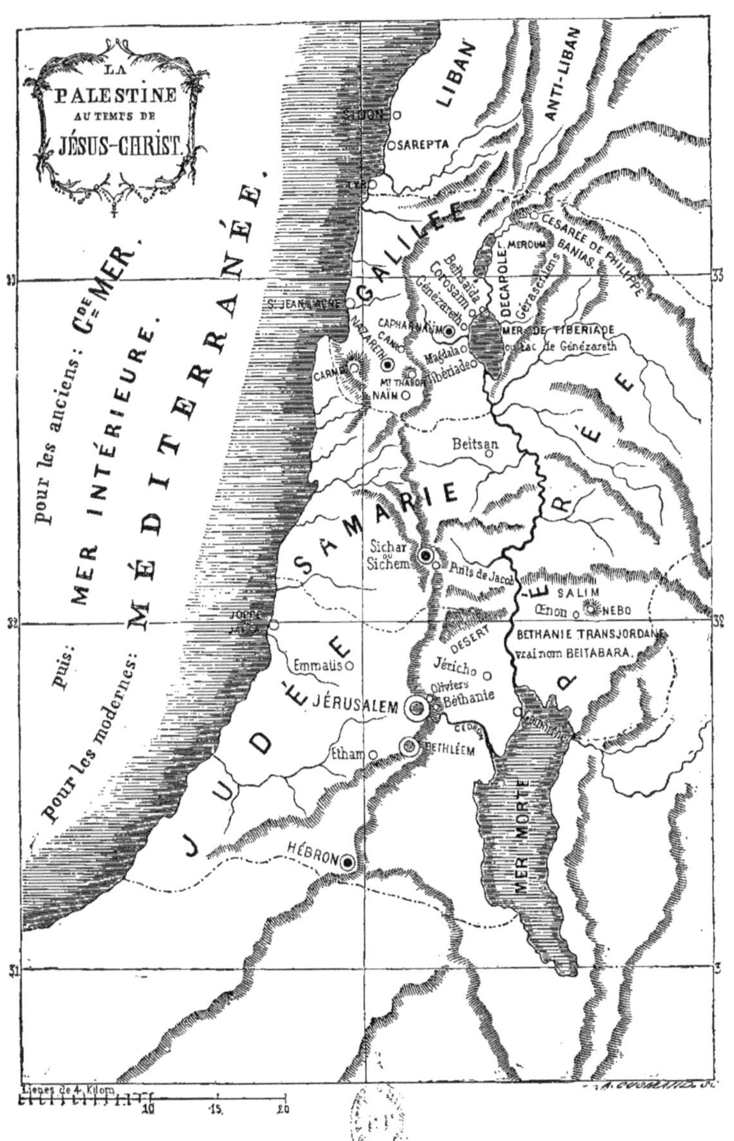

CARTE DE LA PALESTINE AVANT JÉSUS-CHRIST.

montagnes de Judée, étroitement reliées aux précédentes et allant se perdre au sud dans l'Arabie.

Elles sont entrecoupées de plaines ou de vallées remarquables par leur fertilité ou par les événements qui s'y sont accomplis. Les principales plaines sont celles de Saron (30 lieues de long sur 10 de large) et de Saint-Jean-d'Acre, sur la côte occidentale, la première au sud, la seconde au nord du Carmel; puis celle d'Esdrelon ou de Jezrahel, entre les collines de la Samarie et celles de la Galilée; un peu plus au nord, celle de Hattine ou de Tibériade, près du lac du même nom.

Les principales vallées sont celles du Jourdain, qui renferme les lacs de Mérom, de Tibériade ou de Génézareth et la mer Morte; celles de Naplouse ou Sichem et de Macna, dans la Samarie; celles de Josaphat, au levant de Jérusalem, du Térébinthe et de Mambré, au sud-ouest.

Le seul fleuve important est le Jourdain qui descend du Grand-Hermon et va se perdre dans la mer Morte, après un cours en zigzags de plus de cent lieues. Les ruisseaux sont rares et peu considérables; mais dans la saison des pluies, de novembre à mars, de nombreux torrents roulent avec fracas leurs eaux impétueuses; le reste de l'année, ils laissent à sec leur lit rocailleux. Les sources y ont toujours été rares et diminuent chaque jour, depuis le déboisement du pays; les Hébreux ne manquaient cependant pas d'eau, grâce aux citernes innombrables qu'ils creusaient dans le rocher, le long des chemins, dans les champs, dans les jardins, et dont on retrouve partout des traces.

IX

FERTILITÉ

Le sol est très fertile où il y a de la terre végétale, de l'eau et un peu de travail. On peut, dit-on, faire jusqu'à cinq récoltes de pommes de terre dans la plaine de Saron ; mais les habitants ne savent ni la remuer, ni surtout l'engraisser. Rien de primitif comme les harnais, les charrues que j'ai pu apercevoir : devant, un cheval ou un mulet se traînant péniblement ; au milieu, deux morceaux de bois cousus tant bien que mal ensemble, dont l'un muni d'une pointe de fer en guise de soc ; derrière, un homme qui dirige l'instrument et la bête en se contentant d'égratigner un peu la surface de la terre.

X

TEMPÉRATURE

La température, modérée sur les collines, atteint, dépasse 50 degrés centigrades dans les plaines et s'élève jusqu'à 60 dans la vallée du Jourdain, au milieu du jour ; mais elle devient très fraîche entre minuit et l'aurore. Le soleil se lève et se couche deux heures et demie plus tôt qu'en France. J'en ai fait l'expérience en ne touchant pas à ma montre de Marseille à Caïffa. Arrivé à la côte d'Asie, j'étais de deux heures et demie en retard. Au retour, un effet inverse se produisit. Ayant pris l'heure du pays à Jérusalem, je me trouvai, à Marseille, de deux heures et demie en avant. Les jours y sont plus

courts durant l'été que chez nous de près d'une heure, par conséquent plus longs en hiver, et l'on y passe presque subitement de la
nuit au grand jour et du grand jour aux ténèbres.

XI

POPULATION

La population, autrefois si nombreuse de (6 à 7 millions sous
David et Salomon), ne semble pas dépasser 500,000 habitants. Il
peut y avoir 30,000 catholiques, tant Latins que Maronites, Grecs et
Arméniens-Unis (à Rome) ; autant de Schismatiques, Grecs et Arméniens, ces derniers au nombre de deux mille : un petit nombre de
protestants de toutes nuances ; 25,000 juifs ; le reste est mahométan.
Les catholiques latins font l'office absolument comme nous en Occident ; les Maronites, les Grecs et les Arméniens-Unis ont des cérémonies différentes des nôtres ainsi que leurs prières qu'ils font en
langue (ancienne) syriaque, grecque ou arménienne. Tous les schismatiques rejettent l'autorité du souverain pontife ; mais, de plus, les
Grecs refusent d'admettre que le Saint-Esprit procède du Fils, comme
du Père ; les Arméniens n'admettent, avec Nestorius, qu'une nature
en Jésus-Christ. Les Mahométans n'adorent qu'un seul Dieu, et vé-
nèrent Adam, Abraham, Moïse, David, Jésus-Christ, Mahomet surtout,
comme de grands prophètes, remplis de l'esprit de Dieu, mais ils leur
refusent à tous le culte dû au seul vrai Dieu. Ils traitent généralement ceux qui ne professent pas leur religion, et qu'ils appellent *infidèles*, avec un grand mépris et ne leur reconnaissent pas les droits
d'enfants du pays. Je dois cependant constater qu'ils se sont montrés
bienveillants à notre égard. Souvent ils étaient les premiers à nous sa-

luer, et quand nous prenions les devants, ils nous répondaient avec un air de satisfaction véritable. Deux fois seulement à ma connaissance, à Hébron et à Naplouse, où circulent peu de voyageurs, deux *mauvais sujets* de l'endroit se sont permis de crier sur nous et de lancer des pierres : il nous a suffi de nous retourner ou de leur montrer un bâton, pour voir comme ils filaient.

CHAPITRE IV

DÉBARQUEMENT

I

Dès que les formalités requises eurent été accomplies, nous vîmes se détacher du port et s'avancer vers nous les embarcations destinées à nous mettre à terre. Nous étions à 600 mètres de la côte. Depuis longtemps chacun avait mis sur le pont les objets qu'il comptait prendre avec lui, laissant à fond de cale le reste de ses bagages que la Compagnie Cook devait transporter de Jaffa à Jérusalem. Personne, vous le devinez bien, ne se faisait prier pour descendre; mais l'empressement ne produisit ni désordre, ni accident. C'était un spectacle curieux, pittoresque, que ces cinq cents pèlerins, un sac à la main, un autre sur les épaules, une couverture, une ombrelle sous le bras, emportés par groupes de 15, 20 et 25, vers le rivage, chantant l'*Ave Maris stella*, le *Lætatus sum*, etc. Plusieurs, aussitôt montés sur l'embarcadère, s'empressaient, comme autrefois les premiers Croisés, de coller leurs lèvres sur le premier coin de cette terre bénie qu'il leur était donné de toucher, afin de gagner immédiatement la faveur d'une indulgence plénière; les autres remettaient à le faire dans l'église latine où nous devions nous réunir.

II

ACCUEIL

Les habitants de Caïffa, juifs, schismatiques, mahométans, nous attendaient, nonchalamment assis à l'ombre de leurs murailles; presque silencieux, avec ce calme dont ne sortent guère les Orientaux, dans leurs amples vêtements blancs, bleus, jaunes, rayés; couverts de leur inséparable petit bonnet rouge en cône tronqué. Mais nous n'apercevons que des hommes, les femmes doivent rester renfermées et n'ont pas le droit d'être curieuses, ou du moins, de satisfaire leur curiosité.

Cette population est d'un beau type: taille élevée, teint un peu bronzé; elle paraît plutôt sympathique qu'hostile et répond volontiers à nos salutations.

Quant aux chrétiens des différents rites, au nombre de 1,900 dans cette ville de 6,000 habitants, ils nous attendent triomphants devant et dans l'église latine desservie par les PP. Carmes. Nous déposons d'abord à l'école catholique les effets dont nous n'aurons pas besoin durant notre séjour au Carmel, puis nous défilons à travers des rues sales, tortueuses, souvent couvertes de tentures, en récitant notre chapelet, vers l'église où Jésus nous attend exposé sur son autel pour bénir notre arrivée.

III

PREMIÈRES IMPRESSIONS

Vous dire l'impression que je ressentis en chantant le *Te Deum*, le *Magnificat*, l'*Ave Maris Stella*, etc., en baisant le pavé du sanctuaire, la relique de la vraie Croix, au milieu de ces infidèles de toutes sortes, sur une terre où dut passer plus d'une fois le Sauveur, serait chose impossible. Je dus me faire violence pour retenir mes larmes, je le rappelle pour faire comprendre ce que durent éprouver bien des pèlerins plus sensibles que moi. Il fallait voir avec quel entrain nous redisions ces strophes, ou les cantiques de Rosaire, pendant près de deux heures, en attendant nos derniers compagnons de *la Guadeloupe*. Quand tous furent arrivés et que nous eûmes reçu la bénédiction solennelle du très saint Sacrement, nous trouvâmes à la porte de l'église les catholiques, hommes et enfants, qui nous attendaient pour nous faire escorte ou porter nos petits bagages, et un peu plus loin un bel assortiment de chevaux, ânes et mulets pour les dames et les éclopés. Ces enfants, en particulier, ont une mine gracieuse, intelligente, dans leur petit jupon aux couleurs éclatantes, descendant jusqu'aux chevilles et retroussé à l'intérieur. A un signe donné par leurs prêtres, ils s'avançaient avec simplicité et modestie, nous baisaient respectueusement la main, puis la portaient à leur front, recevaient nos petits bagages et se tenaient près de ceux qui les leur avaient confiés. Je n'oserais pas dire que l'espoir d'un *bakcis* ou *bakchich*, comme on prononce ailleurs (c'est-à-dire une aumône, un petit sou, une récompense quelconque) fût tout à fait étranger à leur empressement, à leur bonne tenue. Les Orientaux sont essentiellement pratiques, chez eux rien pour rien. La soif de l'or ou la confiance dans la générosité des voyageurs y est telle que l'on est sans cesse assailli, même par des gens paraissant dans l'aisance, et qui vous tendent la main et vous crient sans le moindre respect humain : *Bakchich, signor.* Dans ce pays le premier mot prononcé par les enfants, sans qu'on ait besoin de le leur apprendre doit être celui de *Bakchich.*

III

ASCENSION AU CARMEL

La procession organisée, nous nous dirigeons en chantant et en priant (ceux qui en ont encore la force), vers le couvent des RR. PP. Carmes. Nous continuons pendant quelque temps à marcher, à droite, au pied du mont Carmel, devant les consulats de France, d'Angleterre, d'Autriche et de Russie, par des chemins poudreux, entre deux haies d'inégale largeur d'énormes cactus en fleur, ou figuiers de Barbarie, comme on en trouve, du reste, autour de toutes les villes et gros villages. Arrivés à l'exploitation prussienne, nous tournons un peu à gauche pour reprendre bientôt à droite et nous gravissons la pente du Carmel par un sentier nouvellement pratiqué, assez doux, où deux hommes peuvent à l'aise marcher de front. Des deux côtés nous admirons de magnifiques plantations d'oliviers et des caroubiers, d'une vigueur telle que je n'en ai jamais vu de semblables.

A mesure que nous avançons, l'horizon s'élargit, le flanc de la montagne se couvre de fleurs plus gracieuses, plus variées, plus odoriférantes. Nous nous rappelons sans effort les éloges qu'en fait l'Écriture : « Votre tête s'élève fière et majestueuse comme le Carmel; elle en a toute la grâce et la beauté. » A moitié chemin, nous rencontrons le fils du consul français à Nazareth qui est venu nous saluer; un peu plus loin, l'équipage de l'aviso français, et, en particulier, plusieurs matelots de Saint-Malo et de Saint-Servan, heureux, vous le pensez bien, de voir des compatriotes dans ces lointains parages. Ils ont voulu nous faire la conduite jusqu'au haut de la montagne et nous avons eu peine à nous arracher à leurs affectueux entretiens.

IV

LE COUVENT

Après une marche de trois quarts d'heure, à environ 400 mètres
au-dessus du rivage, nous sommes en face d'une épaisse muraille
devant une porte plus que modeste qui s'ouvre à notre gauche :
c'est l'entrée du couvent des RR. PP. Carmes. Rebâti en 1821 par
le frère Jean Baptiste, le couvent actuel est le plus vaste et le plus
beau de la Palestine. Sa forme est carrée et ses murs sont épais
comme ceux d'une citadelle. Au milieu, avec une seule porte qu
ouvre au midi, est la chapelle de N.-D. du Mont-Carmel, en forme de
croix et recouverte d'une rotonde. Au-dessous du sanctuaire, auquel
on monte par deux escaliers, est la grotte du prophète Élie, entièrement creusée dans le rocher ; elle est en grande vénération parmi
les mahométans comme parmi les chrétiens de tous les rites. Devant
le monastère, un peu au nord, s'élève la pyramide indiquant l'endroit
où furent inhumés les soldats français massacrés par les Turcs en
1799. Un peu plus loin, au midi, au fond d'une assez vaste esplanade est la *villa* construite en 1821 par Abdallah, pacha de Saint-
Jean-d'Acre, des démolitions de l'ancien couvent, destinée maintenant
à loger les pèlerins du pays. En 1869, on a placé au-dessus un des
plus beaux phares de la Méditerranée.

Nous allons tout d'abord saluer et remercier la maîtresse de la
maison, N.-D. du Mont-Carmel. Puis, comme le déjeûner est déjà
loin (il est 6 h. 1⁄2 du soir), après un coup d'œil jeté du haut de
l'esplanade sur la mer toute resplendissante des derniers feux du
soleil, nous nous étendons devant quelques planches disposées en
guise de tables. Le festin, il faut l'avouer, n'était pas somptueux. Du

riz cuit à l'eau, sans autre assaisonnement que du sel, en faisait la partie principale. C'est sans doute la nourriture ordinaire des religieux. Mais nous étions au vendredi soir. D'ailleurs, si longtemps nous avions été ballotés, baignés de sueur, suffoqués dans le salon de *la Guadeloupe!* Maintenant nous avons le grand air, la fraîcheur du soir, l'immobilité, quoique quelques pèlerins croient sentir encore la trépidation du navire; ajoutez les chants de la route, les fatigues de notre ascension, et vous ne serez pas étonnés que nous ayons fait honneur au service.

Le repas terminé, il fallait bien jouir de son premier soir sur la terre d'Orient, communiquer ses impressions, attendre ses compagnons de *la Picardie*, puis admirer un magnifique feu de Bengale, qui, du haut de la plate-forme du couvent, allait porter au loin la joie que causait notre présence. Je ne me pressai donc pas de choisir un gîte. Où me caser d'ailleurs? On ne nous avait dit mot à cet égard. Cet abandon n'aurait-il pas d'inconvénients ?

V

PREMIÈRE NUIT AU CARMEL

Nos compagnons picards, débarqués deux heures après nous, nous avaient rejoints, aussitôt après la visite à l'église de Caïffa. Les dames qui devaient rester à la ville, où elles avaient des lits préparés, s'étaient décidées à venir le soir même au couvent et à y passer la nuit, pour n'avoir point à remonter le lendemain. On dut les caser les premières, ce fut bien un peu à nos dépens. Le couvent peut, en temps ordinaire, donner l'hospitalité à cinquante personnes; on en peut mettre le double dans la *villa*, à la condition de serrer les rangs. Et nous étions un millier ! Aussi, quand j'avisai à me procurer une petite place, toutes les salles, la chapelle, le vestibule étaient remplis. Pas un matelas disponible, pas une natte où m'étendre, pas un petit coin où m'envelopper dans la couverture que, par bonheur, je portais avec moi. Longtemps je rôde à droite, à gauche; partout même encombrement. Et combien de gens dans le même cas !

Cependant la nuit s'annonce comme des plus fraîches, la rosée commence à me pénétrer ; et les portes sont fermées ! Après plusieurs essais infructueux pour rencontrer un abri, je finis par en trouver un au couchant qui s'ouvre devant moi. Je suis dans un office, où il n'y avait qu'un petit marmiton. « Mon frère, lui dis-je, cinquante personnes sont là exposées à une fraîcheur mortelle; de grâce procurez-nous un abri. » Le bon petit frère comprenait-il bien mon italien. Les Carmes, italiens d'origine pour la plupart, ne parlent que cette langue, sauf le R. P. prieur et quelques anciens, parmi lesquels un religieux dernièrement expulsé. Quoi qu'il en soit, sa consigne était de ne pas ouvrir, il y fut fidèle et j'aurais eu tort de lui en vouloir. Pour moi, j'étais dedans. J'entre sans résistance dans un grand corridor.

Mais s'établir sur ses dalles humides ne serait pas bien sain; cherchons plus loin. Me voilà en présence de deux ou trois pèlerins encore plus embarrassés que moi. Ils soutiennent un malade pour lequel le médecin réclame un lit, et ce lit indispensable, ils ne savent où le prendre ; et les *Frères* qu'ils rencontrent ne parlant qu'italien, ils ne peuvent s'en faire comprendre. J'arrive à propos pour mettre ma petite science à leur service ; je me fais conduire au R. P. Prieur pour lui exposer cette situation : « Que voulez-vous que j'y fasse, me répond-il, j'ai donné tous les objets dont je pouvais disposer. » Arriva-t-on à trouver cette couche si nécessaire ? c'est ce que

j'ignore. Quand je retournai où j'avais laissé mon malade, il n'y
était plus.

N'apercevant plus personne dehors, j'erre à l'aventure dans les corridors, je finis par rencontrer, au rez-de-chaussée, à l'angle nord-ouest
du couvent, une petite caisse de bouteilles et à côté une grande
corbeille de jonc, dans l'embrasure d'une fenêtre ; je m'assieds sur
la caisse, les pieds dans la corbeille, la tête contre la muraille,
enveloppé de mon mieux dans ma couverture et j'attends le sommeil qui vers minuit vient me faire une courte visite. Une demi-
heure après, il a déjà disparu et comme son retour ne me semble
pas prochain, je plie ma couverture, et, sans nul embarras de toilette,
je me rends à l'église.

On y disait déjà la messe, quoique tout le pavé, les gradins et
jusqu'à une partie du palier des autels fussent couverts de dormeurs
ou de gens ayant l'air de dormir. Rentré à la sacristie, je fais ma
méditation, je récite mon bréviaire, je dis la sainte messe à un des
autels portatifs qu'on y a dressés, et je la réponds à quelques confrères jusque vers le lever du soleil ; je lis quelques pages de mon
Nouveau Testament. Vous voyez que nous avions le temps de prier
en notre particulier pour l'Église, la France, les personnes et les
causes qui nous étaient chères et recommandées, sans parler des
prières qui se faisaient toujours aux réunions générales.

VI

LE SAINT SCAPULAIRE

A huit heures, grand'messe et instruction sur le saint Scapulaire,
après quoi les pèlerins qui ne sont pas de la confrérie se font

agréger. Les autres désirent au moins emporter des scapulaires pour eux et pour leurs amis, du lieu même où cette dévotion a pris naissance. Les bons religieux s'étaient bien pourvus, mais ils n'avaient pas songé à une pareille armée de solliciteurs, aussi leur dépôt est bientôt épuisé, et les derniers venus des pèlerins doivent renoncer à satisfaire leurs désirs, à moins que les premiers servis ne consentent à partager. Un bon nombre, je le sais, se firent un plaisir de se montrer obligeants, et je ne puis oublier que je dois sous ce rapport de la reconnaissance à une bonne dame G... de Paris.

Mais tous, sans exception, purent emporter un souvenir de leur passage, une fort belle médaille de N.-D. du Mont-Carmel que le R. P. Prieur eut la gracieuseté de nous distribuer. Pourquoi faut-il que la mienne soit, comme plusieurs autres objets auxquels je tenais également, restée sur les chemins de la Samarie, ou entre les mains d'un méchant juif que je n'aurais pas, je crois, de peine à reconnaître, s'il m'était donné de le voir en face.

Le reste de la journée (samedi, 5 mai, fête de saint Jean, le disciple bien-aimé de Jésus et de Marie), en dehors du temps des repas et des offices, se passe à nous organiser en groupes et en dizaines pour le voyage de Nazareth, et à visiter le couvent et les environs. Malheureusement, de cette organisation qui nous retint plusieurs heures sous un soleil brûlant, il ne resta bientôt que le souvenir.

VII

EXCURSION

Nos visites et nos courses furent moins pénibles et plus profitables. Dans la matinée j'allai d'abord prier à la grotte du prophète Élie, ensuite j'explorai les hauteurs voisines du monastère au nord, et du point où le temps me permit de monter, je pus jouir d'un horizon presque parfait, embrassant au nord-est le Grand-Hermon avec ses neiges perpétuelles, et le Liban; au nord, Saint-Jean-d'Acre et sa plaine couverte de palmiers; à l'ouest, à mes pieds, Caïffa, la pente du Carmel et la Méditerranée; au sud et au sud-est, la riche plaine de Saron et les collines de la Samarie. Je ne pus aller assez haut ni assez loin pour apercevoir la plaine d'Esdrelon, les montagnes de Gelboé, ni le lieu où le prophète Élie confondit les quatre cent cinquante prêtres des idoles. Même à la hauteur où j'étais, la végétation est des plus riches partout où il y a de la terre entre les rochers. Mais à part les cactus, les oliviers, les caroubiers, le ciste et le lin à fleur rose, des germendrées colossales, la plupart des plantes et arbustes m'étaient inconnus. J'en cueillis quelques échantillons avec les graines qui me semblaient approcher de la maturité. Mais de tout cela rien n'a voulu pousser en Bretagne.

Dans l'après-midi, je descendis le long d'un petit sentier presque à pic, et serpentant en nombreux zigzags, à la chapelle de Saint-Simon Stok, à l'école des prophètes, grotte où Élie, Élisée et leurs disciples se retiraient pour étudier les Écritures et vaquer à la contemplation. D'après la tradition, la sainte Famille allant d'Égypte à Nazareth y aurait passé quelques jours. Cette grotte est maintenant une mosquée gardée par un santon (espèce de moine mahométan) qui en ouvre la porte moyennant un *bakchich*. J'aurais visité volontiers, un peu plus loin, au midi, les ruines où aborda saint Louis, venant, à son retour en France, rendre ses hommages à N.-D. du Carmel; la vallée des Martyrs et l'ancien couvent de Saint-Brocard, où furent massacrés en 1271, les premiers religieux, qui, chassés de leur premier couvent, y avaient cherché un refuge; la fontaine de Saint-Élie qui jaillit, dit-on, de terre, à la voix du prophète; et enfin le jardin du même prophète. Jadis on y voyait en abondance des pierres ayant la forme de

pommes, de poires, de melons, etc., mais on en a tant emporté, en
ces derniers temps, qu'elles sont devenues rares. Voici, d'après la
tradition, quelle serait l'origine de ces singuliers fruits : Élie passant
par là, demande au jardinier de vouloir bien lui donner un fruit pour
étancher sa soif : « Vous faites erreur, lui répondit notre homme,
ce que vous voyez là, ce ne sont pas des poires, ni des melons, mais
des pierres. — Eh bien, soit, reprit le prophète, » et aussitôt les
fruits furent changés en pierres. »

VIII

NOUVEAUX CONTRETEMPS

Dans la même journée nous eûmes la visite de plusieurs prêtres
catholiques du voisinage, Grecs et Maronites du Liban, heureux
de pouvoir saluer un si grand nombre de frères venus de la France.
Les Maronites, en particulier, parlent convenablement le français. Je
retrouvai aussi le P. F. avec ses compagnons normands. J'espérais
bien que c'était pour ne plus nous séparer; mais hélas! il avait au
pied une foulure qui l'empêchait de marcher, il éprouvait les atteintes
d'une dysenterie qui ne lui permettait pas de tenter, sans imprudence, une course comme celle que nous allions entreprendre. Il dut
donc se résigner à demeurer au Carmel, pendant le voyage de Nazareth. Ce fut, pour nous deux, un nouveau sacrifice qui prolongea
notre séparation jusqu'à notre sortie de Jérusalem. Mais il fut si bien
traité par les bons PP. Carmes qu'il se remit promptement de sa
double indisposition.

Le soir, nous dûmes nous séparer d'environ un tiers de nos compagnons. Ceux qui ne se sentaient ni les forces ni les ressources

nécessaires pour faire le voyage de Nazareth allèrent s'embarquer à
Caïffa pour être transportés à Jaffa et de là à Jérusalem. Je supposais
qu'après ce départ nous n'aurions pas de peine à trouver un gîte pour
la nuit suivante ; c'était à tort. Pour comble d'infortune, le jeune
Normand auquel j'avais confié un moment ma couverture ne se trouva
plus quand vint l'heure du coucher. La première place que je m'étais
choisie au rez-de-chaussée, au midi de l'église, et que je croyais suffisamment gardée par un pliant marqué à mes initiales, fut occupée
par un nouveau venu, pendant que je courais après mon Normand.
La seconde, où j'avais déposé une natte, pour remplacer ma couverture absente, me fut refusée, lorsque je revenais d'une seconde
course, comme déjà retenue et réservée pour un tiers. Ce ne fut pas
sans élever la voix que je pus rentrer en possession de ma couche
de glaïeul. Avec elle et mon bréviaire pour tout bagage, je m'enfile à
la recherche le long des escaliers et des corridors. Après plusieurs
tours et détours, j'arrive dans un coin solitaire. Ma natte pliée en
deux et étendue sur les briques me tient lieu de matelas, de draps et
de couverture ; mon bréviaire placé dans le sens de sa longueur me
sert d'oreiller, et je réussis à dormir environ deux heures, non sans
être un peu meurtri, heurté et réveillé plus d'une fois par les pas-
sants.

Le lendemain, vers trois heures, un bon frère de Saint-Jean de
Dieu, descendant à l'église, me fait observer qu'il y avait, tout à côté de
moi, deux lits inoccupés, dans la chambre d'où il sortait, mais c'était
un peu tard ; je m'y étendis un instant, sans pouvoir fermer l'œil.
J'allai donc faire mes dévotions à la sacristie comme la veille, afin
d'être prêt à partir pour Nazareth.

Avant de se mettre en route, il était prudent de se bien munir
l'estomac. Les repas précédents avaient pu se prendre sans trop de
peine. Pour celui-ci, à cause de la fatigue qui nous attendait et de

mes vieilles habitudes, je sentais le besoin de quelque chose de
chaud. Là était la difficulté, les serviteurs de bonne volonté ne
manquaient pas, sans doute; mais l'ordre, il faut bien en convenir,
n'était le fait ni des servants, ni des servis. Point de place assignée
à chacun, et l'on était quelquefois obligé d'emporter comme d'assaut
ce que l'on désirait. Les plus hardis et les plus forts appro-
chaient d'emblée des distributeurs et présentaient leurs ustensiles
que l'on s'empressait de remplir. Mais ceux dont la taille, les coudes
ou la volonté ne répondaient pas aux circonstances arrivaient juste
au moment où la cafetière venait de s'épuiser. Il fallait recommencer
ailleurs un autre essai et souvent avec le même succès. Aussi, après
de nombreuses tentatives, je dus me résigner à un morceau de viande
et à un verre de vin et me disposer à partir. Grâces à Dieu, je sup-
portai sans peine cette petite privation et je n'aurais garde de la
signaler si elle m'avait été particulière. La même chose dut arriver à
un grand nombre de pèlerins; il est bon de le savoir, pour aviser
dans l'occasion.

CHAPITRE V

DU CARMEL A NAZARETH

I

NOS MONTURES

Nous en sommes restés, je crois, au moment de quitter le Carmel. Pour arriver à Nazareth, nous avons environ sept lieues à parcourir, sous un soleil dont les rayons se font déjà vivement sentir. Des sept cent cinquante pèlerins qui vont faire ce voyage, une quarantaine, les intrépides, ont résolu d'aller à pied; et pour profiter de la fraîcheur du matin, ils sont déjà en chemin depuis deux heures. Quelqués autres, des dames principalement, vont être transportés, cahotés sur de lourds chariots non suspendus ou sur des cacolets, espèces de mannequins de bois à dossier. Mais le meilleur moyen de voyager, et le moins pénible dans ces sentiers tortueux, étroits, rocailleux de la Palestine, quand on n'est pas trop mauvais cavalier, celui auquel je m'arrête sans réclamation, c'est d'aller à cheval.

Sortis du couvent par la porte qui donne sur la mer, au couchant, nous marchons d'abord à gauche, le long du mur d'enceinte; puis tournant à droite, nous descendons, en décrivant une longue suite de lacets ou zigzags des plus gracieux, sur le rivage où nous attendent nos guides et nos montures. Là en effet nous trouvons un nombreux personnel de drogmans et de moukres destinés les uns à diriger notre marche, les autres à veiller sur nos animaux et à prêter assistance aux cavaliers inexpérimentés.

Mais ce qui nous frappe surtout, c'est le curieux assortiment de bêtes que nous avons sous les yeux: plus de sept cents chevaux, ânes et mulets, sans parler des chameaux (pour le transport des bagages et des provisions de bouche), de toutes les tailles, formes et couleurs harnachées de toutes les façons. Un certain nombre de petits chevaux arabes, sveltes et fringants, ont selle à l'anglaise, bride et étriers; d'autres, un peu moins lestes, ou plus pesants, n'ont qu'une partie de ces objets; le reste, les ânes et les mulets, n'en ont aucun; mais, en guise de selle, ils portent un énorme *panneau*, quelquefois surmonté d'un ou de deux matelas, qui les enveloppe du poitrail à la croupe; et pour guides et pour licou, de mauvaises cordes. Essayer de les diriger avec cela serait bien peine perdue. C'est pour eux qu'est fait le proverbe: têtu comme un mulet. Le mieux est de les laisser suivre le mouvement de la caravane et choisir le sentier qui leur convient. Ils ont le pied sûr et ne se jetteront pas par terre. Mais attention, quand vous aurez à monter ou à descendre une côte rapide; autrement vous pourriez fort bien glisser par un bout ou par l'autre. Je parle avec connaissance de cause; j'ai tâté de toutes ces bêtes, excepté des bons petits chevaux réservés aux vrais cavaliers de l'avant ou de l'arrière-garde.

Ma première monture (du Carmel à Nazareth), était un gros cheval trapu, muni de toutes pièces, chose extraordinaire pour ceux de son espèce; mais il n'allait point. Si je voulais lui faire hâter le pas, il prenait un moment un petit trot qui n'avançait guère plus, et retombait avec une dureté capable de me démolir. Quand nous quittâmes Nazareth, son équipage dut exciter la convoitise de quelque bon cavalier; malgré la défense de faire ces sortes d'échanges, je ne le retrouvai plus. Après la manière dont il m'avait secoué, je ne regrettai pas trop ce larcin. En place, on m'amena un mulet dont les mouvements moins durs n'étaient guère plus rapides. Apercevait-il un arbre ou une muraille à sa proximité, il fallait qu'il allât s'y gratter, et quelquefois un peu fort, je vous l'assure. Voulais-je, sur le haut d'une colline, l'arrèter un moment, lui faire faire un demi-tour, pour considérer à loisir un magnifique point de vue, le sommet du Grand-Hermon couvert de neiges? Lui, fort peu sensible aux beautés de la nature, achevait son tour envers et contre tout et continuait son chemin. Si, au contraire, il voyait une touffe d'herbe à sa portée, même dans les pentes les plus rapides, il ne manquait pas de baisser aussitôt la tête, au risque de me faire exécuter un saut vraiment périlleux.

Ce qui rendait ma situation plus difficile encore, c'est que l'anneau du collier auquel j'aurais pu me retenir avait disparu; il ne restait plus qu'un petit bout de courroie à la place; je ne savais ou m'accrocher. Je dois donc, comme disait saint François de Sales, une belle chandelle au bon Dieu, pour n'avoir pas dégringolé dans notre course de quarante-cinq lieues, du Carmel à Jérusalem. Combien de mes compagnons plus excercés que moi sans doute, n'ont pas eu la même chance? L'un d'eux rappelait avec reconnaissance qu'il avait été désarçonné huit fois dans ce trajet, sans s'être fait aucune blessure. « Je suis heureux et fier de vous l'entendre dire, reprend un témoin; on ne pourra pas dire que je suis le plus mauvais cavalier de tout le pèlerinage; je ne suis tombé que cinq fois. »

Eh bien! malgré toutes ces chutes, pas un accident sérieux, au moins les quatre premiers jours de notre marche. Cependant, que d'occasions fâcheuses! Je frissonne encore au souvenir d'un fait qui se passa sous mes yeux, près de Béthulie. Nous gravissions une colline assez raide. Devant moi marchait un grand mulet portant dans un cacolet deux anciens, fatigués d'aller à cheval. Le mulet appuie sur un caillou qui lui roule sous le pied. Par suite de la secousse, le cacolet, mal consolidé, tourne et jette les deux voyageurs l'un sur l'autre. Pour comble de malheur, la bête tombe par-dessus. Oh ! mon Dieu ! m'écriai-je, ils sont broyés ! Ils devaient l'être en effet, et par leur chute, et par les montants en saillie de leur cacolet. On court à eux. Pas de blessure : ils se relèvent, reprennent leur place et continuent leur chemin. — La bonne Providence nous gardait.

Un mot sur ma dernière monture. C'était un âne ! J'avais commencé par un cheval, continué par un mulet ; finir de la sorte n'était pas glorieux, n'est-ce pas, ni dans l'esprit de notre siècle de progrès. Eh bien ! je dois dire à la louange de ce modeste serviteur qu'il a fait très convenablement son office, sans traîner, ni interrompre notre ligne de voyageurs, sans m'obliger à le pousser continuellement, sans me trop secouer ; si j'avais dû continuer mon chemin, c'est lui assurément que j'aurais réclamé.

II

LA COMPAGNIE COOK

Ces guides et ces moyens de transport nous étaient fournis par la Compagnie Cook, laquelle, moyennant 20 francs par jour pour chaque personne, devait nous transporter, nourrir et loger, du Carmel soit à Nazareth, aller et retour, soit à Jérusalem, à travers la Samarie. MM. Cook, père et fils, anglais et protestants, ne se sont pas établis en Terre sainte par principe de dévotion, mais bien pour faire de bonnes affaires, je puis l'affirmer sans médire. Comme ils sont mieux que personne pourvus des objets indispensables en un tel désert, où l'on ne trouverait ni nourriture ni hôtellerie pour un si grand nombre de voyageurs, les directeurs du pèlerinage se sont vus dans la nécessité de s'adresser à eux. Ces messieurs, habitués à exploiter les touristes, croient pouvoir agir de même à l'égard des pèlerins, sans songer que c'est tarir du premier coup une source qui pouvait être féconde et ôter à jamais aux pèlerins futurs la tentation de réclamer leurs services. Nous verrons, à Nazareth surtout, les conséquences de ces procédés.

Nous trouvons donc sur la plage, au pied du Carmel, environ sept cents montures disposées par ordre, comme une petite armée, conformément à l'organisation établie la veille. D'après ce plan, en tête devaient marcher le T. R. P. Picard, M. de Belcastel et autres sommités ecclésiastiques et laïques, ensuite les dames; au milieu le vulgaire des pèlerins divisés en groupes et dizaines; en queue, un certain nombre de bons cavaliers, avec médecins, pharmaciens, etc., pour défendre, recueillir et soigner, au besoin, les défaillants. Sur les ailes, quand c'était possible, voltigeait le bon F. Liévin, MM. Cook et leurs drogmans, pour éclairer, diriger le mouvement et nous donner les renseignements convenables.

Je faisais partie, si mes souvenirs sont fidèles, du second groupe des pèlerins de *la Guadeloupe*, troisième compagnie ou dizaine. Mais où se trouve ma monture? Malheureusement on n'a pas eu la précaution de nous le dire à l'avance; et il n'y a là personne pour nous renseigner officiellement; les personnes auxquelles je m'adresse n'en savent pas plus que moi. On m'envoie d'un groupe à l'autre, on me fait monter à cheval, puis redescendre; je ne sais bientôt plus où donner de la tête. Après avoir erré de la sorte plus d'une demi-heure, ayant du sable presque à mi-jambe, traînant mes bagages apportés de Caïffa, que j'avais eu peine à réunir, je finis par m'établir sur un gros cheval rouge-brun. Il ne semblait pas des plus recherchés; mais ayant selle, bride et étriers, il ne serait pas trop fatigant et se laisserait manier, c'était du moins alors mon sentiment. Je n'étais pas à mon rang ; je dus l'attendre un quart d'heure, malgré l'impatience de mon bucéphale que j'avais peine à contenir.

III

EN MARCHE

Enfin nous voilà en marche, suivant la plage, au nord ; nous traversons Caïffa, au milieu d'un peuple de curieux, juifs et mahométans, que plus d'une chute vint égayer, salués par les chrétiens et les enfants qui, de leurs terrasses au-dessus des écoles (c'est leur lieu de récréation), agitaient leurs mouchoirs, poussaient des cris de joie. Au sortir de la ville, nous dèvions continuer notre route au nord, passer le Cison à son embouchure, traverser la plaine de Saint-Jean-d'Acre, voir *Chephr-Amr* et Séphoris, l'ancien chef-lieu de la Galilée, où se trouvent les ruines d'une remarquable église, bâtie suivant la tradition, sur l'emplacement de la maison de saint Joachim et sainte-Anne.

Cet itinéraire est le plus intéressant. MM. Cook prétendirent que, à cause des pluies tombées les jours précédents, le passage du Cison était impraticable. Nous prenons donc à droite et, suivant d'un côté, le pied du Carmel et, de l'autre, les bords et la plaine du Cison, nous passons devant les villages de Jasour et Hartieh ; puis, nous montons à gauche une colline couverte de chênes au riche feuillage, et bientôt, vers midi, nous sommes à Jeddah, où, sur la place du Marché, nous prenons notre premier repas en plein soleil, sous une chaleur de 40 degrés. Une heure après, nous débouchons dans la plaine d'Esdrelon, autrefois et maintenant encore le grenier de la Palestine avec celle de Saron. Nous longeons quelques heures les collines qui la bornent au nord-ouest, nous nous engageons à gauche dans une petite vallée, nous gravissons une colline à droite, nous apercevons le sommet arrondi du Thabor, avec quel bonheur, vous le comprenez sans peine. Une demi-heure plus tard, vers six heures et demie nous serons devant Nazareth.

Cette première partie de notre voyage est relativement facile. Sauf durant trois ou quatre kilomètres, nous sommes dans la plaine et nous parcourons des sentiers unis. Mais on peut déjà signaler les caractères que présentera notre itinéraire ; à deux ou trois lieues de Caïffa, un vaste espace tout couvert d'une épaisse couche de pierres de toutes les dimensions ; on dirait qu'il en serait tombé une pluie abondante ; à peine aperçoit-on çà et là quelques brins de mauvaises herbes. Aux portes mêmes de Nazareth, un affreux sentier creusé dans le roc, tortueux, étroit, glissant, escarpé ; il y aurait où se briser dix fois ; çà et là quelques rares champs de maigre blé, quelques plans d'oliviers, surtout au bas des coteaux ; ces tristes solitudes où l'on peut voyager des heures entières sans rencontrer être qui vive.

Nous formons une longue file de cavaliers aux costumes les plus variés, tantôt à peu près droite, dans la plaine, tantôt en zigzags dans des vallons étroits, montant, descendant les collines, décrivant les figures les plus bizarres, s'étendant sur une longueur de 5 à 6 kilomètres. D'abord nous chantons des psaumes, des hymnes, des cantiques, nous récitons le rosaire en commun. Mais peu à peu la chaleur, la fatigue, la difficulté de nous entendre nous amène à faire nos dévotions chacun en particulier. Vous concevez l'étonnement des populations sur notre passage. Elles n'ont jamais rien vu de semblable ; elles sont debout, immobiles comme des statues, sur les toits aplatis de leurs maisons, sur les épaisses murailles dont sont généralement entourés leurs villages.

Au dîner, station de Jeddah, les pèlerins de l'arrière-garde, et j'en faisais partie avec beaucoup d'autres, à ce qu'il paraît, durent trotter longtemps pour se procurer un morceau de pain et de viande. Nos conducteurs s'étaient, me dit-on, suffisamment pourvus et avaient bien ordonné le service ; mais la distribution des vivres ne put se faire régulièrement à cause de la confusion des groupes qui s'était produite dans la marche ; les premiers s'étaient adjugé ce qu'ils avaient trouvé à leurs proximité.

Une chose qu'il faut laisser au compte de MM. Cook, c'est que là, comme tout le reste du voyage, malgré les vingt francs par jour que nous leur avions payés à l'avance, ils ne nous servirent pour tout rafraîchissement que de l'eau de médiocre qualité. Nous avions la ressource d'acheter une petite bouteille de vin valant peut-être cinquante centimes, prix fort, qu'ils voulaient bien nous céder d'abord pour deux, puis pour trois francs. Heureux ceux qui, comme moi, avaient eu la précaution, en quittant leur navire, de se munir d'un flacon d'eau-de-vie pour tempérer la crudité de leur boisson. Cher lecteur, si jamais vous entreprenez ce voyage, garnissez votre poche d'une bouteille d'essence de chartreuse.

Au moment du départ, je dus chercher longtemps mon cheval et mon sac que j'avais laissé dessus. Je me crus volé ; je me disposais à continuer ma route à pied, quand on me le ramena. On l'avait fait boire et conduire du côté opposé au campement.

IV

DEVANT NAZARETH

Mais c'est à Nazareth que commencent les embarras sérieux. Il est 6 h. 1/2 du soir ; nous sommes sur le versant méridional d'un joli petit vallon. A quatre cents pas devant nous, au couchant, au milieu du cintre où se réunissent les collines qui nous renferment, nous apercevons l'église de l'Annonciation, et au fond du vallon, devant l'église, à notre droite, les blanches et gracieuses tentes de la Compagnie Cook, qui s'élèvent dans un ordre parfait. Les RR. PP. Franciscains nous attendent sur l'esplanade qui précède leur charmante basilique. Toute la population est sur pied : les musulmans et les schismatiques, par un sentiment de curiosité; les catholiques, pour nous faire honneur et nous accompagner au sanctuaire. Dans un moment nous allons nous prosterner à l'endroit même où le Fils de Dieu s'est fait homme pour nous sauver, l'adorer dans ses anéantissements, et saluer sa Mère et la nôtre par les paroles que l'Ange apporta du ciel ! Après cela, nous pourrons réparer nos forces affaiblies par une rude journée. Cela paraissait simple, naturel, inévitable. Personne parmi nous n'eût élevé un doute à cet égard. Soit ; mais MM. Cook en avaient jugé autrement, et la direction ne se crut pas sans doute en mesure de protester, ou plutôt ne put rien obtenir.

On crut qu'il s'était produit quelques irrégularités, quelques indélicatesses. On dit que quelques personnes, qui n'avaient point payé pour le voyage de Nazareth ou de Samarie se seraient glissées parmi nous. Qu'y avait-il de fondé dans ce bruit ? Je l'ignore absolument. MM. Cook voulurent en avoir le cœur net, et immédiatement, ils exigèrent que l'on fit le contrôle des billets avant d'aller plus loin. On nous arrêta donc tous à la porte de la ville, et, sous les yeux des habitants qui ne comprenaient rien à cette manœuvre, chacun dut passer à son tour, et présenter sa carte pour recevoir un billet qui lui assignait une place à table et un matelas sous la tente. Point de billet, point d'entrée au camp. Comme tout le monde n'avait pas sa pièce, on commença par discuter les raisons que les personnes en défaut pouvaient alléguer. Le défilé se faisait donc lentement.

Cependant les premiers venus étant seuls informés de cette exigence, les autres avançaient toujours, se demandant ce qu'on attendait là, se serrant pêle-mêle à la porte avec les chevaux, les mulets, les ânes et les cacolets. Bientôt la foule fut si compacte qu'il devenait difficile de se remuer dans cette fourmilière et que la moindre poussée, en effrayant nos bêtes, aurait pu occasionner les plus graves accidents. Dieu veillait sur nous : rien de semblable ne se produisit.

J'avançais petit à petit, sans préoccupation, même quand j'eus appris ce dont il s'agissait. N'avais-je pas ma carte entre l'enveloppe et la reliure de mon bréviaire, où je la tenais en sûreté ? Je voyais autour de moi plus d'un pèlerin perdre patience, commencer à se plaindre ; et, de fait, ce n'était pas amusant du tout de rester là, debout, affamé, deux heures de temps, après une pareille journée. Mais à quoi bon murmurer, perdre le mérite de sa peine ? Encore quelques minutes et ce sera fini. Voilà le moment d'exhiber mon passeport. Amère déception ! Il n'y est plus ! J'ai beau passer en revue successivement toutes les pages de mon bréviaire, mon portefeuille, toutes mes poches, recommencer dix fois mes recherches... rien, rien ! Qu'est-il devenu ? L'avais-je mis à côté de mon bréviaire en croyant le mettre dedans, quand on nous annonça qu'on nous le réclamerait à Jeddah ? M'avait-il été enlevé, dans mon sac, sur mon cheval que je perdis de vue durant notre réfection ? Le fait est que je ne l'avais plus, et qu'il m'a été impossible de remettre la main dessus.

De là plus d'un désagrément jusqu'à Jérusalem. Le premier, c'est que, ayant pris dans ma ceinture et mis dans mon portefeuille qui était en même temps mon porte-monnaie, avec l'argent destiné aux dépenses courantes, la somme nécessaire pour acheter un nouveau billet de Samarie, cette somme, non réintégrée à temps à sa première place, prit, avec plusieurs autres objets, une direction inconnue sous les murs de Samarie. Le second, c'est que, n'ayant pas eu le soir même une place assignée, je dus chercher un gîte à l'aventure, et avec quel ennui ! je dus chaque soir recommencer la même recherche comme un vagabond, heureux quand je n'avais pas à déguerpir devant des gens qui se disaient lésés.

Mais reprenons notre récit. A la vue de l'encombrement qui augmente sans cesse, à notre première station, on nous fait sortir de la rue, avancer un peu plus loin à droite, presque en face de notre campement. Pour être plus expéditif, on fait passer d'abord les personnes qui sont en règle. Le défilé continue sans trop de difficultés jusque vers huit heures et demie. Alors un certain nombre de pèlerins, lassés d'attendre, excédés de ces longueurs, élèvent la voix et demandent si l'on a résolu de nous faire passer la nuit à la belle étoile, sous la rosée qui tombe fraîche, abondante ; si l'on veut nous laisser mourir de faim et de soif ? « Comment, reprend Cook, vous ne pouvez supporter cela un instant, vous, *pèlerins de pénitence ?* » Cette parole, dans la bouche d'un protestant qui semblait spéculer sur notre situation, parut à plusieurs une insulte et un défi. Les répliques, et des plus vives, ne se font pas attendre. Les têtes se montent de plus en plus, et l'affaire menace de prendre une fort vilaine tournure.

Le R. P. Picard, dont on réclame l'intervention, essaye vainement de calmer l'effervescence ! les esprits étaient trop échauffés pour entendre raison. Pour mettre un terme à ces débats irritants, il eut l'heureuse idée de commencer la récitation du chapelet. La grande majorité des pèlerins, décidés à tout souffrir plutôt que de prolonger une pareille scène en pareille circonstance, s'empressa de continuer. Toutes ces voix couvrirent, arrêtèrent les protestations, et l'on put terminer l'inspection des billets, sur quoi, du reste, on eut soin dès lors de se montrer coulant.

Et le narrateur, que devenait-il pendant ce temps-là ! Le narrateur n'ayant point son billet, sentait l'irrégularité de sa situation, se tenait

un peu à l'écart, assis sur son pliant, s'enveloppant de son mieux
contre le frais et la rosée abondante qui commençaient à le pénétrer,
suivant du regard les divers incidents qui se produisaient, demandant à Dieu de soutenir sa patience qu'il sentait menacée. Quand
presque tous les pèlerins eurent défilé, je m'avançai à mon tour pour
m'expliquer; payer au besoin; mais il me fallait un abri. Allez souper
d'abord, me dit-on; il était neuf heures et demie, et je n'avais rien
pris depuis midi et demi. Une fois restauré, je cherche quelqu'un
pour régler mon affaire, m'assigner un abri ; mais bien inutilement;
les directeurs, soit laïques, soit ecclésiastiques dormaient. Je
n'avais qu'à en faire autant. Mais où me caser? Après avoir fureté
en plusieurs endroits, j'aperçois sous la tente n° 5, n° section, un
matelas inoccupé. Je m'étends dessus, je dispose mon pliant et mon
petit sac de voyage en guise d'oreiller, et, quelques minutes après,
grâce à la fatigue des jours précédents, j'étais endormi.

CHAPITRE VI

NAZARETH ET LES ENVIRONS, LE THABOR, LA GALILÉE

I

LA MESSE A L'ÉGLISE DE L'INCARNATION

Le lendemain 8 mai, à quatre heures du matin, il faisait encore nuit et personne ne bougeait autour de moi. Dès que les premières lueurs du jour me permettent de sortir, je vais droit à l'église de l'Annonciation, que je trouve déserte, et à la crypte ou s'accomplit le mystère du Dieu fait homme. Vous pensez bien quel bonheur c'eût été pour moi de pouvoir y dire la messe. Mais un grand nombre de prêtres avaient dû y passer la nuit; les quatre autels étaient occupés et les places retenues pour longtemps. Comme je ne me sentais pas de force à faire un long jeûne et que le souverain pontife avait daigné accorder les mêmes privilèges à tous les autels en notre faveur, je me résignai à célébrer en dehors de la crypte, quitte à y revenir prier en toute liberté. Je ne fus qu'à moitié privé puisqu'on m'assigna l'autel du chœur, placé immédiatement au-dessus des autels privilégiés. Ai-je besoin de vous dire que la dévotion n'est pas difficile en pareil lieu? Au souvenir de l'amour incomparable du Fils de Dieu, en présence de ces paroles gravées sur le marbre !

Hic verbum caro factum est
(Ici le Verbe s'est fait chair),

MONT DU SCANDALE. — TOMBEAU DES ROIS.

les plus indifférents, pourvu qu'ils n'aient pas absolument perdu la foi, ne sauraient rester insensibles.

Pour mon compte, en me rappelant que j'allais renouveler, en quelque sorte, le mystère de l'Incarnation, à l'endroit même où il s'accomplit, voilà bientôt dix-neuf cents ans ; en relisant le dialogue de l'Ange et de Marie : Je vous salue, pleine de grâce... voici que vous enfanterez le Fils du Très-Haut... —Comment cela se fera-t-il? — Le Saint-Esprit descendra sur vous... — Je suis la servante du Seigneur..., — il me fut impossible de contenir mon émotion ; je sentais mes yeux se remplir de larmes ; mes lèvres agitées ne pouvaient plus articuler ; il fallut attendre un moment pour continuer l'auguste sacrifice. Jour de bonheur, pourrais-je t'oublier jamais? En traçant ces lignes, je sens revivre quelque chose de ces ineffables impressions. Merci, mon Dieu, de m'avoir ménagé cette douceur, cette consolation, ce soutien pour les mauvais jours !

II

SOUVENIRS

Oh ! qu'il fait bon de prier à Nazareth, de présenter à Dieu ses propres besoins, ceux de l'Église, de la France et des personnes qui nous sont chères, méditer les leçons que nous y donne le Sauveur? Comme les heures s'y écoulent rapidement ! Ce n'est pas seulement le mystère de l'Incarnation qu'on y honore ; mais c'est là que Jésus, Marie et Joseph ont passé près de trente années, dans l'humilité, l'obéissance, le travail et la pauvreté. Là, plus qu'en aucun autre endroit, tout est plein de leur souvenir ; là, chaque pierre, chaque grain de poussière, pour ainsi dire, a été foulé par leurs pieds ; il semble, à chaque coin de rue, qu'on va rencontrer une de ces personnes de la Trinité de la Terre, comme disait le V. P. Eudes. Et dans ce sanctuaire, du moins, nous nous sentons chez nous, tranquilles, point troublés, envahis, observés par les schismatiques, comme à Jérusalem et à Bethléem.

III

OCCUPATIONS

Nous étions là pour prier, pour ranimer la ferveur des chrétiens du pays, pour édifier les infidèles ; mais il ne pouvait nous être interdit de visiter les lieux auxquels se rattachent quelques précieux souvenirs. Voilà pourquoi nous eûmes grand'messe et vêpres solennelles, avec accompagnement d'orgues, et musique exécutée par les voix singulièrement nazillardes, il faut en convenir, des petits Nazaréens ; nous fîmes plusieurs processions avec récitation du chapelet et chant d'hymnes et de cantiques. Aux principales stations, le bon frère Liévin nous disait ce qu'elles rappelaient de plus intéressant. La procession du soir aux flambeaux toucha vivement, dit-on, les habitants qui n'avaient jamais rien vu de semblable.

Dans les moments libres, chacun suivant ses forces et sa dévotion, continuait ces visites, ou revenait prier à la crypte. La journée se termina par la bénédiction du très saint Sacrement. Auparavant, le T. R. P. Picard, ému des difficultés qui s'étaient produites la veille, fit renouveler la promesse d'obéissance. Ensuite le T. R. P. Gardien du sanctuaire, qui se proposait de célébrer solennellement la messe le lendemain à notre intention, si le temps nous avait permis d'y assister, nous fit la gracieuseté de remettre un petit souvenir à chaque pèlerin. Je ne dois pas omettre que là, comme ailleurs, dans le reste du voyage, nous nous étions efforcés, chacun selon nos moyens, de faire quelque chose pour les œuvres qui réclamaient nos aumônes.

Voici en résumé ce que j'ai vu et recueilli sur Nazareth et ses environs.

IV

HISTOIRE ET MONUMENTS DE NAZARETH

Nazareth (aujourd'hui Nassarah), dans la tribu de Zabulon, est bâtie en amphithéâtre, à mi-côte, au sud-est, au point où se réunissent une quinzaine de collines qui lui forment comme un encadrement de figuiers, de cactus, de pierres et d'oliviers. Vue du dehors, avec ses constructions blanches et grisâtres, elle présente un aspect assez gracieux, mais bien éloignée sans doute de ce qu'elle était autrefois, s'il en faut juger par son nom. Selon saint Jérôme, Nazareth veut dire bouquet, ville fleurie. Quand on y pénètre, on trouve un sol inégal, coupé par des ravins creusés par les eaux des pluies, des rues étroites, tortueuses, point ou mal pavées, malpropres, comme dans tout l'Orient, quelquefois encombrées d'immondices.

Inconnue avant Jésus-Christ, elle ne semble pas avoir joui d'une grande considération de son temps, puisque Nathanaël demande à saint Philippe si quelque chose de bon peut venir de Nazareth. A partir de ce moment, la maison de la Sainte Famille y attire un grand nombre de pèlerins et la rend très florissante; mais cette prospérité est mêlée de bien des revers. A l'époque des croisades surtout, elle est prise, pillée, reprise, livrée aux flammes successivement par les chrétiens et par les mulsumans. Au commencement de ce siècle, elle comptait à peine 2,000 habitants; maintenant elle en a environ 6,000 à peu près également répartis entre les catholiques, les schismatiques et les mahométans.

Les lieux à visiter sont l'église de l'Annonciation, et à côté le couvent des Franciscains; à deux cent pas au nord, est l'*Atelier* de saint Joseph; trois cent pas plus loin, la *fontaine* de la Vierge, et un peu au delà, à la source de cette fontaine (1), l'église des Grecs schismatiques; à deux cent pas au nord-ouest du couvent, l'église des Grecs-unis, sur l'emplacement de la synagogue d'où Jésus fut chassé, pour s'être déclaré le Messie promis par les prophètes; à huit cent pas au sud-ouest, la chapelle appelée *Mensa Christi* (table du Seigneur), parce quelle contient un bloc de pierre sur lequel, suivant la tradition, Jésus ressuscité mangea avec ses disciples. Tout à côté se trouve l'église des Maronites, où nous avons vu quelques modestes tableaux, mais pas une statue, suivant les rites orientaux, même catholiques. La colline d'où les Juifs voulaient précipiter Notre-Seigneur (le *Précipice*), et celle d'où Marie suivait cette scène douloureuse (*N.-D. de l'Effroi*), sont à un milier de pas au midi de la ville, la première à gauche, l'autre à droite du petit vallon où nous étions campés.

(1) J'ai bu là de l'eau excellente que nous présentaient les petits Grecs, dans l'espérance d'un bakgchich, bien entendu; et pour obtenir plus sûrement, ils me gratifiaient du nom de fakir (espèce de religieux mahométan), croyant sans doute me faire grand honneur.

V

ÉGLISE DE L'INCARNATION

Le sanctuaire construit sur la crypte de l'Annonciation a subi les mêmes vicissitudes que la ville. L'église actuelle bâtie par les PP. Franciscains, en 1730, avec façade au midi, et très simple comme architecture, présente trois étages : 1° L'église proprement dite, élevée d'une douzaine de pieds au-dessus de l'ancien sol, est composée de trois nefs, séparées par des piliers carrés; au bas, une jolie tour blanche en espèce de tuffeau, sur la façade, devant, une esplanade assez vaste, au niveau du pavé de l'église; 2° l'étage supérieur, où l'on monte par deux escaliers d'une vingtaine de marches, renfermant le chœur et le maître-autel ; 3° au-dessous du chœur, la crypte, où l'on descend par un escalier de marbre blanc d'une quinzaine de marches. Cette crypte se divise elle-même en deux parties : la chapelle de l'Ange d'abord, et au fond, creusée dans le roc, celle de l'Incarnation.

On comprend sans peine cette disposition, en voyant la manière ingénieuse et économique dont les pauvres savent encore maintenant tirer parti du terrain en Orient. Ils placent leurs modestes constructions au pied des collines, devant des grottes naturelles ou faites de main d'homme, et ainsi en ne bâtissant qu'une maison, ils en ont deux, et la seconde d'une température toujours modérée.

La partie antérieure de la crypte, sur l'emplacement de la *Santa Casa* (Sainte maison de Jésus, Marie et Joseph) transportée à Tersate en Dalmatie (1291), puis à Lorette (1294), se nomme chapelle de l'Ange, parce que c'est là que l'archange Gabriel apparut à Marie.

Elle a huit mètres de long sur trois de large, et deux autels ; à gauche, au couchant, l'autel Saint-Gabriel, à la place même où s'arrêta le messager céleste, et à droite, celui de Saint-Joachim et Sainte-Anne.

Entre ces deux autels se trouve une arcade ogivale soutenue par deux colonnes torses de marbre. En passant sous cette arcade et en descendant deux degrés, on arrive au sanctuaire proprement dit de l'Incarnation. C'est une grotte entièrement creusée dans le roc, mais toute revêtue de marbre sauf la voûte. C'est là, au fond, à la place où se trouve l'autel de l'Annonciation que Marie priait, et qu'elle répondit au salut de l'Ange, qu'elle donna ce consentement et prononça ce *fiat* qui a préparé notre salut. On voit sous l'autel une plaque de marbre avec cette inscription en lettres d'or : *Hic Verbum caro factum est* (ici le Verbe s'est fait chair) ; des lampes d'argent brûlent nuit et jour, en mémoire de ce mystère d'amour.

Au fond, du côté de l'épître, une petite porte donne entrée sur une chambre obscure où, adossé à l'autel de l'Annonciation se trouve l'autel dédié à saint Joseph fuyant en Égypte. De cette chambre un escalier d'une douzaine de marches conduit à une nouvelle crypte (appelée la *cuisine de la sainte Vierge*), qui communique, à droite, avec la sacristie des PP. Franciscains.

Je ne dirai qu'un mot de l'*Atelier de saint Joseph*, où le chaste époux de Marie gagnait à la sueur de son front le pain de la sainte Famille, et où Jésus travaillait et obéissait. Là, comme à la crypte de l'Incarnation, on a gravé ces mots que nous avons baisés avec respect et amour : *Hic erat subditus illis ;* « Ici, Jésus obéissait à Marie et à Joseph. » Qui, après cela, voudrait prendre des airs d'indépendance ? Sur l'emplacement de cet atelier des chrétiens bâtirent de bonne heure une église à trois nefs, dont il ne reste que quelques vestiges. Le terrain, envahi par les mahométans, a été depuis peu racheté par les Franciscains qui y ont élevé une modeste chapelle où, à certains jours, ils viennent dire la messe.

Les autres sanctuaires ne sont remarquables que par leurs souvenirs ; je n'en dirai rien, non plus que du couvent des Dames de Nazareth, et d'un vaste orphelinat protestant bâti depuis peu avec l'or de l'Angleterre.

Un certain nombre de pèlerins visitèrent dans la journée Cana qui n'est qu'à une lieue au nord-est de Nazareth ; d'autres poussèrent jusqu'au Thabor, à deux lieues et demie. Je ne parle pas de quelques intrépides qui, à la suite du curé catholique de l'endroit venu à notre rencontre, prirent, à pied, la direction de Tibériade, à cinq lieues ; ils nous rejoignirent ensuite sur le chemin de Jérusalem.

Mon intention était bien de monter au Thabor ; je n'en fus détourné que par l'espoir fondé d'une visite en commun le lendemain. Je n'aurais pas vu seulement le lieu où s'accomplit le premier miracle de Notre-Seigneur, deux des urnes où il changea l'eau en vin ; la maison de l'apôtre saint Simon, et la montagne sur laquelle Jésus, avant de subir les opprobres de la Passion, voulut montrer quelques rayons de sa gloire à ses trois disciples de prédilection ; le théâtre de sa Transfiguration. Mais cette montagne, la plus élevée du pays, sans être d'une bien grande hauteur (500 mètres environ au-dessus de la plaine d'Esdrelon, 900 au-dessus de la mer de Tibériade), détachée de toutes les collines qui l'avoisinent, présente un ravissant panorama.

Puisqu'il ne nous était pas donné de visiter le lac de Génézareth, Capharnaüm et ses environs, le séjour du Sauveur pendant ses prédications, le théâtre le plus ordinaire de ses miracles, il m'eût été bien doux de pouvoir au moins apercevoir, saluer de loin cette terre bénie.

Du sommet du Thabor on a sous les yeux un ravissant panorama :

on aperçoit à l'ouest le Carmel et la Méditerranée; au nord-ouest, le village de Loubieh, où le général Junot battit les mulsumans (1799); au nord-est la plaine de Hattinc, où se livra la bataille qui mit fin au royaume de Jérusalem (1187); au delà, la ville de Saphet, le point le plus élevé des monts de Nethphalie; en se tournant vers l'est, le mont des Béatitudes où Jésus prononça le sermon rapporté par saint Mathieu, puis le nord du lac de Tibériade ou Génézareth, le plus beau de tous les lacs de la Syrie, si souvent traversé par le Sauveur, où il apaisa la tempête; de l'autre côté du lac, la terre de Galaad, et au fond du tableau, un peu à gauche, le Grand-Hermon couvert de neiges. Au midi on découvre Endor, où Saül consulta la pythonisse, espèce de magicienne qui lui fit apparaître l'ombre de Samuel, et au sud-ouest, sur le premier contrefort du Petit-Hermon, Naïm où Jésus ressuscita le fils de la veuve, un peu plus loin Sunam où le prophète Élisée recevait d'une autre femme l'hospitalité qu'il paya en ressuscitant son fils. Du même côté, on voit à ses pieds le Cison qui sillonne le champ de bataille, où Barac et Débora défirent Sisara et ses Madianites, et où, trois mille ans plus tard, Napoléon et Kléber, avec 5,000 hommes, écrasèrent 35,000 mulsumans. Si on ne découvre pas Tibériade où Jésus enseigna la doctrine de l'Eucharistie, et, où plus tard, après sa résurrection, il établit saint Pierre chef de son Église, Medjel, l'ancienne Magdala, patrie de Marie Madeleine, les ruines de Bethsaïde d'où sortaient les apôtres Pierre, Philippe et André, celles de Capharnaüm (Tell Houm), le lieu de la multiplication des pains; on peut du moins déterminer avec beaucoup de précision les points où se trouvent ces intéressantes localités. Vous voyez donc que l'ascension du Thabor donne une vue d'ensemble de toute la Galilée, et comme un voyage en abrégé de toute la région où se produisit la prédication évangélique.

Le soir avant le souper, on nous annonça cette heureuse excursion pour le lendemain, avec retour par Cana. Nous devions partir à onze heures et revenir à six, ce qui nous aurait ¦permis de passer une demi-journée de plus à Nazareth. Mais pour cela, il nous fallait ajouter un jour complet à notre itinéraire et verser chacun vingt francs dans la sacoche de MM. Cook. Il se trouva un certain nombre de pèlerins qui, consultant plutôt leur mécontentement (quelques-uns peut-être leur bourse) que le désir de leurs compagnons, protestèrent avec vivacité contre cette détermination. Leurs plaintes prévalurent. Il fut résolu qu'on irait tout droit à travers la Samarie. J'étais bien décidé à ne pas me séparer du corps du pèlerinage, et à m'abstenir de toute réclamation. Mais ce fut là certainement le sacrifice le plus pénible qui m'ait été imposé pendant tout le voyage.

CHAPITRE VII

A TRAVERS LA SAMARIE

I

LE DÉPART

Le mardi 9 mai est le jour du départ. Dès six heures, en un clin d'œil, notre camp est levé, au risque de mettre au grand air les dormeurs attardés; tout ce qui le constitue est empaqueté, ficelé avec le plus grand ordre et expédié devant nous à dos de chameaux, pour nous attendre à la prochaine station. Nous nous partageons en deux groupes pour nous rendre à Jérusalem, les uns directement, par terre, les autres par Caïffa, la mer et Jaffa. Ce dernier groupe ne devait pas d'abord être considérable. Mais bon nombre de pèlerins inscrits pour la Samarie, effrayés des fatigues précédentes et de celles qu'ils prévoient durant une course de 35 lieues à cheval, dans les conditions que nous font MM. Cook, renoncent à cette excursion et vont s'embarquer à Caïffa pour arriver le jeudi matin à Jérusalem.

II

DÉBARQUEMENT A JAFFA

J'aurais à vous décrire ici le curieux spectacle que présente le

débarquement à Jaffa. Comme les plus petits bateaux ne peuvent arriver jusqu'à terre sur cette côte en pente douce, de grands et vigoureux gaillards court-vêtus sont là aux aguets, accourent au-devant
des voyageurs, se les disputent, les prennent en les faisant asseoir
sur leurs bras et les portent ainsi au rivage. Vous devinez les frayeurs,
les cris des dames au moindre mouvement irrégulier. Elles se croient
à l'eau. Heureusement rien de semblable n'arriva ; tout au plus quelques bains de pieds, sans danger dans la saison.

Mais je raconte par ouï-dire. Je m'étais enrôlé parmi les intrépides,
et, quoique je visse disparaître mes compagnons les plus ordinaires,
j'étais bien décidé à ne pas reculer. N'étions-nous pas tous d'ailleurs
amis et frères ? Vers huit heures, nous commençons à chercher nos
montures ; à neuf heures, nous sommes tous en route.

III

LE THABOR

Je ne recommencerai pas ici la relation détaillée de notre marche.
Quelques mots seulement des principaux incidents et des lieux les
plus connus par où nous sommes passés. La matière ne ferait pas
défaut, si l'espace permettait de s'étendre. A peine montés sur les
collines de Nazareth, au midi, nous apercevons le sommet du Thabor
que nous côtoyons à notre gauche pendant près d'une heure, de manière à en bien reconnaître la forme : une grosse taupinière, ou si
vous aimez mieux, un pain de sucre un peu aplati dans sa partie supérieure. C'est un petit dédommagement de n'avoir pu monter au
sanctuaire de la Transfiguration gardé par les pères Franciscains.
Nous passons à ses pieds à l'endroit même où Napoléon (1799) acheva
d'écraser les Turcs.

IV

LA PLAINE D'ESDRÉLON

Là aussi nous sommes en face de Naïm et du Petit-Hermon, à l'entrée de la plaine d'Esdrélon qui doit nous conduire jusqu'à Djenîne, à huit heures de chemin. Cette plaine, longue de douze lieues sur huit de large, très unie d'abord, puis assez ondulée, autrefois le grenier de la Palestine, était d'une rare fertilité. Maintenant pas un arbre; un petit blé grêle, clair-semé de mauvaises herbes, et d'artichauts sauvages. A midi, nous sommes entre A-Fouleh 'et El-Fouleh, vieux château-fort bâti par les Croisés, où commença la bataille du Mont-Thabor; nous prenons notre repas en plein soleil, sous une température de 52 degrés.

Les jours suivants, on comprit qu'il fallait dresser au moins quelques tentes. Vers trois heures, nous passons près de la source Aïn-Djaoud où Gédéon reconnut à leur manière de boire dans le creux de leur main, sans se coucher, les trois cents braves qui devaient battre les Madianites.

V

ZÉRAÏN OU JESRAHEL

Cette source est sur le versant septentrional de la colline où est bâtie Zéraïn (l'ancienne Jesrahel), la patrie de Naboth, la villa d'Achab et de Jézabel. Je me disais, arrivé en face de ces ruines, que ces rois d'Israël déjà établis à Samarie et auxquels il fallait des agrandissements sur ces hauteurs, étaient vraiment des jouisseurs raffinés et s'entendaient à placer leur habitation. Le regard s'étend, sans obstacle, à perte de vue de tous les côtés, quoiqu'on ne soit pas très élevé. Mais impossible de ne pas se rappeler, avec le courage de Naboth, qui refusa de vendre sa vigne contre la défense de la Loi et l'insatiable avidité de Jézabel, qui ne peut souffrir de résistance, la fin misérable de cette reine impie, jetée sur le pavé du haut de son palais et dévorée, suivant la prédiction d'Élie, par des chiens qui se disputent ses lambeaux sanglants. Un autre souvenir de Jesrahel non moins frappant, ce sont les têtes des soixante-dix petits-fils d'Achab, rangées dans le palais de Joram, leur père, en deux monceaux, comme nous voyons les boulets de canon dans nos arsenaux. Jéhu, ayant vaincu ce prince, fit écrire aux grands de Samarie et aux gardiens de ses enfants : choisissez parmi les fils de votre maître les plus capables de vous commander et mettez-vous bien en état de vous défendre. « Il a triomphé de deux rois réunis, Joram et Ochosias, se disent-ils, comment pourrions-nous lui résister ? » Et, dans leur épouvante, ils lui envoient dans des corbeilles, les têtes des fils de Joram que Jéhu fit mettre en tas près du palais d'Achab. Ainsi finit, selon la parole du prophète envoyé par Elisée, la postérité de ce prince impie.

En sortant de Jesrahel on aperçoit, au sud-est, les monts Gelboé où furent défaits et tués Saül et son fils Jonathas, le fidèle ami de David ; un peu plus loin, au sud, à l'extrémité de la plaine, c'est Djenîne, à la limite de la Galilée et de la Samarie.

VI

SALUT ARABE

A l'approche de cette ville, je reçois une leçon de politesse orientale. Voyant passer près de moi un beau grand veillard, au manteau
blanc, aux cheveux blancs, plus propre que ne sont communément
ses compatriotes, je me crois obligé de lui adresser le salut indiqué
par le frère Lievin : *Salam alek* (c'est la vieille formule *pax
vobis* de l'Évangile). Mon ancien, au lieu de me répondre dans les
mêmes termes, prononce quelques mots que je ne comprends point,
vous le devinez bien; mais je vois le jeune homme qui l'accompagne
se mettre à rire. Comme j'en faisais plus tard l'observation à un de
nos drogmans : Vous êtes-vous borné à ces paroles ? me dit-il. —
Mais oui. — Il aura constaté que vous ne connaissiez pas les usages
du pays. Quand on salue un personnage de quelque importance, on
doit porter la main d'abord à la poitrine, puis aux lèvres et enfin au
front, et prononcer les paroles : *Salut à vous* d'un ton qui exprime
à la fois le respect et l'affection. J'ai mis la leçon à profit et je n'ai
plus vu rire de mes prévenances.

VII

DJENÎNE

Le soir nous étions donc à Djenîne, l'ancienne Engannim, ville
lévitique de la tribu d'Issachar, où, selon la tradition, Jésus guérit
les dix lépreux. Elle compte 3,000 habitants, tous mahométans, sauf
deux ou trois familles catholiques. C'est le terme de notre première

étape. Nous trouvons nos tentes dressées qui nous attendaient pour passer la nuit.

A peine arrivés, nous recevons la visite d'une trentaine de pèlerins Bavarois qui, suivant une marche opposée à la nôtre, avaient commencé par le midi pour finir par le nord. Je me sens si fatigué que je me crois dispensé de leur faire compagnie.

Le lendemoin, 10 mai, nous nous engageons dans les montagnes de la Samarie et nous traversons nombre de villages importants, de coteaux bien plantés, de vallées soigneusement cultivées. Quelquefois aussi nous sommes dans d'étroits défilés comme entre deux murailles à pic.

VIII

BÉTHULIE

A 11 heures, nous débouchons dans la petite plaine de Sanour, à gauche de la ville du même nom qui se dresse sur la pointe d'une colline escarpée et rocheuse, isolée de trois côtés, Suivant la tradition la mieux fondée, Sanour est l'ancienne Béthulie, de la tribu de Manassé, sur le chemin de Ninive en Égypte. Voici le camp d'Holopherne, l'endroit où Judith lui coupa la tête, le champ où le mari de cette femme forte reçut l'insolation qui le mit au tombeau. Couvrons-nous bien la tête, le soleil donne assez fort pour nous causer un pareil accident.

IX

SAMARIE

Quatre heures plus tard, après plusieurs ascensions et descentes périlleuses, nous sommes à Sébastieh. C'est l'ancienne Samarie qui fut la capitale du royaume de ce nom (autrement dit d'Israël ou encore d'Ephraïm), depuis qu'elle eut été fondée par Ameri (930 av. J.-C.) jusqu'à sa destruction par Salmanasar, roi de Ninive (721). Plusieurs fois renversée et relevée de ses ruines, elle dut à Hérode le Grand son ancien éclat et son nom nouveau qui lui fut donné en l'honneur de l'empereur Auguste. (Sébaste veut dire en grec la même chose qu'Augusta en latin.) Les prédications et les miracles du diacre saint Philippe y opérèrent de nombreuses conversions, entre autres, celle de Simon le magicien. Ce n'est plus maintenant qu'un petit village de 300 âmes. Mais les colonnes, les pierres, sculptées dont le terrain est jonché attestent son antique splendeur. Ses ruines les plus intéressantes pour nous, sont celles de l'église (50 pieds de long sur 25 de large) et du couvent de Saint-Jean-Baptiste, bâtis par les Croisés vers l'an 1160. On y voit encore le tombeau du prophète Abdias, celui d'Élisée, où, au contact de ses restes un mort fut rendu à la vie, et celui du Précurseur en grande vénération même parmi les infidèles. Il va sans dire que pour approcher de ces tombeaux, à chaque nouvelle porte qu'on franchit, c'est un nouveau bakchich à donner; mais en marchandant on arrive à faire baisser les prix.

X

GARE AUX POCHES

Le frère Liévin dit que les habitants, tous mahométans, sont deve-nus moins fanatiques, mais qu'ils restent toujours un peu voleurs. Je m'en suis aperçu, et ne suis pas près de l'oublier.

Au moment où, monté sur un vieux pan de muraille, j'allais enfourcher mon mulet, je me vois entouré par une bande d'enfants très empressés à tenir ma bride, c'est-à-dire à recevoir un bakchich, et, pour me toucher plus sûrement, quelques-uns se disent même chrétiens, les petits menteurs ! Une fois installé, il fallait pourtant leur donner quelques paras (15 paras font 10 centimes). Je n'avais plus de pièces au-dessous d'un franc. Un Arabe à barbe grise s'avance, me dépose dans la main trois ou quatre paras et quelques grenailles de fer ; le tout valait peut-être cinq centimes. Cela ne pouvait faire mon compte. Je le prie d'aller changer avec promesse de récompense, bien entendu, ma pièce à un marchand de limonade qui vendait à quinze pas de nous. Mais à peine l'a-t-il empoignée que me voyant occupé avec ses enfants, il disparaît sans que j'aie pu le revoir. Mais le plus fâcheux de l'affaire c'est que, dans cet embarras, au lieu de remettre mon porte-monnaie dans ma poche, je l'aurai mis à côté, à moins que quelque adroit filou ne me l'ait escamoté. Toujours est-il que, quand un peu plus tard je m'aperçus de sa disparition, il n'était plus temps de courir après; et personne n'a pu m'en donner des nouvelles. La morale de ceci c'est qu'en pays arabe il faut bien veiller à ses affaires et se défier surtout des Samaritains.

Leurs voisins de Naplouse ne valent guère mieux. Un capucin manqua d'y laisser sa barbe. Comme il dormait, la nuit suivante, la tête contre la toile de sa tente, il est tout à coup réveillé, se sent pris au menton : Qu'est-ce que cela peut-être ? Il porte instinctivement la main, mais l'objet saisi lui échappe. Il reconnaît un bras qui s'était introduit du dehors, par-dessous la toile, en quête sans doute d'un meilleur butin. Nos drogmans connaissent ces gens-là; aussi, quand ils les aperçoivent dans le camp, même sous prétexte d'apporter des fruits ou des foulards, ils ne leur ménagent ni les coups de cravaches, ni autres correctifs qu'il est bien inutile de nommer; et cela passe sans réclamation de la part des offensés.

Samarie est sur une hauteur, à quinze lieues de Nazareth, à dix-huit de Jérusalem; Naplouse, à deux lieues plus loin, au fond d'une belle et riche vallée, sur le versant oriental du mont Garizim, en face de l'Hébal. Elle est renommée par ses jardins et ses citronniers qui, comme leurs fruits, sont vraiment de toute beauté. La vallée, dans sa partie supérieure, est couverte d'arbres assez nombreux, mais disposés sans régularité. Nous nous demandions ce que pouvaient faire ces fellahs (paysans) conduisant une eau bourbeuse dans d'étroites rigoles ou sur de petits carrés de terre nouvellement remuée? Ils venaient de semer leur riz et lui donnaient à boire. A cinq cent mètres de la ville, nous voyons venir un officier à cheval, et il s'incline, sans doute pour nous faire honneur. « *Tourc*, dit-il, en nous abordant, et en portant la main à sa poitrine. *Français*, répondons-nous, en faisant les mêmes mouvements. » Mais le dialogue ne pouvant se prolonger, faute de nous comprendre, chacun continue son chemin en silence. Nous passons, au bas de la ville, devant l'église où les quelques catholiques de l'endroit, peut-être soixante-quinze, nous attendent dans leurs plus beaux habits, et nous allons camper tout près de là, à Souhaitreh.

XI

NAPLOUSE

Naplouse (Neapolis), autrefois Sichem, est une des plus anciennes villes du monde; elle existait du temps d'Abraham (2000 ans avant Jésus-Christ). Malgré le massacre de ses habitants par les enfants de Jacob et, plus tard, par Abimélech, fils de Gédéon, elle devint la capitale du royaume d'Israël, depuis Jéroboam jusqu'au règne d'Amri (975-918). Ses habitants transportés à Ninive ayant été remplacés par des idolâtres, ces nouveaux venus, mêlés aux Israélites laissés dans leur patrie, adoptent en partie les cérémonies mosaïques et prennent le nom de Samaritains. Plus tard, ils offrent de contribuer à la reconstruction du temple de Jérusalem. Repoussés avec dédain par les enfants de Juda, comme étrangers au sang d'Abraham, ils en bâtissent un sur le Garizim, et y établissent un grand sacrificateur de race lévitique. De là entre les Juifs et les Samaritains, cette haine implacable qui apparaît dans l'Évangile et qui s'est maintenue jusqu'à nos jours.

Sichem reçut l'Évangile de la bouche même du Sauveur. Son nom actuel remonte à Trajan, qui en fit une colonie romaine (Flavia Neapolis). Malgré le massacre de ses habitants en 1834, elle compte encore une population de 17,000 âmes : 300 grecs schismatiques ; autant de juifs, dont la moitié de samaritains et 16,000 mahométans. Les catholiques, à peine 80, presque tous étrangers, ont cependant un missionnaire latin, une petite église, une école, un hôpital et une hôtellerie pour les voyageurs. Le tout est dans un même enclos qui forme une espèce de citadelle : ce n'est pas de trop pour les mettre en sûreté. Mais quelle pauvreté ! Vous devinez la joie de ces chrétiens à notre visite. La bonne petite sœur maronite nous disait en nous montrant sa modeste habitation et ses quinze enfants : « J'en aurais bien davantage ; mais il faut les habiller et presque les nourrir. Les protestants qui sont riches, en ont bien 450. — « Profitez de notre passage, ma sœur : faites une petite quête. » Elle dut recueillir quelques centaines de francs.

XIII

PENTATEUQUE SAMARITAIN

Le seul objet à voir est le *Pentateuque samaritain* ou les cinq livres de Moïse, écrits en vieux caractères sur une longue bande de parchemin disposée autour de deux baguettes d'argent, de façon qu'une partie s'enroule quand l'autre se déroule. A en croire le rabbin qui nous le montre, ce manuscrit, très bien conservé, remonterait à Abischa, petit-fils d'Aaron (1500 av. Jésus-Christ). Il est plus probable que le premier texte fut apporté en Samarie du temps d'Assar-Haddon (675), ou même quand Manassés fut établi par Sanaballat, premier grand sacrificateur du temple de Garizim. L'emplacement de ce temple n'est plus connu.

La ville est assez solidement bâtie et compte beaucoup de maisons à plusieurs étages; mais les rues, deux exceptées, sont étroites, sombres et malpropres.

Le lendemain 11 mai, quelques confrères purent dire la messe dans la chapelle catholique. Comme le plus grand nombre des pèlerins, ce jour, la veille et le lendemain, j'assistai et je fis la sainte communion à celle qui se dit dans le camp, sous les yeux des infidèles qui, étonnés, immobiles, impressionnés du haut de leurs murailles, écoutaient nos chants et considéraient un spectacle si nouveau pour eux.

XIII

LA VALLÉE ILLUSTRE

Au sortir de notre campement, vers onze heures, nous entrons dans la fameuse vallée que Dieu avait promise à Abraham encore dans la Chaldée sa patrie. C'est là que le patriarche, après avoir passé le Jourdain, vint d'abord s'établir avec Sara son épouse et Loth son neveu, là que le Seigneur lui renouvela sa promesse et que fut élevé le premier autel au vrai Dieu dans la terre de Chanaan. Voici le champ que Jacob, à son retour de la Mésopotamie, acheta cent brebis aux enfants d'Hémor, et donna, hors part, à son petit-fils Joseph ; voilà le puits que creusa Jacob et sur les bords duquel, 1,800 ans plus tard, Jésus instruisit la Samaritaine ; voici l'endroit où Josué prononça les bénédictions et les malédictions écrites dans la Loi et où, près de mourir, il fit jurer à son peuple de rester fidèle à Dieu. Mais que vous rapporter de tant de souvenirs précieux ? Nous avons pu apercevoir le tombeau bien simple, mais toujours en vénération, de Joseph, faire le tour du puits, en partie comblé, de Jacob, au milieu des débris de l'église dont sainte Hélène l'avait recouvert, et méditer sur place les touchantes paroles de Jésus à la pécheresse.

Mais ce qui frappe surtout en entrant dans cette vallée, c'est sa disposition vraiment singulière, qui vous arrache cette exclamation : Oh la belle place pour une grande assemblée ! Au centre, un espace uni, large de 600 mètres ; au nord-est, l'Hébal ; au sud-ouest, le Garizim, hauts chacun de 400 mètres, présentant deux échancrures arrondies qui se correspondent, avec des gradins d'une étonnante régularité, de manière à former un amphithéâtre unique. C'est là que Josué réunit les enfants d'Israël après le passage du Jourdain et prononça les bénédictions et les malédictions contenues dans la Loi. Figurez-vous cette immense multitude de trois millions d'âmes, hommes, femmes et enfants ; au milieu, le Deutéronome écrit sur des pierres blanchies, visible à tous les yeux, l'arche d'Alliance entourée des prêtres et des lévites ; en face les magistrats et les anciens ; sur l'Hébal, un autel proportionné à la circonstance, où l'on offre des sacrifices ; puis, les tribus placées six sur chaque montagne, comme en deux chœurs ; Josué prononçant au nom de Dieu ces paroles : « Maudit dans sa personne, dans sa postérité, dans ses biens, dans toutes ses entreprises celui qui adore des dieux de bois et de métal... maudit qui déshonore son père ou sa mère... qui trompe ses frères...

qui manque à sa parole... qui opprime le pauvre, la veuve et l'or-
phelin... qui commet des actions abominables... Béni au contraire
dans sa personne, dans ses troupeaux, dans tous ses biens et ses
projets celui qui observe la loi du Seigneur...; » et ces deux chœurs
répondant tour à tour : Amen, qu'il en soit ainsi !... à ces menaces
et à ces promesses; et dites-moi s'il fut jamais scène plus imposante,
plus capable de graver une loi dans les volontés.

XIV

SILO

Sur les trois heures nous laissions à notre droite les ruines de Silo,
où resta l'arche d'alliance depuis le temps de Josué (1430) jusqu'au
grand-prêtre Héli. Qui ne se rappelle à ce propos la faiblesse de ce
pontife pour ses enfants, si terriblement punie, la foi et l'humilité
d'Anne, épouse d'Elcana, la piété, la docilité du petit Samuel devenu
bientôt un des plus illustres personnages de l'antiquité. — Un peu plus
loin dans la vallée de Loubban (l'ancienne Lobna), nous remarquons
sur le versant occidental, une série de petites murailles soutenant la
terre végétale sur la pente de la montagne et formant comme les
marches d'un immense escalier sur chacune desquelles poussait une
riche moisson. Restes devenus rares d'un système d'agriculture autrefois commun. — Nous couchons à Sindjil, presque à la limite de la
tribu d'Ephraïm et de la Samarie.

XV

BÉTHEL

Le vendredi, 12, nous entrons sur la tribu de Benjamin. La première localité à mentionner est Béthel, sur le versant méridional d'une petite colline, près de laquelle campa Abraham. C'est là que Jacob, fuyant la colère d'Esaü, vit en songe cette échelle mystérieuse par laquelle les anges montaient et descendaient; là qu'à son retour de la Mésopotamie il érigea un autel à Jéhovah; là que Samuel venait tous les ans rendre la justice; là que Jéroboam, devenu roi des dix tribus, éleva un veau d'or pour empêcher les Israélites d'aller adorer à Jérusalem. Ce n'est plus qu'un petit village de 300 âmes. Le frère Liévin nous fait remarquer les restes assez bien conservés de l'église bâtie, selon saint Jérôme, à l'endroit même où Jacob eut sa vision.

Nous passons également près d'El Bireh, où Marie et Joseph s'aperçurent de la perte de Jésus; près des deux Béthoron, où le Seigneur fit pleuvoir des pierres sur les Amorrhéens fuyant devant son peuple; près de Gabaon, où Josué arrêta le soleil; de Gabaath, où furent crucifiés les fils de Saül et de Respha: nous ne sommes plus qu'à une heure de la ville sainte.

XVI

LE MONT SCOPUS

Quelques instants après, nous avons gravi le mont Scopus où, s'il faut en croire l'historien Josèphe, Alexandre le Grand vit venir à sa rencontre le grand-prêtre Jaddus, revêtu de ses ornements pontificaux et entouré d'une foule de peuple et de lévites.

Le jeune conquérant reconnaissant le pontife qu'il a vu précédemment en songe, adore le nom de Dieu écrit sur sa tiare, promet d'épargner la ville, entre dans le temple, offre un sacrifice et continue sa marche victorieuse. Là, nous nous rangeons en cercle et apercevant les murs de la cité sainte, nous entonnons le *Lætatus sum* avec une joie inexprimable.

Nous étions donc aux termes de nos désirs. Ce voyage à travers la Samarie, que rarement dix personnes robustes et habituées à chevaucher, accomplissent sans accident sérieux, ce voyage entrepris malgré une chaleur suffoquante, malgré des chemins affreux, ou mieux malgré l'absence de tout chemin, malgré les plus sinistres annonces, malgré les menaces, les réclamations, les prières cent fois réitérées de nos amis et de nos ennemis, nous le terminons au nombre de cinq cents, on peut dire sains et saufs. Un seul pèlerin, à ma connaissance, s'était fait au genou, en tombant de cheval, une blessure qui pendant plusieurs jours, nous inspira de vives inquiétudes. On a donc pu, sans trop d'exagérations, appeler ce voyage *miraculeux*.

XVII

LES FATIGUES DU VOYAGE

Est-ce à dire qu'il s'effectua sans ennuis, sans fatigues? Ce serait trop merveilleux et pas assez méritoire. Laissez-moi encore vous dire ce que j'ai ressenti personnellement; vous jugerez par là des autres. Et d'abord MM. Cook nous faisaient constamment passer par le plus court chemin, comme des ballots de marchandises qui doivent

arriver à destination, sans se préoccuper de ce qui se rencontrerait
ou non d'intéressant. Rappelez-vous ensuite cette chaleur de 50
degrés entre dix et quatre heures, cette marche à cheval de dix heures
par jour, par monts et par vaux, pour des cavaliers peu excercés
comme la plupart d'entre nous, obligés d'être sans cesse en garde
pour ne pas dégringoler. Sur un coussin moelleux nous en aurions
eu assez; sur nos selles, c'était à n'y plus tenir. Et le régime alimentaire! Du pain d'orge auquel un chien n'aurait pas touché;
comme qui aurait mangé du son. Une viande fade, insipide, dégoû-
tante, sauf le poulet qui paraissait présentable. Et de l'eau claire
pour détremper tout cela, quand on n'avait pas fait ses provisions!
Admettons que l'état des estomacs, la chaleur, la fatigue y fussent
pour quelque chose. Tout cela me soulevait le cœur ; je me sentais
la bouche empâtée ; une soif vraiment *brûlante ;* l'expression n'était
plus pour moi une figure poétique ; je ne pouvais plus supporter que
le café du matin, le potage du soir, les œufs durs distribués à la fin
de chaque repas et les citrons ou oranges dont je suçais de temps
en temps quelques tranches. Heureusement ces fruits ne manquaient
pas. S'il avait fallu aller plus loin, je me demande comment cela aurait fini. Bien des pèlerins ont passé plusieurs jours sans pouvoir
quitter la chambre. Il m'a fallu une semaine pour me remettre entièrement, mais c'eût été bien autre chose sans la bonne Providence
qui veillait sur nous. Le dernier jour, au moment où nous n'en pouvions plus, le soleil, jusque-là si ardent, se cacha, cela contre son
habitude, sous un épais rideau de nuages ; un vent assez fort s'éleva
de l'ouest, nous apporta une délicieuse fraîcheur et nous rendit force
et courage. Nous pûmes donc et sur le mont Scopus et en entrant
dans la ville sainte, chanter le *Lætatus*, le *Te Deum* et le *Vexilla;* —
Vive Jérusalem, de toute l'énergie de notre cœur et de nos poumons.
Mais achevons.

XVIII

ENTRÉE DANS JÉRUSALEM

Sur le mont Scopus, nous trouvons des représentants de Son Excellence Mgr le Patriarche, des membres du clergé séculier et régulier, le consul de France, M. Langlois, M. de Moidrey, le zélé instigateur du pèlerinage, etc. etc. Après les premières salutations et les premiers chants, la marche s'organise : en tête le drapeau français et la bannière à croix rouge, portés l'un par le drogman du consulat, l'autre par M. de Belcastel ; puis les autorités religieuses et civiles, entourées de notre avant-garde, enfin, la masse des pèlerins deux à deux. A mesure que nous nous avançons, la foule grossit autour de nous. Au lieu d'entrer par la porte de Damas, nous suivons l'escorte de soldats turcs envoyés à notre rencontre, et tournant à l'ouest, nous allons, en longeant les établissements russes, rejoindre les pèlerins arrivés précédemment qui nous attendent devant la porte de Jaffa. L'ordre qui règne dans nos rangs, la bonne tenue, le recueillement, la prière qu'inspire la vue de la ville Sainte font de notre marche comme une première procession. En vue de la porte de Jaffa, nous mettons pied à terre. Quand tous les pèlerins, arrivants et arrivés des jours précédents, ont pris leur place, nous faisons notre entrée solennelle et nous parcourons les rues en chantant le *Te Deum*, le *Magnificat*, le *Lætatus sum*, le *Vexilla Regis*. Les vieilles murailles du palais de David ont dû tressaillir et les échos de Sion se trouver bien étonnés de redire pareil chant. Tout Jérusalem était sur pied pour jouir du spectacle ; il n'y a pas jusqu'au pacha ou gouverneur de la ville, qui n'ait voulut donner, à lui cette satisfaction, à nous cette marque d'honneur. Les chrétiens pleurent de joie, les infidèles reconnaissent là de vrais pèlerins, unis dans la foi, la prière et la charité, bien différents des touristes ordinaires qu'ils voient passer avec mépris ou insouciance.

Chose étrange! c'est au moment où un gouvernement qui se dit ami de la liberté interdit les processions sur notre vieille terre catholique de France, que nous allons les rétablir en pays infidèle, où elles étaient interdites depuis sept cents ans, et cela sous la protection du gouvernement turc, en compagnie du consul de France, et à l'ombre du drapeau français.

XIX

LE SAINT-SÉPULCRE

Au Saint-Sépulcre où se termine notre procession, le patriarche latin de Jérusalem, Mgr Bracco, nous attend à l'entrée même du Tombeau du Sauveur. Avec une véritable éloquence et une amabilité parfaite, Son Excellence nous salue en français, nous félicite d'avoir ouvert une nouvelle ère pour les pèlerinages aux saints Lieux, nous remercie de l'élan que notre présence va donner aux œuvres catholiques, et bénit en nous cette noble et généreuse nation française qui est toujours la fille aînée de l'Église.

Après cette touchante et gracieuse allocution et la bénédiction du très saint Sacrement, comme il commence à se faire tard, chacun songe à chercher le gîte qui lui a été assigné. Sur le seuil du Saint-Sépulcre, je me vois abordé par une personne qui semble heureuse de la présence de tant de compatriotes, avide de nouvelles du pays. C'est la *bonne* de notre consul, M. Langlois. Le consulat est à cent mètres à peine des *Frères* des Écoles chrétiennes où je dois loger. Vous pensez si elle se fait un plaisir de me mettre sur mon chemin.

CHAPITRE VIII

SAINT JEAN-BAPTISTE HÉBRON

I

Nous voici donc au terme de nos désirs ! dans la Ville sainte ! Partout on nous fait l'accueil le plus empressé, le plus affectueux ; tous les sanctuaires nous sont ouverts, et pendant deux grandes semaines, nous pourrons en toute liberté satisfaire notre dévotion et notre curiosité. Vous attendez que je vous parle immédiatement de Jérusalem ? Eh bien ! je vais mettre votre patience à une petite épreuve. Vous n'y perdrez rien, du reste. Quand je vous aurais dit ce qui a rapport à la Ville Sainte, à la passion, à la mort, à la résurrection de Notre-Seigneur, vous attacheriez moins d'intérêt à ce qui regarde sa Nativité, son Précurseur. N'est-il pas aussi plus naturel de vous rapporter les événements dans l'ordre où ils se sont accomplis, et où je les ai observés, comme nous avons fait jusqu'ici ? Je vous ai parlé plusieurs fois des Patriarches, à propos de Sichem, de Silo, de Béthel ; des Prophètes, à l'occasion de notre passage au Carmel et à Samarie ; à Nazareth, nous avons visité la demeure ordinaire de Jésus, Marie et Joseph, et vénéré tout particulièrement le mystère de l'Incarnation. A peine Marie a-t-elle reçu dans ses chastes entrailles le Fils de Dieu fait homme, qu'elle se sent toute embrasée du feu de la charité. Aussitôt elle se met en chemin par les montagnes de Juda et va faire part de son bonheur à sa cousine Elisabeth. Suivons-la au lieu de la Visitation, à la ville de Saint-Zacharie, puis à Bethléem. De là, nous reviendrons à Jérusalem recueillir tout à notre aise les souvenirs les plus touchants de notre rédemption. Ce ne sera pas, d'ailleurs, nous écarter de l'ordre dans lequel nous avons visité ces divers sanctuaires. Plusieurs d'entre nous ont fait leurs excursions autour de Jérusalem les premiers jours qui suivirent notre arrivée. Le P. F. et ses compagnons normands retournèrent plusieurs fois à Saint-Jean et à Bethléem. Pour moi, je me bornai à une seule visite et j'y demeurai les 22, 23 et 24 mai, parce que ces jours là, il y avait réunion de pèlerins et processions dans ces localités.

II

CHAMP DU FOULON

Partis le matin par la porte de Jaffa (j'eus avec moi le P. F. jusqu'à midi), et marchant droit à l'ouest, nous sommes en quelques minutes sur l'emplacement du *Champ du Foulon*, à l'endroit même où l'Ange exterminateur frappa en une seule nuit 185,000 hommes de l'armée de Sennachérib; nous avons à notre gauche la *Piscine supérieure*, grand réservoir près duquel Isaïe prononça la fameuse prophétie : *Voici que la Vierge concevra et enfantera un fils qui sera appelé Emmanuel.* Quinze cents mètres plus loin, nous apercevons, toujours à notre gauche, une vaste construction qui ressemble à une forteresse du moyen âge. Craignant de faire fausse route par ces sentiers tous semblables, nous allons aux renseignements. Une bonne vieille nous rassure.

III

COUVENT DE SAINTE-CROIX

Le monument vaut la peine qu'on se détourne. C'est le couvent de Sainte-Croix, bâti par l'empereur Héraclius (VIIe siècle), sur le lieu où, suivant une tradition, fut pris le bois de la croix du Sauveur. Longtemps il appartint aux Géorgiens catholiques. Il sert maintenant de séminaire aux grecs schismatiques qui, là comme en tant d'autres endroits, se sont établis sur notre terrain. Une pieuse *légende* (1), dont les principales circonstances sont représentées sur les murs de l'église du couvent, fait remonter un peu haut l'origine du bois de la vraie Croix. Voici à peu près en quels termes la chose est rapportée par le frère Liévin :

IV

LÉGENDE

« Loth, au sortir de Sodome livrée aux flammes, se retira près d'Hébron, où il commit un grand crime. Pour n'avoir pas sans cesse sous les yeux les objets qui lui rappelaient son péché, il vint habiter

______

(1) Ces *légendes*, si fréquentes parmi les Orientaux, ne sont pas paroles d'Évangile, non plus que les *traditions locales*, quoique ces dernières soient généralement plus respectables; ce ne sont que des manières ingénieuses d'expliquer certains faits, d'en tirer quelque leçon, où l'imagination a grande part.

à l'endroit même où se trouve actuellement le monastère. Toujours poursuivi par les remords, il priait le Seigneur de lui pardonner. Un jour, un ange lui apparut et lui présentant trois boutures de cyprès, lui dit : Plante et arrose ces boutures avec de l'eau que tu iras puiser chaque jour dans le Jourdain (le Jourdain est au moins à 40 kilomètres de là). Si elles prennent racine, c'est que Dieu t'aura pardonné ; si elles ne poussent pas, ce sera un signe de réprobation. Loth, plein de confiance, fit ce que l'ange lui avait dit, et bientôt il eut la joie de voir ses boutures commencer à pousser. Mais un soir, comme au retour du Jourdain il approchait de sa demeure, une outre remplie d'eau sur les épaules, un démon qui avait pris la forme d'un pauvre lui demanda à boire. Loth s'empressa de le satisfaire. Un peu plus loin, d'autres démons, sous la même forme, lui adressent la même prière, et sont également exaucés ; de sorte que, quand l'infortuné voulut arroser ses boutures il s'aperçut, mais alors seulement, que son outre était vide. Que faire ? Retourner au Jourdain ? Il était trop tard. Il voyait donc ses espérances anéanties et ne pouvait plus attendre que les arrêts de la justice divine, quand l'ange du Seigneur lui apparut une seconde fois et lui dit : Ta charité a trouvé grâce devant Dieu ; désormais, tes boutures croîtront sans être arrosées, et sois bien assuré de ton pardon. En effet, ces jeunes plantes devinrent de grands arbres, et c'est l'un d'eux qui a fourni le bois de la croix du Sauveur. »

V

SAINT-JEAN DANS LA MONTAGNE

Après deux petites heures de marche par monts et par vaux, nous sommes à sept kilomètres de Jérusalem, au village d'Aïn-Karim

(Saint-Jean-de-la-Montagne), bâti à mi-côte, au nord-ouest d'une colline assez élevée, au-dessus d'un beau vallon qui ne manque pas de fertilité. Aïn-Karim compte environ neuf cents habitants, dont une centaine de catholiques. C'est là que, selon la tradition locale à laquelle on n'a rien opposé de solide (quoi qu'aient dit les Occidentaux en faveur d'Hébron) (1), c'est là que demeurait le prêtre Zacharie, que la sainte Vierge vint visiter sa cousine Elisabeth, et que naquit saint Jean-Baptiste. Les Franciscains, auxquels nous allons demander l'hospitalité, ont là, sur l'emplacement de la maison de Zacharie, un établissement considérable ; c'est leur scholasticat ou séminaire. Nous arrivons au moment où la procession commence à défiler au bas du village, sur une espèce de corniche ou chemin étroit, au chant des hymnes et des cantiques. Le frère Liévin est à son poste pour nous donner les détails historiques ; d'autres religieux nous distribueront la parole de Dieu.

VI

FONTAINE DE LA VIERGE

Notre première station est pour la *Fontaine de la Vierge*, où Marie vint sans doute bien des fois puiser, puisque c'est la seule source de l'endroit, une eau excellente qui continue de servir aux besoins des habitants et à l'arrosage du vallon voisin. A côté de la source se trouve le lavoir public, sous une espèce de hangar. Ai-je besoin de vous dire qu'on n'y paraît nullement intimidé de notre présence, que les langues vont leur train ? Ce sont des laveuses ! d'un peu plus loin,

____

(1) Une autre version met la visitation dans la petite ville de Youtta, près d'Hébron.

et si je n'avais pas saisi la prononciation gutturale des Orientaux,
j'aurais pu me croire en France.

VII

SANCTUAIRE DE LA VISITATION

Cent mètres plus loin, à l'ouest, sur notre gauche, nous entrons
dans le sanctuaire de la *Visitation,* à l'endroit même où Marie ren-
contra sa cousine. On croit que Zacharie avait une petite habitation
à la porte de la ville. Cette modeste chapelle, très ancienne et longtemps ensevelie sous des décombres, a été, depuis peu, dégagée,
restaurée par les Franciscains. Représentez-vous la touchante entrevue
de la mère de Jésus et de la mère du Précurseur ! Marie saluant
Elisabeth ; saint Jean sanctifié, tressaillant de bonheur dans le sein
de sa mère ; Elisabeth éclairée d'en haut, reconnaissant la présence
du Dieu Sauveur si longtemps attendu, se déclarant indigne de l'honneur qui lui est fait, félicitant Marie de la récompense accordée à sa
foi ; Marie, dans l'extase de l'humilité et de l'amour, laissant s'échapper
de son cœur et de ses lèvres ces paroles de reconnaissance : « Mon
âme glorifie le Seigneur et mon cœur tressaille à la pensée de ses
bienfaits ; parce que, dans son inépuisable miséricorde, il a jeté un
regard de bonté sur sa pauvre servante ; il m'a comblée de faveurs
qui dépassent mes désirs ; tous les siècles ne cesseront de redire mon
bonheur ! »

Pour nous mieux faire entrer dans les sentiments que doit suggérer
le souvenir de cette scène si touchante, le R. P. Marie-Antoine,
capucin de Toulouse, nous rappelle, en commentant le *Magnificat*
dans un langage plein d'entrain, d'élévation et de poésie, combien

la paix et le bonheur des justes l'emportent sur les prétendus avantages des méchants. Sous l'impression de ces fortes et gracieuses paroles, nous redisons le cantique de Marie, avec quel cœur, à cette place? vous le comprenez sans peine; et nous baisons tour à tour l'autel du *Magnificat,* en priant Jésus de nous sanctifier et Marie de nous obtenir sa foi, son humilité et sa reconnaissance pour les bienfaits de Dieu.

Et le petit Jean-Baptiste, que devint-il, si près de Bethléem, pendant le massacre des Innocents ordonné par Hérode? Suivant la tradition locale, Elisabeth, s'enfuyant à l'approche des satellites avec son précieux fardeau dans ses bras, le déposa, pour le cacher, sur un rocher couvert de broussailles. Le rocher s'entr'ouvrit, comme de la cire molle, sous le poids de l'enfant, puis se renferma et le déroba aux recherches de ses ennemis. Pour attester la réalité du fait, on montre, incrustée dans la muraille de la chapelle, une pierre noirâtre de l'aspect le plus singulier. En voyant les plis de sa surface, on dirait l'empreinte du corps d'un enfant.

VIII

LES DAMES DE SION

De là, revenant sur nos pas, nous nous dirigeons vers l'orphelinat tenu par les Dames de Sion. On devait y faire la bénédiction d'une statue de sainte Monique offerte par les pèlerins.

Les enfants qu'on y élève viennent à notre rencontre et nous accompagnent, à notre rentrée comme à notre sortie, en chantant, en français, la charité et le dévouement de la France catholique pour toutes les bonnes œuvres. Ai-je besoin de vous dire combien nous sommes agréablement surpris et fiers de voir en quelle considération est toujours notre patrie, même parmi les infidèles ! Nous nous entassons comme nous pouvons dans le petit oratoire de ces bonnes dames, ceux du moins qui arrivent à temps.

IX

LE P. ALP. RATISBONNE

Avant la bénédiction, le R. P. Picard invite le supérieur de la maison, le P. Alphonse Ratisbonne, l'enfant gâté de Marie, le juif converti par l'apparition de 1842, à nous adresser quelques mots d'édification. Tous nous aurions été si heureux de l'entendre ! Aux plus vives instances, l'humble religieux oppose un refus invincible. Le P. Picard, obligé de prendre la parole, devait nous montrer, par l'éloge de sainte Monique, combien la prière et le zèle sont nécessaires et puissants pour gagner et transformer les cœurs. Il ne pouvait manquer de rappeler brièvement ce que le P. Ratisbonne a opéré sous ce rapport. Naturellement, les regards se fixent sur l'apôtre de ses frères en Israël. La modestie du bon Père allait passer un mauvais quart-d'heure. Mais les saints ont, pour se dérober à l'attention, des ruses auxquelles ne songerait pas le commun des fidèles. Comme si ses jambes étaient fatiguées, le bon père fait semblant de chercher une position plus commode, il s'abaisse tout doucement, se met à genoux, et échappe ainsi aux yeux de cette foule restée debout.

Après la bénédiction et les prières que nous redisons à chaque station, nous admirons le magnifique établissement des sœurs de Sion. Madame la supérieure nous dit en nous faisant les honneurs de sa maison, comment ces terrains, autrefois couverts de pierres et de chardons, se sont transformés en fertiles jardins. Ce sont partout des fleurs, des légumes, des vignes, des arbres fruitiers de toutes sortes qui feraient envie aux plus riches plantations d'Europe. Que de rochers il a fallu briser! que de hottées de terre végétale apporter à dos d'âne! que de travail pour préparer des réservoirs aux eaux du ciel, pour monter celles du ruisseau voisin! Mais on n'a perdu ni son temps ni son argent. Quand la maison a prélevé son nécessaire, elle peut déjà envoyer de son superflu aux deux orphelinats de Jérusalem. Que sera-ce, quand les douze mille pieds de vigne récemment plantés seront en plein rapport?

Le site est des plus intéressants : au loin, on aperçoit plusieurs montagnes célèbres, en particulier celle où furent déposés les restes du prophète Samuel, et celle sur laquelle était bâtie Modin, la patrie des Machabées; à ses pieds, on a la vallée et le torrent du Térébinthe, où David prit ces pierres polies qu'il fit pénétrer dans la tête du géant Goliath. Le torrent ne montre en ce moment (25 mai) que son lit de cailloux desséché; mais, dans la saison des pluies (de novembre en mars), il lui arrive de former comme un petit océan.

X

SAINT-JEAN-DU-DÉSERT

Dans l'après-midi, un certain nombre de pèlerins tiennent à visiter *Saint-Jean-du-Désert,* qui est à cinq kilomètres plus loin à l'ouest. On appelle ainsi l'endroit où le plus grand des enfants des hommes commença sa vie de pénitence, n'ayant pour tout vêtement qu'une étoffe grossière de poils de chameau, et pour nourriture que des sauterelles et du miel sauvage. En ces pays chauds, il n'est pas rare de voir les abeilles établir domicile dans les trous et les fentes des rochers; et maintenant encore, à peu de distance de là, au rapport de plusieurs voyageurs, les pauvres mangent toujours une espèce de bouillie de sauterelles desséchées et réduites en poudre. Saint Jean avait-il cette manière de les préparer? Quoi qu'il en soit, s'il fallait nous en nourrir, même à cette sauce bien des gens qui se croient mortifiés feraient une vilaine grimace.

La grotte de saint Jean, creusée dans le roc vif, peut avoir cinq mètres de long sur trois de large et deux de haut. Au, fond on voit une pierre en forme de table, le lit du Précurseur, dit-on, sur laquelle les Franciscains placent leur autel portatif, quand ils viennent y offrir le saint Sacrifice. A gauche en entrant, est une autre grotte qui sert de lit à l'ermite gardien de ce vénérable sanctuaire; devant, également creusé dans le roc, un petit réservoir d'eau limpide. Le tout est protégé par une grille de fer, je ne dirai pas contre les voleurs, il n'y a là rien qui puisse exciter leur cupidité, mais contre les profanations et les violence des mahométans. Tout dernièrement, le pauvre ermite avait été attaqué et laissé en fort mauvais état. Je fus agréablement surpris de trouver en lui un voisin, un Normand de la Manche, un vieux soldat ; et lui, tout transporté, nous fit les honneurs de sa solitude, nous conta son histoire et nous conduisit, à cinq minutes plus haut, à la petite chapelle élevée par le patriarche latin sur le tombeau de sainte Elisabeth.

Nos visites terminées, je me mets à cueillir quelques fleurs, des souvenirs pour les amis, sans trop faire attention que le ciel déjà sombre se charge de plus en plus. Je m'éloigne de mes compagnons qui, moins amateurs ou plus prudents, sont rentrés dans la grotte. Espérant en être quitte pour quelques grains de rosée, je continue ma cueillette en m'avançant vers Aïn-Karim. Bientôt je me vois seul, perdu dans le désert. Il faudra bien rejoindre les autres visiteurs. Mais voici un pèlerin qui vient vers moi : marchons, quoi qu'il arrive. Tout ne fut pas pour le mieux. La pluie, inconnue en Palestine dans cette saison, après plusieurs essais un moment interrompus, finit par tomber de manière à nous tremper jusqu'aux os. C'était une bénédiction pour le pays, et les habitants l'attribuaient à la piété des pèlerins français. Mais pour nous ! quelle mine et quel état ! Et rien pour se changer, à moins d'aller jusqu'à Jérusalem. J'y songeais tont de bon. Mais après la pluie, le beau temps ; il fut tel que bientôt nous n'eûmes pas à craindre de nous refroidir trop promptement. Arrivés au couvent, nous étions déjà secs aux deux tiers. On nous donna une chambre où nous pûmes réparer le désordre un peu notable de notre toilette, et la nuit suivante, je reposais dans un bon lit, ce qui ne m'était pas arrivé depuis un mois. Et puis, j'avais avec moi un compagnon si aimable (un curé du diocèse de Viviers, je crois, je regrette bien de n'avoir pas osé lui demander son nom), que ce fut une de mes plus agréables journées, malgré le bain forcé qu'il m'avait fallu prendre.

XI

GROTTE ET ÉGLISE DE SAINT-JEAN

Le lendemain (24 mai), j'eus le bonheur de célébrer la sainte Messe dans la grotte où naquit saint Jean-Baptiste. Pouvais-je mieux faire pendant le saint Sacrifice et mon action de grâce, et en récitant le *Benedictus*, que de demander l'humilité et la mortification du Précurseur et la grâce de conduire, comme lui, les âmes à Jésus ? Cette grotte, taillée dans le rocher, où l'on descend par sept degrés de marbre, était un des appartements de la maison de saint Zacharie. Sur l'emplacement de cette maison, les premiers chrétiens élevèrent une belle église dédiée à saint Jean-Baptiste. Détruite par Chosroès, relevée par les Croisés, envahie et changée en écurie par les mahométans, cette église a été restaurée en 1621 par les PP. Franciscains qui en ont fait l'église paroissiale de l'endroit et le principal sanctuaire de leur scholasticat. Quoique simple, elle n'est pas sans grâce avec ses trois nefs, ses colonnes carrées, son pavé de marbre de différentes couleurs et les carreaux de faïence coloriée qui revêtent jusqu'à une certaine hauteur ses colonnes et ses murailles.

Ce serait le moment de partir pour Hébron (à environ 30 kilom.), la première capitale du roi David. Les tombeaux d'Abraham, d'Isaac et de Jacob, de Sara et de Rébecca, etc., renfermés dans une enceinte construite par Salomon ; le fameux chêne de Mambré dont le pied a huit mètres de tour, et les branches, trente mètres de long, et dont un ancêtre vit les anges apparaître aux Patriarches ; la riche vallée qui donne encore des grappes de raisin de deux pieds de long ; la place où Agar fugitive déposa son fils Ismaël ; tout cela serait bien fait pour exciter la curiosité. Mais impossible de tout voir dans le peu de temps qui nous est donné. Je savais, d'ailleurs, que les fanatiques habitants d'Hébron (8,000 hab.), tous mahométans, sauf 650 juifs, ne laissent pas pénétrer, même à prix d'argent, dans leur magnifique mosquée (une ancienne église bâtie sur le tombeau des Patriarches). J'avais donc renoncé à l'avance à cette excursion. Je me suis contenté de demander à un pèlerin plus heureux que moi un gland du fameux chêne de Mambré, dans l'espoir de me reposer un jour à l'ombre d'un rejeton d'un arbre si renommé.

CHAPITRE IX

BETHLÉEM, LE CHAMP DE BOOZ, GROTTE DES PASTEURS, JARDINS, FONTAINE DE SALOMON.

I

De Saint-Jean, je me fis conduire (23 mai) à Bethléem, par un enfant de treize à quatorze ans, qui, contrairement aux habitudes graves des Orientaux, m'aurait volontiers mené au pas de course, et ne songeait qu'à s'en retourner, sans doute dans l'espoir de trouver un nouveau voyageur, un nouveau bakchich. Plus d'une fois il me fallut tempérer son ardeur et lui rappeler qu'il n'avait pas gagné ni reçu son argent.

Laissant à droite la fontaine Hanieh, où le diacre Philippe baptisa le ministre de la reine Candace, et Beit-Djallah, village de trois mille habitants où se trouve le séminaire catholique, je traverse la vallée dite des *Roses*, il serait difficile de savoir pourquoi maintenant; je gravis plusieurs collines, je longe un ravin profond mais dont les pentes sont riches et gracieuses, et, après deux heures de marche, j'arrive, sur la route de Jérusalem à Bethléem, à un petit bâtiment

carré, surmonté d'un dôme et précédé d'un misérable vestibule. C'est
le tombeau, également vénéré des chrétiens, des juifs et des mahométans, où Jacob, revenant de la Mésopotamie, déposa le corps de
sa bien-aimée Rachel.

11

BETHLÉEM

Bethléem, dont on aperçoit les premières maisons, n'est qu'à 1,500
pas. Bethléem (la ville du pain), à deux lieues au midi de Jérusalem,
à l'est de Saint-Jean, est à 850 mètres au-dessus de la mer, à l'extrémité orientale d'une colline qui s'allonge du couchant au levant. La
fertilité de ces vallées, encore couvertes de figuiers, de vignes et
d'oliviers, etc., lui avait valu le nom d'Ephrata (la fructueuse). C'est
une ville toute chrétienne : 5,500 habitants, dont 3,000 catholiques,
1,700 grecs, 700 arméniens schismatiques et une centaine de mahométans. Sa population, d'une taille généralement élevée, d'une
physionomie à la fois simple et digne, est active et industrieuse, et
doit son aisance relative à la confection des chapelets, christs,
médaillons, etc., en nacre et en bois d'olivier.

Bethléem existait plus de 1800 ans avant J.-C. C'est à ses portes
que se passa la touchante histoire de Ruth; c'est là que Samuel
donna la consécration royale au jeune fils d'Isaï, au petit berger qui
sera le grand roi David. Mais tous ces souvenirs et bien d'autres
encore sont effacés par le grand événement qu'avait annoncé le
prophète Michée : « *Et toi, Bethléem, tu ne sera plus une bourgade
inconnue dans Juda, puisque de toi, dit le Seigneur, sortira le chef
qui gouvernera mon peuple Israël.* »

Ce qu'on va voir et vénérer à Bethléem, c'est l'église de la Nativité, la crèche que le Fils de Dieu naissant choisit pour son berceau.

III

L'ÉGLISE SAINTE-MARIE

La basilique Sainte-Marie de la Nativité s'élève à l'extrémité orientale de Bethléem, au bout d'une place d'une étendue peu commune en Orient. Vue du dehors, elle a peu d'apparence, parce qu'elle est masquée au nord par le couvent des franciscains, au midi par ceux des grecs et des arméniens. C'est cependant le plus vaste et le plus beau monument chrétien de la Terre-Sainte. Les murailles actuelles datent du xiie siècle. Représentez-vous une construction de 66 mètres de long sur 26 de large : quatre rangées de dix colonnes d'une seule pierre rougeâtre à veines blanches, imitant le marbre, formant trois nefs dont celle du milieu a 14 mètres de largeur, 24 d'élévation, celles des côtés ensemble, 12 mètres de large et 10 de haut; au bas un vestibule long de 26 mètres partagé en trois compartiments ; au haut, le transept, de même élévation et de même largeur que la nef centrale et le chœur, forme avec eux une croix latine terminée par trois absides semi-circulaires.

IV

LA GROTTE DE LA NATIVITÉ

C'est sous le chœur, un peu élevé au-dessus des autres parties, que se trouve la grotte de la Nativité. Mais hélas ! cette belle église, bâtie, ornée par les aumônes des catholiques, et dont les Turcs nous ont plusieurs fois reconnu la propriété, n'en est pas moins à la disposition des schismatiques, qui, moyennant la force, la ruse et l'argent, s'en sont mis en possession. Ils ont établi une cloison grossière entre la grande nef et le chœur. Celui-ci leur sert d'église principale, et les nefs sont devenues un lieu de marché, de promenade, de réunions profanes. Les plafonds, les mosaïques, les peintures qui couvraient les murailles et les colonnes s'en vont par morceaux, et l'on ne permet pas plus aux catholiques de les réparer que d'y célébrer l'office divin. Longtemps ils n'ont eu pour église qu'une pauvre et étroite chapelle située dans le couvent franciscain. Grâce à la générosité de l'empereur d'Autriche, on leur en bâtit une fort jolie en ce moment, qui pourra répondre aux besoins de la population catholique.

La grotte de la Nativité, en grande partie naturelle, est maintenant surmontée d'une voûte factice. C'était une espèce d'étable publique, creusée dans le calcaire, telle qu'on en voit encore en Orient. Elle a 12 mètres de long, de 3 à 4 de large et autant de hauteur. Le pavé se compose de grandes dalles de marbre blanc ; les côtés, également revêtus de marbre, sont recouverts de riches tapisseries données par la France (1874) en échange de celles qui avaient été enlevées par les grecs, l'année précédente. On y descend par trois portes : celle du couchant communique directement avec le couvent franciscain ; les deux autres, au nord et au midi, au chœur des grecs. Elle est éclairée par 31 lampes précieuses dont 21 sont aux latins, sans parler des 17 qui brûlent au lieu même de la Nativité.

Quoiqu'elle appartienne aux catholiques, les schismatiques l'ont envahie les armes à la main au nombre de 300 en 1873, et après avoir mis hors de combat cinq religieux franciscains qui essayaient de la défendre, ils se sont fait adjuger, moyennant finance, par le gouvernement turc, le droit de célébrer seuls à l'autel de la *Nativité*.

En temps ordinaire, les catholiques ne peuvent plus célébrer que deux messes chaque jour dans la grotte, à l'autel des *Mages*, en dehors des heures où les grecs font leur office. Mais pendant le pèlerinage, le frère Alphonse, sacristain du sanctuaire, pour avoir gardé la bourse et les papiers précieux de l'évêque schismatique que celui-ci, durant un voyage, n'osait confier à ses coreligionnaires, tant ils lui inspiraient peu de confiance, avait obtenu, chose inouïe jusque-là, que nous pourrions célébrer tout le temps où la crypte ne serait pas occupée par les grecs.

V

LE LIEU DE LA NATIVITÉ

Au midi de la grotte est, dans un petit enfoncement, le lieu auguste où naquit le Sauveur. C'est là que Marie, arrivée à son terme, mit au monde son fils qui était en même temps le Fils de Dieu, qu'elle l'enveloppa de pauvres langes et le coucha dans une crèche, parce qu'il n'y avait pas de place pour elle à l'hôtellerie. Si, au temps de Noël surtout, la seule pensée de Bethléem parle si vivement à nos cœurs, si, comme le dit saint Bernard, tout dans le souvenir de ce mystère, et la pierre nue de la grotte et la pauvreté de la crèche, et les bras du petit Jésus tendus vers nous, et ses yeux qui répandent des larmes, semble nous crier : aimez donc celui qui vous a tant aimés; combien ces voix sont plus tendres et plus éloquentes encore au lieu même où Jésus a voulu naître, être déposé sur une poignée de paille, offrir sa vie et ses souffrances en sacrifice à son père pour nos âmes? Avec quels sentiments de respect, de reconnaissance et d'amour ne baise-t-on pas le marbre où sont gravées ces touchantes paroles !

Hic de Maria Virgine Jesus Christus natus est
C'est ici que Jésus-Christ est né de la Vierge Marie.

Comme on voudrait avoir le cœur de Marie, de Joseph, des Mages, des bergers, d'un saint Jérôme, d'un saint François, pour répondre à la tendresse du Fils de Dieu, et pour s'acquitter envers lui, autant qu'il est possible à notre pauvre nature humaine.

Le lieu sacré entre tous où s'accomplit ce grand mystère est actuellement une petite abside circulaire. Le sol est recouvert d'une plaque de marbre blanc qui ne permet pas d'apercevoir le rocher.

VI

LA CRÈCHE ET LES CHAPELLES SOUTERRAINES

A trois mètres au sud-ouest de cette abside, on descend par trois marches dans le petit oratoire de la crèche où Marie coucha l'Enfant-Dieu et où les bergers vinrent l'adorer. En face de la Crèche est l'hôtel des Mages, à l'endroit même où ces pieux personnages se prosternèrent, adorèrent et offrirent leurs présents.

.A l'ouest de ce petit sanctuaire, une porte basse et étroite permet de pénétrer dans les chapelles de saint Joseph fuyant en Égypte; des saints Innocents que leurs mères avaient inutilement essayé de cacher là; de sainte Paule et sainte Eustochie, les illustres filles des Gracques et des Scipions, qui, ayant affranchi leurs nombreux esclaves et vendu la plus grande partie de leur immense fortune, vinrent fonder un monastère auprès de la Crèche et finir leurs jours dans la méditation de la sainte Écriture et la pratique de toutes les bonnes œuvres; de saint Eusèbe et enfin de son maître saint Jérôme. Les reliques de ce grand docteur ont été transportées à Rome, dans la basilique Sainte-Marie-Majeure, auprès du bois de la Crèche, pour laquelle il avait une si profonde vénération. Mais c'est là, dans une crypte où j'ai eu le bonheur de dire la messe, qu'elles furent déposées. Tout à côté se trouve le petit oratoire où il passa de longues années dans d'effrayantes austérités; où le souvenir de Rome païenne et de ses fêtes ne cessait de le poursuivre; où le son de la trompette du jugement qu'il croyait entendre le faisait tressaillir d'épouvante; où il fit la version des saintes Écritures (la Vulgate), dont l'Église se sert encore aujourd'hui; où il mourut à l'âge de quatre-vingt-neuf ans (l'an 420). On montre encore, dans le couvent des Arméniens, l'*école* où il enseignait, et, dans celui des Franciscains, un olivier planté de sa main.

Les autres constructions de quelque importance sont la maison et l'école des dames Saint-Joseph de l'Apparition, le Carmel tont nouvellement bâti et l'orphelinat où le chanoine dom Belloni forme 230 enfants à l'agriculture et à différents métiers. Les habitations des gens de l'endroit sont des plus simples, relativement propres, mais un peu jetées pêle-mêle, sans former des rues bien tracées.

La satisfaction de dire la messe le matin dans la grotte de saint Jean-Baptiste m'empêcha d'arriver assez tôt pour prendre part à l'entrée solennelle des pèlerins dans Bethléem et à la communion générale à la Crèche. Il n'y eut, d'ailleurs, que demi-mal; la procession ne put se faire avec l'éclat qu'on eût désiré. Le défilé eut bien lieu sur la place; mais quand on fut arrivé à la porte de l'église, il fallut abaisser les bannières et se rendre par petits groupes à la crypte. L'ardente rivalité qui règne entre les catholiques et les schismatiques s'oppose à toute cérémonie extraordinaire qui paraîtrait consacrer des droits contestés. Mais rien n'empêchait d'aller prier en son particulier.

Quand les pèlerins qui communièrent à la crèche eurent fait leur action de grâce et réparé leurs forces, nous entrâmes dans les cryptes

BETHLÉEM.

et le frère Liévin nous donna tous les détails qui pouvaient nous intéresser et que j'ai résumés plus haut.

VII

LA GROTTE DU LAIT

Après dîner, nous allons processionnellement en chantant des hymmes et des cantiques, accompagnés par la musique des orphelins de D. Belloni, à la *Grotte du lait*. On appelle ainsi un enfoncement creusé dans un tuf blanchâtre, où, suivant la tradition, Marie et Joseph s'étaient retirés avant de fuir en Égypte. En présentant le sein à son divin Fils, Marie laissa tomber quelques gouttes de son lait sur le sol et lui communiqua par là une vertu surnaturelle. Depuis ce temps, les femmes turques et arabes, comme les chrétiennes, qui n'ont pas assez de lait pour entretenir suffisamment leurs nourrissons, viennent prier dans cette grotte, emportent et avalent de cette terre crayeuse qu'elles font dissoudre dans un liquide quelconque, et bon nombre d'entre elles affirment avoir obtenu la faveur sollicitée par l'entremise de la mère de Jésus.

VIII

LE VILLAGE DES PASTEURS

De là un certain nombre de pèlerins rentrent en ville. Je suis le Fr. Liévin aux ruines d'une ancienne chapelle élevée sur l'emplacement de la maison de saint Joseph, au village et à la grotte des Pasteurs. Le village où habitaient probablement les bergers honorés de la visite des anges compte environ 600 habitants, dont 100 catholiques et 450 grecs. On y montre une citerne où, selon la légende, l'eau serait tout d'un coup montée jusqu'au niveau du sol, pour permettre à Marie de se désaltérer.

IX

LE CHAMP DE BOOZ

En quittant le village on voit se déployer à l'est, à 200 mètres au-dessous de Bethléem, une petite plaine des plus fertiles, ayant environ un kilomètre carré. C'est le *champ de Booz*, où Ruth la moabite, dirigée par la Providence et par les conseils de Noémi, vint glaner et fut accueillie avec cette bonté et cette grâce touchante que nous rapporte l'Écriture. On sait comment, pour observer la loi de Moïse, le riche et généreux Booz consentit à l'épouser quoique pauvre et étrangère, et la rendit mère d'Obed et aïeule de Jessé, de David et du Sauveur.

X

LA GROTTE DES PASTEURS

Au milieu de ce champ, à 1,500 mètres de Bethléem, dans un carré planté d'oliviers, on aperçoit une construction d'apparence misérable, recouvrant une chapelle souterraine plus misérable encore, où l'on descend par un escalier de 21 degrés. C'est la *grotte des Pasteurs*, l'ancienne crypte d'une église bâtie par sainte Hélène, à l'endroit où l'ange apparut aux bergers pour leur annoncer la naissance du Messie. Là nous aurions été heureux de chanter le *Gloria in excel-*

sis, à l'endroit même où il fut entonné pour la première fois ; mais ce sanctuaire a été enlevé aux franciscains par les grecs qui ne savent même pas le tenir propre.

En rentrant en ville, nous visitons la petite église catholique du village, dont le curé, un vrai missionnaire, nous fait le plus gracieux accueil ; puis la chapelle des dames de Saint-Joseph où nous attendait une petite instruction et la bénédiction du saint-sacrement.

Jusque-là je n'avais pas encore eu le temps de voir la basilique et je n'en connaissais pas la disposition. Je vais donc y jeter un coup d'œil : un soldat turc se propose pour m'en faire admirer la richesse et la beauté. Mais ses connaissances et son goût ne me paraissaient pas à la hauteur de la bonne volonté qu'il avait de recevoir un bakchich. Il commençait, d'ailleurs, à faire nuit, je le salue donc en le remerciant et je vais prier dans la crypte de la Nativité en attendant l'heure du souper.

Le lendemain (24), j'étais levé avant quatre heures, avec quelque espérance de pouvoir offrir le saint-sacrifice à l'autel des Mages. En arrivant je vois cet autel recouvert d'une espèce de grillage qui ne permet pas d'y célébrer ! c'est que bientôt les grecs vont faire leur office à l'autel de la Nativité. Je m'établis cependant tout seul dans ce vénérable sanctuaire, ayant à trois mètres devant moi le lieu même de la Nativité, à ma gauche la crèche, la petite cavité creusée dans le roc, où fut déposé Jésus naissant ; à ma droite, l'autel dressé à la place où les Mages se prosternèrent.

XI

VISITE A LA CRÈCHE

Quel endroit pour prier ! Je restai là, je ne sais combien de temps, repassant dans mon esprit et dans mon cœur les mystères si touchants que rappelle cette grotte bénie. Là il ne faut pas grand effort d'imagination pour se représenter Jésus sortant du sein virginal de sa mère, comme le rayon de soleil traverse le plus pur cristal, paraissant tout à coup entre ses bras ; Marie l'enveloppant de pauvres langes, le couvrant de baisers, le déposant sur ce dur berceau, l'adorant et lui rendant avec saint Joseph tous les services que demande sa faiblesse ; les bergers avec leurs petits présents et leur cœur plein de simplicité et d'amour ; les Mages, avec leur brillant cortège et leurs riches offrandes ; cette foule que ne manquèrent point d'attirer les récits des bergers et la visite des rois. Je me disais : voilà donc où a lui pour la première fois cette lumière qui venait éclairer tous les hommes, où a commencé cette vie qui devait se communiquer si abondamment, où s'est montrée pour notre instruction la grâce, la douceur, la bénignité, la tendresse ineffable de notre Dieu et Sauveur Jésus-Christ. Je voyais ensuite défiler sous mes yeux pour ainsi dire, toutes ces âmes brûlantes d'amour qui se sont fait un devoir, se sont procuré le bonheur de venir offrir à Jésus, à cette place même, le tribut de leur reconnaissance : une sainte Hélène, un saint Jérôme, une sainte Paule, un saint François d'Assise, et tant d'autres qui se reconnaissaient indignes de baiser cette pierre consacrée par le contact des membres de Jésus enfant. O mon Sauveur, ne laissez pas stérile cette grâce, cette source de vie que vous êtes venu apporter sur la terre ; mais répandez-la, faites-la fructifier dans mon âme, dans celle de tous les chrétiens, de tous les hommes et que tous répondent à votre amour par l'amour et le plus généreux dévouement.

XII

L'OFFICE DES GRECS

On passerait des années sans se lasser en présence de pareils souvenirs. Et cependant j'avais sous les yeux un spectacle bien capable de mêler l'amertume aux douceurs : les schismatiques faisant leur office à l'autel de la Nativité. Ils ne souffrent pas ordinairement la présence d'un étranger à leurs cérémonies. Ne m'avaient-ils pas aperçu ou voulurent-ils éviter le reproche d'intolérance devant tout le pèlerinage ? Toujours est-il qu'ils me laissèrent tranquille ; à un moment donné, en levant les yeux, je vis la grotte remplie d'hommes enveloppés de grands manteaux blancs rayés de bleu, à l'autel un prêtre en riches ornements, et au milieu de l'assemblée, un diacre qui semblait jouer le rôle principal.

J'avais bien autre chose à faire que de les observer. Je ne pus cependant manquer d'apercevoir comment ils remplissaient leurs fonctions ; et je dois avouer qu'ils semblaient procéder avec respect et gravité. Le célébrant surtout faisait à l'autel, à l'assemblée, à droite, à gauche, ses interminables encensements avec beaucoup de dignité. Une cérémonie me sembla particulièrement touchante. Après la consécration, il prit le calice couvert d'un voile, le porta majestueusement autour de la crypte, et à mesure qu'il passait, chacun se prosternait le front dans la poussière pour adorer la sainte Eucharistie. Le diacre n'y mettait pas, il s'en faut, cette solennité. Ce qui me frappa, c'est la volubilité avec laquelle il récitait les *kyrie eleison*, *amen*, *alleluia*, les seuls mots que j'aie pu distinguer. Je ne me souviens pas avoir jamais rencontré une langue aussi bien pendue, et je n'aurais pas voulu concourir avec lui, même à la condition de n'avoir à réciter que la moitié de ses prières.

XIII

LES VASQUES DE SALOMON

Après la messe et le déjeuner, je visitai, à une heure au sud-ouest de Bethléem, les vasques de Salomon, le *Jardin Fermé* et *la Fontaine Scellée*, célèbres dans les Écritures. Je n'en puis dire qu'un mot. Le *Jardin Fermé*, resserré entre deux collines. près duquel on vient de découvrir les restes d'une villa de Salomon, est encore couvert d'arbres fruitiers de toutes sortes et d'une fertilité telle qu'on y peut faire cinq récoltes de pommes de terre par an. Les *Vasques* sont trois grands réservoirs superposés, creusés dans le calcaire, d'étendue inégale, ayant, en moyenne, 500 pieds de long, 200 de large et 35 de profondeur. On les avait sans doute construits pour procurer au prince et à ses amis le plaisir du bain et pour entretenir la fraîcheur dans ses délicieux jardins. Ils sont alimentés par les eaux qui découlent des collines environnantes formant entonnoir de trois côtés, et par celles de la *Fontaine Scellée*. Cette source jaillit 600 mètres plus haut dans une vaste chambre creusée à 12 mètres de profondeur dans le roc vif, et donne des eaux d'une fraîcheur et d'une limpidité parfaites, qu'un canal, au moins aussi ancien que Salomon, conduit à Bethléem. Autrefois ces eaux allaient jusqu'à Jérusalem et entretenaient la *Piscine probatique*. Tout près de là sont les ruines d'*Étam* et la caverne où se retira Samson, après avoir incendié comme on sait, les blés des Philistins et avant de leur tuer mille hommes avec une mâchoire d'âne.

XIV

RETOUR A JÉRUSALEM

Je ne dirai également que deux mots de mon retour à Jérusalem. Vers le tiers de mon chemin, je me trouvai près du couvent grec de Saint-Élie. C'est là que le prophète, fuyant la persécution de Jésabel, se serait endormi, et qu'un ange lui aurait montré ce pain cuit sous la cendre qui lui rendit la force d'aller jusqu'à la montagne d'Horeb. J'aurais pu demander à voir la pierre sur laquelle il reposa, et qui conserve, dit-on, l'empreinte de son corps. Le seul souvenir que j'aie conservé de l'endroit est le fait suivant : Comme j'approchais du couvent, je vis venir dans ma direction deux cavaliers grecs ayant fort bonne tournure dans leurs larges manteaux blancs. Arrivés en face, ils s'arrêtent, tournent en même temps leurs chevaux vers ce lieu vénérable, font trois inclinations, trois grands signes de croix, puis continuent leur chemin. Vous pouvez juger par là que dans ce pays on ne connaît pas cette lâcheté qui, parmi nous, fait rougir tant de gens des plus saintes pratiques. Un peu plus loin, c'est toujours sur ma droite, le *Puits des Mages* où l'étoile un instant éclipsée reparut aux yeux de ces fidèles chercheurs de Jésus ; c'est la plaine des Réphaïm, une race de géants qui habitaient entre Jérusalem et la mer Morte ; c'est la maison du vieillard Siméon qui eut le bonheur de porter l'enfant Jésus dans ses bras, au jour de la Présentation. A six heures j'étais de retour chez les bons frères et je me disposais à passer la nuit au Saint-Sépulcre.

CHAPITRE X

JÉRUSALEM ! JÉRUSALEM !

Cette fois, nous y sommes, et pour y demeurer, et c'est d'elle que je vais vous parler désormais. Mais, avant que de vous conduire à ses sanctuaires vénérés, il faut encore vous arrêter un moment, et vous rappeler son importance, sa position, son origine, son histoire et son état actuel ; cela vous permettra de vous mieux orienter, de comprendre ce que j'aurai à vous dire.

Il n'est pas une seule ville dont le nom réveille autant de précieux souvenirs, fasse battre aussi vivement un si grand nombre de cœurs. Que sont, à côté d'elle, nos riches et populeuses villes modernes, avec leurs splendides palais et leurs usines enfumées ? Que sont les cités autrefois si puissantes de Ninive, de Babylone, de Memphis et de Thèbes aux cent portes ? Il n'en reste plus que des ruines ; longtemps on en a ignoré jusqu'à l'emplacement. Rome seule pourrait entrer en comparaison, parce qu'elle a été la tête d'un immense empire qui contenait tous les peuples civilisés d'alors, et parce qu'elle est maintenant la tête d'un autre empire bien plus puissant que le premier, le séjour du Vicaire de Jésus-Christ. Mais Rome n'a pas vu s'accomplir les mystères qui font la grandeur de sa rivale. Jérusalem, c'est la *ville sainte* par excellence, *El Kods*, comme disent les gens du pays.

C'est la ville sainte pour les Mahométans, à cause de la mosquée bâtie par Omar, le second calife, sur l'emplacement de l'ancien temple; c'est la ville sainte pour les juifs, parce qu'elle a été pendant onze siècles le centre de leur religion, le seul endroit où il leur fût permis d'offrir des sacrifices, parce qu'elle est le lieu où ils espèrent se réunir un jour autour du Messie dominateur de toutes les nations.

C'est la ville sainte pour les Chrétiens, parce que là ont régné Melchisédech, David, Salomon, figures du sacerdoce et de la royauté de Jésus Crhist; là les prophètes Isaïe, Jérémie, etc., ont annoncé les oracles du Seigneur et répandu leur sang pour soutenir la divinité de leur mission; là ont vécu et souffert Jésus, Marie et les Apôtres; là le Fils de Dieu a institué l'adorable Eucharistie; là il a pleuré, porté sa croix, subi la mort la plus ignominieuse pour effacer nos péchés; là il est ressuscité pour nous communiquer toutes ses grâces, monté au ciel pour nous y préparer une place; là il a fondé son Église, établi ses sacrements, envoyé le Saint-Esprit à ses disciples, rempli ses apôtres de cette force toute divine qui devait lui subjuguer l'univers. Le Cénacle, le jardin et le mont des Oliviers, le Calvaire et le Saint-Sépulcre ne se trouvent pas en deux endroits. Jérusalem est encore la figure de la cité céleste où nous jouirons à jamais de la vue de Dieu: c'est alors qu'elle méritera véritablement son nom qui veut dire *vision de paix*. Aussi, point de ville qui ait passé par tant d'alternatives de grandeurs et d'humiliations, qui ait excité au même degré le respect, l'amour, la curiosité, l'horreur et la compassion.

II

HISTOIRE

La fondation de Jérusalem remonterait presque au temps du déluge, s'il fallait en croire une tradition d'après laquelle Noé aurait déposé la tête du premier homme à l'endroit même où plus tard devait couler le sang du Fils de Dieu. La première mention qu'en fait la sainte Écriture nous la montre, sous le nom de Salem, gouvernée par Melchisédech, prêtre du Très-Haut, qui bénit Abraham vainqueur de Chodorlahomor et de quatre autres rois. Depuis ce temps, nous la voyons tour à tour assiégée, conquise, agrandie, mise à feu et à sang par les Hébreux sous Josué, par les Jébuséens, par David, qui en fait sa capitale (1047) et par Salomon, par les rois d'Israël, d'Égypte, de Ninive, de Damas, de Babylone, et détruite par Nabuchodonosor. Rebâtie après les 70 ans de la Captivité, par les soins de Zorobabel et d'Esdras, elle est visitée par Alexandre le Grand, disputée entre les rois de Syrie et d'Égypte qui tantôt la protègent et tantôt l'oppriment ; rendue à l'indépendance par la valeur héroïque des Machabées, assujétie par les Romains (63) qui la donnent à Hérode l'Iduméen, gouvernée par des procureurs dont le plus connu est Ponce-Pilate.

Quand elle a rejeté, crucifié le Messie, elle est prise et détruite par Titus (70), fils de l'empereur Vespasien, après un siège où périrent douze cent mille Juifs. Relevée par Adrien, sous le nom d'*Elia Capitolina*, enrichie de monuments chrétiens par sainte Hélène, mère du grand Constantin, ravagée par Chosroès, roi de Perse (614), elle tombe entre les mains d'Omar (636), second successeur de Mahomet, et subit le joug quelquefois tolérable, souvent affreux des califes de

Damas et de Bagdad, jusqu'au moment où elle est délivrée par Godefroy de Bouillon et ses Croisés (1099). Capitale d'un royaume latin pendant un siècle, elle est reprise par Saladin (1187), dévastée par les Kharismiens, sujet de dispute entre les chrétiens et les mahométans de Syrie et d'Égypte jusqu'au jour où elle est soumise par Sélim Ier (1516) aux sultans de Constantinople. Elle a ainsi changé de maîtres au moins dix-sept fois ; et au milieu de quels désastres ! On ne retrouverait pas un exemple comparable dans toute l'histoire.

III

POSITION

Ce n'est cependant pas la lâcheté de ses défenseurs, ni sa position désavantageuse qui l'a livrée à ses ennemis. On ne vit nulle part ailleurs résistance aussi acharnée. Tandis que les villes de quelque importance sont bâties près de la mer ou sur un cours d'eau considérable, Jérusalem est à quinze lieues de la Méditerranée, à huit de la mer Morte et du Jourdain, sur une agglomération de monticules qui s'élèvent de 7 à 800 mètres au-dessus du niveau de la mer. Protégée à distance par un terrain inégal entrecoupé de collines escarpées et de vallées étroites et profondes, elle est encore comme séparée du continent par les vallées de Josaphat, au nord-est, d'Hinnom (1) et de Gihon, au sud et au sud-ouest, qui la rendaient autrefois imprenable, excepté par le nord-ouest.

(1) Hinnom (Gé-Hinnom, Géhenne, où l'on brûlait les morts) figure de l'Enfer.

IV

COLLINES

Les six collines qu'elle occupe maintenant sont : au centre l'*Acra*, la ville primitive, où dut s'établir Melchisédech ; au levant, presque sur une même ligne, à commencer par le nord, le *Bézétha*, (la ville nouvelle) le *Moria* et l'*Ophel*, ce dernier à l'angle formé par la vallée de Josaphat et d'Hinnom ; au sud-ouest, le *Sion*, et au nord-ouest, le *Gâreb* dont le Calvaire ou Golgotha n'est qu'un contrefort. Les plus connus après le Calvaire, sont le *Moria*, où se trouvait le Temple de Salomon, et le *Sion*, citadelle et ville de David ; les plus élevées, sont le S*ion* et le *Gâreb*. Les vallées profondes qui, autrefois, séparaient ces collines ont été en grande partie comblées, ou pour permettre de bâtir, comme on sait que le fit Salomon, ou par des décombres, lors des différentes destructions qu'a subies Jérusalem. Il est tel point, comme à l'ouest du Moria où ces décombres forment une couche de 80 pieds d'épaisseur. Aussi le sol présente-t-il un plateau presque uni, mais sensiblement incliné vers l'orient, dont on embrasse très bien l'ensemble du haut de la montagne des Oliviers ou de la plate-forme de l'hospice franciscain.

Les différents *hospices* dont j'aurai à parler sont des hôtelleries où l'on reçoit les étrangers, pour un temps plus ou moins consirable.

Les collines les plus rapprochées de la ville sont le mont des Oliviers, hauteur 800 mètres, au levant ; le mont du Scandale, au sud-est, ainsi appelé, parce que Salomon y éleva des palais et des temples pour ses femmes d'origine étrangère, et le mont du *Mauvais Conseil*, au midi du Sion, où Caïphe avait une habitation et donna le conseil de faire mourir Jésus.

V

MURAILLES

Jérusalem a eu successivement plusieurs enceintes. La première bâtie par David et par Salomon, semble n'avoir renfermé que le mont Sion et le Moria. Elle était flanquée de soixante tours. La seconde construite sous les rois de Juda et relevée par Zorobabel, avait adjoint le mont Acra et se prolongeait jusqu'à la jonction du Bézétha et du Moria, au point où fut bâtie plus tard la tour Antonia. La troisième, commencée par Agrippa et finie sous l'empire de Claude, avait encore ajouté le Bézétha et une bonne partie du Gâreb, par conséquent le Calvaire jusque-là hors des murailles. Les fortifications actuelles, élevées par Soliman Ier (1534), que l'on croit correspondre à celles que bâtirent les Croisés, sont bien moins étendues au midi, et au nord-ouest; elles laissent dehors une partie du Sion, du Gâreb et du Bézétha. Elles ont environ 13 mètres de hauteur, 2 et demi d'épaisseur et 5 kilomètres de longueur, et forment un carré irrégulier dont le côté oriental seul est droit, et dont les points les plus éloignés sont les angles nord-est et sud-ouest.

VI

PORTES

Ces murailles ornées de créneaux gothiques sont percées de sept portes : 1° une à l'ouest, la porte dite de Jaffa ou de Bethléem, .. des Pélerins, ou encore du Bien-Aimé (*El Khalil*, comme disent les Mahométans, parce qu'elle conduit à Hébron la ville d'Abraham, le bien-aimé de Dieu ; 2° deux au nord, celle de Damas et de Nazareth, et celle d'Hérode ; 3° deux au levant, celle de Saint-Étienne près de l'endroit où fut lapidé le premier martyr (les mahométans l'appellent de *Siddi* Miriam, de madame Marie, parce qu'elle conduit au tombeau de la sainte Vierge), et la porte Dorée, par où l'on entrait autrefois au temple. Les Turcs l'ont fait murer pour arrêter les Francs ou chrétiens de l'Occident, qui, suivant une opinion répandue dans le pays, doivent passer par là et prendre Jérusalem ; 4° deux au midi, la porte des Africains, par où l'on va faire provision d'eau à la fontaine de Siloé, et la porte de Sion ou du prophète David, qui conduit au Cénacle, au tombeau de ce prince.

VII

RELIGION

Jérusalem qui, selon l'historien Josèphe, comptait 120,000 habitants au temps de Notre-Seigneur, n'en a plus maintenant que 25,000. On peut les répartir ainsi : 12,000 juifs; 7,000 mahométans; 2,000 catholiques, tant latins que grecs et arméniens; 2,800 grecs schismatiques; 600 arméniens ; 250 cophtes, Éthiopiens et Syriens et 350 protestants.

On comprend que la communauté des sentiments et des dangers a dû rapprocher ceux qui professent la même religion. Aussi trois quartiers bien distincts : celui des Chrétiens, à l'ouest; celui des Juifs, au sud, et celui des Mahométans au nord-est.

Les Juifs sont entassés pêle-mêle entre le Sion, l'Acra et le Moria; c'est le quartier le plus sale, le plus malsain et aussi le moins sûr. Quand on passe par là, il faut bien se serrer le nez et faire attention

JÉRUSALEM.

où l'on va mettre le pied pour éviter plus d'un désagrément. Plusieurs fois on nous rappela, au nom du consul de France, qu'il y aurait imprudence à s'y engager seul, surtout à la chute du jour.

Le quartier musulman, entre le Moria, l'Acra et le Bézétha, renferme, entre autres monuments, la mosquée d'Omar, le palais du gouverneur et la grande caserne, sur l'ancien prétoire romain.

Le quartier des Chrétiens peut se subdiviser lui-même en plusieurs parties. Tout à fait au sud-ouest, sur l'extrémité du Sion, sont les arméniens : en descendant de là vers l'Acra, on rencontre les protestants, les cophtes et les abyssins ; sur la partie inférieure du Gâreb, les divers établissements des grecs, patriarcat et couvents, et aussi le Saint-Sépulcre ; sur la partie supérieure, nord-ouest de la même colline, les principaux établissements catholiques, en particulier le patriarcat, tout près de la muraille, le couvent et l'hospice des Franciscains, la paroisse latine de Saint-Sauveur, le consulat de France, les Frères des Écoles chrétiennes, l'hôpital latin, les sœurs de Saint-Joseph avec leur école. Cette division n'empêche pas de s'établir ailleurs que parmi ses coréligionnaires, ainsi les dames de Sion, l'hospice autrichien, l'hospice franciscain de la Flagellation, la maison Sainte-Anne des Pères Blancs, fondée par le cardinal Lavigerie, sont sur la *Voie douloureuse*, en plein quartier mahométan. Les divers établissements latins que je viens de signaler, ainsi que le couvent grec catholique et l'orphelinat Saint-Pierre du chanoine Belloni, situé en dehors des murailles, près la porte de Jaffa, s'étaient mis à la disposition du comité du pèlerinage pour nous offrir une gracieuse hospitalité.

XIII

PHYSIONOMIE

Voilà bien des détails passablement arides : il faut tout l'intérêt qu'offre tout ce qui se rapporte à Jérusalem pour soutenir plus longtemps l'attention. Je dois encore cependant ajouter quelques mots sur la physionomie actuelle de la ville sainte et le caractère de ses habitants. Ah ! Jérusalem n'est plus cette cité dont le nom seul faisait tressaillir le pieux Israélite. Quels transports quand on lui annonçait qu'il irait à la maison du Seigneur ! A Jérusalem ! s'écriait-il ! Quel bonheur ! Oui, mes pieds fouleront ses parvis ! Mes yeux verront ces riches constructions élevées avec tant d'ordre et qui ne laissent pas une place vide ; ce sanctuaire où toutes nos tribus viennent offrir leurs hommages au Seigneur ; ces palais, ces tribunaux d'où la paix descend sur tout Israël. Mon Dieu ! Donnez-lui vos bénédictions, faites régner l'abondance dans son enceinte ! Qu'est devenue cette prospérité ?

Jérusalem, s'il faut en croire les anciennes relations, celle de Châteaubriand en particulier, était, au commencement de ce siècle, ce qu'on peut imaginer de plus triste, de plus dégoûtant, de plus sauvage. Maintenant encore ce n'est pas gai. Les montagnes voisines, où l'on n'aperçoit que la pierre grisâtre, tout au plus quelques chardons, quelques herbes sauvages, portent l'empreinte visible de la malédiction divine. A l'intérieur, vous n'avez ni la propreté, ni le grand air, ni le mouvement, ni les moyens de transport de nos villes européennes. Les rues sont sales, étroites, tortueuses, mal pavées, souvent couvertes et solitaires. En présence de ces hautes et épaisses murailles, de ces portes basses et comme étranglées, vous vous croiriez dans les corridors d'une vaste prison.

Point d'autre commerce que la vente des objets de piété et de
ce qui est nécessaire pour la nourriture et le vêtement. Au lieu de
nos fortes et élégantes voitures, omnibus et autres véhicules de
toutes sortes, des ânes, quelques chevaux arabes ou ces masses de
chair sur des charpentes hautes et mal bâties qu'on appelle des
chameaux, portant des cargaisons de 1,200 kilog., agitant disgracieu-
sement leur long cou ou étendus tout de leur long sur le pavé. Et
pour enlever les immondices jetés sur la rue, des chiens efflanqués
au poil noirâtre, qui passent à côté de vous sans rien dire durant le
jour, mais qu'il ne faudrait pas rencontrer, dit-on, quand on est seul
pendant la nuit. Mais nous sommes en Orient, parmi des Arabes.
Les autres villes par où nous avons passé ne présentent pas un
aspect plus riant. Cette absence de pavé, de balayage est universelle.
Nous avons dû même nous sentir très honorés ; le Pacha qui aime
les chrétiens, qui fait élever ses enfants par les *Frères* et par les
Dames de Sion, qui avait envoyé une escorte à notre rencontre,
avait aussi donné ordre qu'on nettoyât la ville, ce qui ne lui était
arrivé que deux fois depuis le commencement du siècle, lorsqu'on
attendait la visite du sultan.

Mais si les rues sont étroites et voûtées ou recouvertes de misérables draperies, c'est un préservatif contre la chaleur qui d'ordinaire ne descend guère au-dessous de 30 degrés pendant dix heures
de la journée, d'avril en septembre. Ces portes basses et étroites
étaient une nécessité, il y a à peine quelques années, pour se
mettre à l'abri du pillage. Il n'était pas rare de voir les Arabes du
dehors, les soldats turcs arriver tout à coup, entrer à cheval partout où s'ouvrait un passage, sabrer à droite et à gauche et emporter tout ce qui était à leur convenance. Chacun se faisait donc une
petite citadelle de sa maison.

On avait même une manière de recevoir les nouveaux gouverneurs et magistrats qui paraîtrait assez singulière parmi nous. Tous les gens qui avaient quelque aisance se faisaient malades et restaient chez eux ou ne paraissaient devant les nouveaux venus qu'en habits déguenillés, afin de ne pas exciter la cupidité par une propreté qui suppose de la fortune. A ce point de vue, les choses ont un peu changé pendant ces derniers temps. Mais derrière ces hautes et épaisses murailles, il y a, comme au temps de Notre-Seigneur, une cour (*atrium*) plus ou moins étendue, suivant la condition des habitants; il y a, au-dessus des maisons de quelque importance, une plate-forme ou belvédère exposé au grand air ou recouvert d'un dôme. Là on peut respirer librement le soir, établir une tente et donner rendez-vous à ses amis. Là on comprend que Jésus ait commandé à ses disciples de prêcher sur les toits. Si les gens ne s'arrêtent pas à causer dans la rue, ils se dédommagent chez eux, aux marchés et bazars. Là, je vous assure, ils ne sont ni muets, ni intimidés, ni sauvages. Plusieurs fois j'ai eu l'occasion de traverser ces foules. Chacun s'efforçait d'attirer l'attention, de faire valoir sa marchandise. C'était un flots de gens qui vous emportait où vous ne désiriez pas aller. C'était un tapage à vous abasourdir, comme dans nos foires les plus fréquentées ; mais je n'ai rien remarqué qui sentit la mal-veillance.

IX

MENDIANTS

Les mendiants surtout sont on ne peut mieux apprivoisés. Je ne parle pas des catholiques qui nous suivaient avec respect. Mais les mahométans, les juifs eux-mêmes étaient partout où devaient se

tenir nos réunions, dans les rues, à la porte de nos sanctuaires, redisant avec quelle intelligence, Dieu le sait, mais avec une confiance
imperturbable, le cri de circonstance qu'on leur avait appris : « Backchich, Sanior (pour Signore, Monsieur). Sanior Madame, bakchich, »
n'y-cût-il qu'une personne présente, ils ne changeaient rien à leur
formule. Je vois encore devant la caserne du Prétoire où nous allions
commencer le *Chemin de la Croix*, un malheureux d'une quarantaine d'années, aux yeux tout gâtés, aux mains toutes contrefaites
par la lèpre. Comme, par mon âge, je paraissais le chef de la bande,
c'est à ma personne qu'il s'attache. Pour exciter plus sûrement ma
pitié, il me met sous le nez ses pauvres doigts tout rongés, il me
montre ses paupières, qu'il entr'ouvre avec ses deux mains, toutes
marquées de larges taches rougeâtres. J'avais de fort bonnes raisons
pour ne pas prodiguer mes sous à tout venant ; mais lui ne se croyait
pas tenu d'entrer dans ces considérations. Aussi quoique je pusse
dire ou faire, il me fut absolument impossible de lui faire lâcher
prise, tant que je n'eus pas cédé à ses instances. J'en ai rencontré
d'autres de la même force.

Cette soif du bakchich, il n'est pas de moyens qu'ils n'emploient
pour la satisfaire, comme aussi pour se préserver contre la rapacité
de leurs frères en mendicité.

Un de nos compagnons remarque avec surprise qu'un de ces malheureux porte la main à ses lèvres, toutes les fois qu'il reçoit une
pièce de monnaie. « C'est par vénération, se dit-il, comme en Italie,
on baise la main qui donne, et l'objet donné — Vous n'y êtes pas,
reprend le frère Liévin ; Il confie sa cueillette à un porte-monnaie
auquel vous n'auriez pas songé. » Cette pratique n'est pas nouvelle en Orient. On sait que pendant le siège de Jérusalem par Titus,
les Juifs réduits au désespoir avalaient leur or, pour qu'il ne tombât
pas entre les mains des ennemis, et que les soldats romains s'en étant

aperçus, éventraient les malheureux dont ils pouvaient se saisir, pour que cet or ne fût pas perdu.

Ces mendiants, si défiants les uns à l'égard des autres, venaient nous mettre dans la main les *sous* français qui n'ont pas cours parmi eux, afin de recevoir en échange une petite pièce d'argent qui faisait bien mieux leur affaire.

Le gouverneur actuel de Jérusalem s'efforce de mettre un peu d'ordre et de propreté parmi ses administrés; mais avec une pareille population ce n'est pas petite besogne. Une qualité qu'on ne saurait leur refuser, c'est le respect, au moins extérieur, de la religion. S'ils sont impies, ils ont au moins le bon esprit de ne s'en pas vanter, et ils méprisent souverainement *les chiens* qui affectent l'irréligion.

X

RÈGLEMENT DES PÈLERINS. — EXERCICES COMMUNS

Les pèlerins ne pouvaient être entièrement abandonnés à leur propre inspiration, même dans la ville sainte. Le besoin d'ordre et l'édification demandaient un règlement. Nous fûmes mis sous la direction générale des supérieurs des maisons où nous avions reçu l'hospitalité, avec des chefs de groupes pour présider à nos différents exercices. Chez les Frères, où j'avais mon gîte, M. le Secrétaire de l'évêché de Poitiers, s'acquitta de cette fonction délicate avec un tact et une amabilité que tout le monde s'accordait à admirer.

Les dimanches et fêtes, office matin et soir à l'église patriarcale; le vendredi, à trois heures, Chemin de la Croix en commun; les trois jours qui précèdent la Pentecôte, instruction préparatoire à la

fête par le R. P. Marie-Antoine. Pour nous, en particulier, chez les
Frères, nous avions, vers onze heures, une conférence où le R. P.
Léon, français qui habite depuis longtemps Jérusalem, nous faisait
l'historique des œuvres catholiques et spécialement des Franciscains
en Terre-Sainte. Je dirai plus tard un mot de ces conférences.

En dehors de ces exercices, visites en particulier ou par groupes
plus ou moins nombreux, souvent sous la conduite du bon Fr.
Liévin, aux sanctuaires et monuments où nous appelait la dévotion
ou la curiosité.

Sans suivre jour par jour les pèlerins dans l'étude complète de
Jérusalem, je me contenterai de grouper ce que j'ai à dire autour des
lieux les plus mémorables, suivant la place que ces lieux occupent
dans le récit évangélique. Je parlerai donc successivement du Moria,
du mont Sion, de la Voie Douloureuse, du Calvaire et du Saint-Sépulcre, de la montagne de Oliviers, etc., puis je noterai les leçons
les plus frappantes qui découlent de faits rapportés dans cette relation ; puis je dirai pour finir mon récit quelques mots de notre retour
en France,

CHAPITRE XI

LE MORIA

Le *Moria* (mont vu, choisi, montré de Dieu), est, comme nous l'avons dit, à l'orient de Jérusalem, entre la vallée de Josaphat au levant, le Bézétha au nord, l'Acra au couchant et l'Ophal au midi. Il en est fait mention, la première fois, dans l'Écriture, à propos d'un événement qui remonte à près de 4,000 ans. Le Seigneur voulant éprouver la foi d'Abraham lui dit : « Prends ton fils unique, ton bien-aimé Isaac, et va me l'immoler sur la montagne que je te désignerai. » Le généreux serviteur de Dieu s'empresse d'obéir. Déjà l'autel est dressé, la victime attachée et le couteau levé pour le sacrifice. « Assez, cria une voix partie du ciel. Maintenant je connais ta soumission ; parce que tu n'as pas hésité à me sacrifier tout ce que tu as de plus cher, je multiplierai ta postérité comme les étoiles du ciel, comme les grains de sable qui couvrent le rivage de la mer, et toutes les nations de la terre seront bénies *en Celui qui sortira de toi.* » Abraham se retournant et voyant un agneau embarrassé dans les ronces, l'immole à la place de son fils, et appelle ce lieu *Moria*, c'est-à-dire *montré par le Seigneur.*

Huit cents ans plus tard, David ayant, par un sentiment de vanité, ordonné le dénombrement de son peuple, malgré les conseils de ses plus fidèles serviteurs, se vit frappé par une peste qui lui

enleva soixante-dix mille hommes en trois jours. Sous ces coups
vengeurs, et suivant les conseils du prophète Gad, il élève un autel
dans l'aire d'Ornan (Areuna) le Jébuséen, y offre un sacrifice et
apaise ainsi le ciel irrité. Cette aire se trouvait à l'endroit même où
Abraham avait levé le bras pour immoler son fils. C'est là que David
se proposait de bâtir un temple magnifique au Seigneur. Mais ses
mains avaient versé trop de sang, même dans des guerres légitimes.
Cet honneur était réservé à son fils Salomon. David dut se contenter
de réunir une partie des matériaux nécessaires à cet immense
ouvrage, Salomon continua les préparatifs, employa pendant sept ans
jusqu'à 150,000 ouvriers à couper les bois précieux du Liban fournis
par le roi de Tyr, à travailler, transporter les pierres et les plus
riches métaux. Il dépensa des sommes qui monteraient à plusieurs
milliards de notre monnaie, bâtit un édifice d'une grandeur et d'une
magnificence incomparables.

L'espace occupé par le temple et ses dépendances formait un carré
d'environ sept cents coudées de long, du nord au midi, sur cinq
cents de large (1). Pour bâtir il fallut commencer par niveler le terrain, couper le sommet de la colline, dont le roc paraît encore à nu
dans plusieurs endroits, et faire tout autour des remblais soutenus
par des murailles vraiment cyclopéennes, ayant jusqu'à quatre cents
coudées de haut, le long de la vallée de Josaphat. Ces murailles
encore en partie debout, spécialement celle du couchant devant
laquelle les juifs viennent pleurer le vendredi soir, sont d'énormes
blocs de calcaire rougeâtre, ayant de deux à quatre mètres de côté.

Il y avait dans ces constructions deux parties bien distinctes : 1° le
emple ; 2° les trois parvis ou cours extérieures destinées aux prêtres,
aux israélites et aux gentils.

(1) La coudée, longueur du coude au bout des doigts, valait environ un pied
et demi, ou un demi-mètre.

II

LE TEMPLE DE SALOMON

Le Temple proprement dit ou la *Maison de Dieu*, placé presque au milieu, un peu plus au couchant, du carré mentionné plus haut, bâti sur le modèle du tabernacle dont Dieu avait donné lui-même le plan à Moïse, mais dans de plus vastes dimensions, avait, tel qu'il fut bâti par Salomon, soixante coudées de long, vingt de large et autant de haut. Les murailles étaient revêtues de bois précieux richement travaillés et, dans l'intervalle des dessins, recouvertes, comme les planchers et les plafonds, d'épaisses lames d'or. Cet édifice était enveloppé, sauf au levant, d'une construction à trois étages où l'on renfermait les objets à l'usage du culte, formant un tout avec le Temple. Le toit n'était pas en pente comme les nôtres, mais aplati, entouré d'un parapet, comme cela se voit en Orient, et surmonté, au moins dans le temple d'Hérode, de broches d'or pour empêcher les oiseaux de venir s'y reposer.

III

LE SAINT DES SAINTS

Le temple se divisait en deux parties, le *Saint des Saints*, sur le rocher où Abraham attacha son fils ; et le *Saint,* au levant. Le Saint des Saints était un carré ayant vingt coudées en tous sens, le Saint de même largeur et de même hauteur, avait quarante coudées de long.

Le Saint des Saints contenait : 1° l'*Arche d'alliance* (coffret de bois précieux de deux coudées et demie de long sur une et demie de large), avec les Tables de la Loi écrites de la main de Dieu sur le Sinaï ; 2° le Propitiatoire, table d'or qui recouvrait l'arche et d'où Dieu rendait ses oracles ; 3° deux chérubins, statues de forme humaine, de bois d'olivier recouvert de l'or le plus pur, inclinés vers le Propitiatoire qu'ils enveloppaient de leurs ailes. Le grand-prêtre seul y pouvait pénétrer avec le sang de la victime et l'encensoir à la main, en la fête de l'*Expiation*, une fois chaque année, pour marquer, dit saint Paul, que le ciel n'était pas encore ouvert.

IV

LE SAINT

Le Saint communiquait avec le sanctuaire précédent par une porte large de quatre coudées que fermait un rideau précieux. C'est le voile qui se déchira de haut en bas au moment où Notre-Seigneur expira sur la Croix. Dans le Saint on voyoit l'autel des parfums, le chandelier d'or à sept branches et la *table des pains de Proposition.* Les prêtres seuls avaient le droit d'y rentrer ; ils le faisaient deux fois le jour pour offrir l'encens au Seigneur.

V

LE PARVIS DES PRÊTRES

Devant le Saint, à l'est, venait un vestibule de dix coudées de large, puis, à douze degrés plus bas, le parvis. C'était une vaste cour à ciel ouvert, ayant cent quatre vingts coudées de longueur et cent quarante de largeur, entourée de colonnes et de galeries recouvertes, et de riches appartements destinés aux prêtres, aux autres personnes et aux objets employés au service du temple. Dans la première partie réservée aux prêtres on voyait : 1° l'autel des Holocaustes, haut de dix coudées, long et large de vingt, où l'on montait par un plan incliné ; 2° la *mer d'airain*, vaste réservoir porté sur douze bœufs d'airain, où l'on gardait l'eau nécessaire pour les diverses purifications.

VI

LE PARVIS DU PEUPLE

Plus loin venait le parvis du *peuple* dont l'entrée était interdite, sous peine de mort, aux étrangers et même aux israélites ayant quelque souillure légale. Plus loin encore, et à quelques degrés plus bas, tout autour du Moria, il y avait d'autres constructions, en particulier, celles au midi où, suivant la tradition, Marie passa douze années de sa jeunesse. Le temple d'Hérode avait, de plus, un vaste parvis pour les étrangers. Le palais de Salomon se trouvait à l'angle sud-est.

VII

LE TEMPLE DE ZOROBABEL ET D'HÉRODE

Ce temple, à la dédicace duquel on immola 22,000 bœufs et 120,000 brebis (1005 ans avant J.-C.), fut renversé quatre cents ans plus tard,

lors de la prise de Jérusalem par Nabuchodonosor, puis rebâti par
Zorobabel, mais dans des conditions si modestes, malgré les sommes
fournies par Cyrus, que les vieillards qui avaient vu la magnificence
du premier ne pouvaient retenir leurs larmes. Ce fut alors que le
prophète Zacharie les consola en leur annonçant que la gloire de
cette *maison* surpassait celle de la première, puisqu'elle verrait le
Désiré des nations.

Hérode l'Iduméen, nommé roi des Juifs par Auguste, voulant gagner ses nouveaux sujets, entreprit de rendre au temple sa première richesse. Il le rebâtit dans des proportions plus considérables
encore que le premier et donna en particulier aux portiques et aux
galeries qui séparaient et entouraient le parvis des prêtres, des
israélites et des gentils, une étendue, une élévation (cent soixante-
dix coudées) et une magnificence dont n'avaient pas appro-
ché les constructions précédentes. C'était toute une cité dans Jérusalem.

Rien, dit Josèphe, ne manquait à l'aspect extérieur du temple
pour étonner l'âme et les yeux ; il était de tous côtés recouvert
d'épaisses lames d'or et il devenait éblouissant dès les premiers
rayons du soleil. A l'étranger qui approchait de la ville, il apparais-
sait au loin comme une montagne couverte de neige, car il était
d'une blancheur éclatante, partout où l'or ne brillait pas.

Dans le sanctuaire de ce nouveau temple manquait l'Arche d'alliance, qui, cachée par Jérémie sur le mont Nébo, n'avait pas été
retrouvée après le retour de la captivité. Mais la majesté divine n'y
résidait pas moins, comme le prouve le châtiment d'Héliodore
C'était toujours le seul lieu du monde où il fût permis d'offrir à Dieu
de vrais sacrifices. Et pour nous, chrétiens, c'est là que Marie, levant
l'étendard de la virginité, vint se consacrer au Seigneur et passa ses
premières années à l'ombre des autels ; c'est là qu'au jour de la

Purification, Jésus déposé entre les bras du veillard Siméon, s'offrit à son Père pour faire en tout sa volonté ; qu'à l'âge de douze ans, il étonna les docteurs par la sagesse de ses réponses, qu'il chassa, le fouet à la main, les marchands profanateurs, qu'il montra, en même temps que son zèle pour la Loi, sa miséricorde envers la femme pécheresse, qu'il enseigna la doctrine du salut aux âmes bien disposées, qu'il annonça ouvertement sa divinité et qu'il prédit que de ces magnifiques constructions il ne resterait plus pierre sur pierre. Jésus et sa mère ne faisant pas partie de la tribu de Lévi, ne pénétrèrent jamais dans le temple proprement dit, mais ils durent s'arrêter dans le parvis des israélites.

VIII

LA RUINE DU TEMPLE

Cette prophétie ne tarda pas à s'accomplir. Moins de quarante ans après la mort de Jésus-Christ, Titus, maître de Jérusalem, a beau recommander de conserver ce monument si magnifique. Un soldat, poussé par une inspiration d'en haut, dit Josèphe, jette par une fenêtre une torche embrasée dans le Saint des Saints et allume un incendie qn'on ne peut éteindre. De toute la ville il ne resta debout que trois tours au sud-ouest, et quelques pans de murailles. Soixante-dix ans plus tard (134), une nouvelle révolte des Juifs amène une nouvelle destruction de Jérusalem et l'éloignement des enfants d'Israël qui n'obtiennent qu'à prix d'argent la permission de venir une fois chaque année pleurer sur ces ruines. Adrien donne à la ville qu'il rebâtit le nom d'*OElia Capitolina* et fait mettre sa statue à la place même du sanctuaire. Julien l'Apostat, pour faire mentir la parole du Fils de Dieu, convoqua en vain les Juifs et les invita à reconstruire leur temple. Il ne réussit qu'à enlever les dernières pierres qui en restaient. Quand on eut déblayé le terrain pour jeter les fondements d'un nouvel édifice, des flammes sorties du rocher se mettent à la poursuite des ouvriers, fondent leurs instruments, impriment sur leurs habits, en les brûlant, des croix qu'on ne peut effacer et les repoussent loin du lieu des travaux. Ce fait est attesté non seulement par un grand nombre d'auteurs chrétiens de l'époque, mais encore par des païens, comme Ammien Marcellin.

L'emplacement du temple devient un dépôt d'immondices jusqu'au jour où Omar, second successeur de Mahomet, vainqueur de l'Égypte et de la Syrie (636), y fait élever une mosquée qui, dans l'estime des musulmans, ne le cède en sainteté qu'à celles de la Mecque et de Médine. Cette mosquée a conservé le nom de son fondateur Omar, quoiqu'elle ait été refaite plusieurs fois, notamment en 1027, où elle a reçu sa forme actuelle. Transformée en église sous les Croisés, elle est redevenue mosquée après les victoires de Saladin. Les sultans de Constantinople y ont fait dans ces derniers temps des réparations qui se sont élevées à près de trois milions de francs.

IX

ESPLANADE ACTUELLE

La mosquée d'Omar, la plate-forme et l'esplanade qui entourent la mosquée, correspondent à peu près à la *Maison de Dieu*, au parvis d'Israël et à celui des Gentils. L'esplanade (500 mètres sur 300), présente une surface bien nivelée, et plantée çà et là d'oliviers et de vieux cyprès. On y voit également un certain nombre de *Mihrab* et de *Kibleh*, petites constructions gracieuses où se mettent

les musulmans pour prier, ou vers lesquelles ils se tournent. A
l'extrémité nord-ouest, on nous fit remarquer le rocher sur lequel
était bâtie la fameuse tour Antonia ; à l'est, la porte Dorée, la belle
porte, élevée par Salomon, réparée par Hérode le Grand, près de
laquelle saint Pierre guérit le boiteux de naissance, par laquelle
Jésus fit son entrée triomphale avant sa Passion, et Héraclius, vainqueur du roi de Perse, rapporta le bois de la vraie Croix. Elle a été
murée par les Turcs, pour empêcher l'effet d'une prétendue prophétie
locale annonçant que les Francs (chrétiens occidentaux) vainqueurs
entreraient par là dans Jérusalem.

Tout près de là, nous voyons sur la muraille, la première pierre
du pont *Sirath* ou *invisible* qui part de là pour aboutir au sommet
du mont des Oliviers. Ce pont, dit encore de *l'épreuve*, que devront
franchir tous les hommes après le jugement, n'est pas plus large
que le fil d'un rasoir. Les justes, soutenus par leurs anges gardiens,
le passeront sans peine ; les méchants perdront l'équilibre, tomberont
dans la vallée de Josaphat et seront engloutis dans les enfers.

X

LA MOSQUÉE EL-AKSA

A l'extrémité méridionale s'élève la mosquée El-Aksa (*éloigné*),
l'ancienne église de la Présentation, C'est un vaste édifice de 90 mtères
de long sur 60 de large, dont la construction remonte à l'an 1160.
Elle est composée de sept nefs séparées par des colonnes de différentes dimensions et surmontées d'une charpente à l'européenne.
Les Croisés la nommèrent palais de Salomon, et les rois qui s'y établirent en abandonnèrent une partie aux Templiers.

On y montre entré autres choses: 1° l'endroit où habitait la sainte Vierge, sous la coupole; 2° le prétendu tombeau des fils d'Aaron, la salle d'armes des Templiers; 3° le berceau où aurait couché l'enfant Jésus, dans la maison du vieillard Siméon; et 4° un souterrain dont les murailles, bâties par Salomon, sont d'énormes blocs de calcaire. Il a dû servir d'écuries au temps de ce prince et des Croisés; 5° *les colonnes de l'épreuve*, assez rapprochées pour qu'un homme de grosseur ordinaire ait peine à passer entre. Tout homme qui réussit à effectuer cette opération difficile est sûr de son salut; mais les autres? Heureusement les efforts des aspirants ont usé la pierre et un peu élargi cette porte du ciel. Cependant un des derniers gouverneurs à qui ses dimensions ne permettaient pas de subir avantageusement l'épreuve et qui ne voulait pas s'avouer perdu, quand tant d'autres arrivaient au bonheur, a eu l'idée de fermer absolument le passage au moyen d'un grillage en fil de fer. C'est vous dire assez que je n'ai pu m'assurer ce moyen de salut.

XI

LA PLATE-FORME

La plate-forme est une grande enceinte de 170 à 180 mètres de côté, de 3 à 4 mètres au-dessus de l'esplanade. On y monte par huit escaliers surmontés d'élégantes arcades. Elle ne contient guère de remarquable que le *tribunal de David*, à la place de l'autel des Holocaustes. C'est un petit dôme à dix angles, porté par dix-sept gracieuses colonnes formant deux cercles. Des pavés en marbres de diverses couleurs recouvrent ce sol vénérable. C'est là, au dire des mahométans, que David aurait jugé son peuple; et pour lui rendre plus facile l'accomplissement de cette fonction, quand il siégeait, le

Seigneur faisait descendre du ciel en terre une chaîne que devaient saisir les justiciables et les témoins. Venaient-ils à blesser la vérité, un anneau se détachait aussitôt de la chaîne et mettait le parjure au grand jour.

XII

LA MOSQUÉE D'OMAR

Cette mosquée, appelée par les mahométants *El-Sakhra* (le rocher) est un édifice à huit côtés égaux ; elle a 165 mètres de tour, par conséquent, 55 de diamètre. Sur sa base, revêtue de marbre blanc et de faïence émaillée, s'élève un tambour ou construction arrondie qui porte elle-même une coupole gracieuse, avec couverture de plomb, et au-dessus un immense croissant doré qui brille dans les airs (1).

Peu d'édifices ont autant de légèreté, d'élégance et de grandeur. Avant la guerre de Crimée (1854), il était défendu aux chrétiens d'y pénétrer, sous peine 'de mort. Depuis, la permission s'obtient facilement par l'entremise des consuls. On ne nous a imposé, pour la visiter, le backchich payé, que d'ôter nos souliers et de garder nos chapeaux sur nos têtes. La mosquée se divise en trois enceintes à huit côtés, renfermées les unes et les autres et séparées par des colonnes de différentes formes du plus beau marbre et des piliers surmontés d'arceaux en plein cintre. Le tout est recouvert de mosaïques, de versets du coran écrits en lettres d'or et des dessins les plus variés et les plus gracieux. Les vitraux qui, selon les prescriptions du coran, ne doivent contenir la figure d'aucun être animé, produisent cepen-

___

(1) Le croissant est le drapeau des mahométans, parce que, un jour, le Seigneur, pour prouver que Mahomet était son prophète, laissa tomber du ciel un morceau de la lune, à sa prière.

dant par l'habile disposition des couleurs, des effets de lumière ravissants. Dans l'enceinte centrale (sur le Saint des Saints), se trouve le rocher (El-Sakhra), qui a donné son nom à la mosquée. C'est le sommet nu du Moria qu'ont respecté et mis en saillie, environ d'un mètre au-dessus du terrain environnant, les divers nivellements de la montagne. Au-dessous est une crypte assez profonde creusée dans le roc, peut-être la citerne de l'aire d'Ornan. Il est impossible de ne pas partager la vénération des mahométans pour ce sanctuaire, quand on se rappelle ce qui s'y est accompli. Mais nous éprouvions de bien autres sentiments aux récits que nous faisait, sans rire, le bon Fr. Liévin, en nous recommandant de nous contenir, pour ne pas irriter nos guides. Voici quelques-unes de ces traditions.

XIII

LÉGENDES MAHOMÉTANES

Ici (en présence de la pierre, dépassant le niveau du rocher voisin) vous voyez la Sakhra suspendue dans les airs, et au-dessus, l'empreinte du pied de l'ange Gabriel. Un jour Mahomet ayant à régler une affaire importante avec l'Éternel, enfourcha la magnifique jument El-Borak, que lui avait amenée l'ange Gabriel. Le rocher, ne pouvant demeurer loin du prophète, se détache de sa base et se met en marche pour les régions célestes. Dieu qui ne voulait pas priver la terre de ce trésor, expédie aussitôt l'ange Gabriel qui, mettant son pied sur le rocher, l'arrête dans l'espace. Depuis ce temps, le rocher ne repose que sur un palmier soutenu lui-même par les mères des deux grands prophètes, Mahomet et Aïssa (Jésus). Pour ne pas trop impressionner les personnes nerveuses et ne pas mettre la foi à trop rude épreuve, la prudence a conseillé d'élever une muraille qui enveloppe les extrémités de la Sakhra par où elle fait corps avec le reste du rocher. Au-dessous, dans une crypte assez profonde, voici les places où sont venus prier Abraham, Elie, Salomon, David, Mahomet, etc. L'excavation qui marque la place du dernier vient de ce que le prophète, tout absorbé dans sa prière, s'étant heurté contre la pierre, celle-ci, devenue molle comme de la cire, céda sous le choc et conserva l'empreinte de son turban. Au fond de la crypte est le *puits des âmes* où, deux nuits chaque semaine, les âmes des fidèles se réunissent pour adorer l'Éternel.

En dehors de la mosquée, au sud, on voit dans une plaque de marbre, des veines qui présentent à peu près la forme de deux oiseaux. C'est, selon la tradition, le châtiment d'une audacieuse insolence. Salomon ayant achevé le Temple, ordonna à tous les animaux de lui apporter un tribut, en signe de dépendance. Chacun s'empressa d'obéir. Deux pies cependant soufflèrent l'esprit de révolte parmi la gent volatile, et même dans une assemblée tenue près du rocher, elles allèrent jusqu'à menacer de souiller le Temple de la manière la plus méprisante. Salomon, qui comprenait toutes les langues, même celle des oiseaux, et qui, caché dans un coin, avait tout entendu, leur reprocha vivement leur impertinence, les frappa d'immobilité, et leurs membres incrustés dans le marbre resteront jusqu'à la fin des siècles comme un exemple du châtiment des rebelles. J'en passe bien d'autres. Et les pauvres mahométans auxquels il est défendu d'étudier, avalent sans hésitation toutes ces histoires ridicules !

CHAPITRE XII

LE MONT SION. — LE CÉNACE. — LA PENTECOTE

I

LE MONT SION

Au sud-ouest de la ville sainte, entre l'Acra et le Gâreb, d'un côté, la vallée des fils d'Hinnom et de Gihon, de l'autre, s'élève la plus haute colline de Jérusalem, le Sion, appelé encore cité de David, parce que ce prince, vainqueur des Jébuséens, y établit son palais. Les principaux souvenirs qui se rattachent à cette colline sont ceux de David et d'Hérode, de Notre-Seigneur Jésus-Christ, de la sainte Vierge et des Apôtres saint Thomas, saint Jacques et saint Pierre.

II

LE CHATEAU DE DAVID

Le premier monument qu'on aperçoit à gauche, en quittant la porte de Jaffa, est la forteresse (ou château de David), avec ses larges fossés et ses quatre tours. Dans celle qui est au nord-est (tour

de David), et dont la construction est attribuée partie aux Jébuséens,
partie à leur vainqueur, on montre l'oratoire où ce prince composa
un grand nombre de ses psaumes et fit pénitence de son péché. Ce
n'est plus qu'un dépôt de bagages militaires. Les trois autres, bâties
par Hérode le Grand, qui leur donna les noms de sa femme préférée
Marianne, de son fils Phasaël et de son ami Hippicus, ont été détruites
au xiiie siècle, puis relevées au xive par Soliman II. Le tout, imprenable autrefois, est aujourd'hui fort délabré.

A 25 mètres plus loin, au midi, on voit le temple protestant, sur
l'emplacement du palais d'Hérode, et derrière, une petite église de
Saint-Jacques le Mineur; puis à l'endroit où Jésus ressuscité apparut
aux trois Marie, une petite chapelle arménienne, et un peu plus loin,
une petite mosquée sur l'emplacement de la maison de saint Thomas. C'est une ancienne église envahie par les mahométans. Mais
ses nouveaux possesseurs, ayant cru remarquer qu'elle portait malheur à ceux qui la fréquentaient, l'ont entièrement abandonnée.

III

LE QUARTIER ARMÉNIEN

Cinq minutes plus loin, au sud-est, nous arrivons au couvent des
sœurs arméniennes, sur les ruines de la maison du grand-prêtre
Anne, où Jésus subit son premier interrogatoire et reçut un infâme
soufflet; nous baisons, sous un petit autel, la plaque de marbre qui
marque la place où il reçut ces outrages. A côté, dans une petite
cour, au nord, nous voyons des oliviers que l'on donne comme les
rejetons de celui auquel aurait été attaché le Sauveur, pendant qu'on
délibérait sur son sort.

IV

L'ÉGLISE SAINT-JACQUES

De là, nous entrons, à l'ouest, dans le grand couvent arménien, le plus vaste et le plus beau de tous les couvents de Jérusalem. Nous y admirons l'église Saint-Jacques-le-Majeur qui sert de cathédrale aux Arméniens, et nous baisons le sol où cet apôtre cueillit, le premier du collège apostolique, la palme du martyre. En allant à la mort, il guérit un paralytique, convertit son dénonciateur et ne lui refusa pas le baiser de réconciliation.

En avançant toujours au sud, nous passons devant le patriarcat arménien, et après avoir franchi les murailles de Jérusalem par la porte de Sion ou du prophète David, *Bab en Nébi Daoud*, comme disent les Arabes, nous arrivons à l'endroit où fut arrêté le cortège funèbre de la très sainte Vierge. Comme les disciples portaient le corps de Marie au tombeau, dans la vallée de Josaphat, une foule de Juifs l'entourèrent en poussant des cris de rage. L'un d'eux porta l'audace jusqu'à essayer de faire tomber par terre cette précieuse dépouille. Mais aussitôt son bras se paralyse, sa main reste attachée au brancard, et ses compagnons perdent la vue. Frappés d'un châtiment si visible, ils rentrent en eux-mêmes, sollicitent leur pardon et, par l'entremise des Apôtres, obtiennent à la fois la guérison de l'âme et celle du corps. Un reste de colonne, planté en terre, à la place d'une ancienne église, rappelle encore aujourd'hui ce miracle.

V

LA PIRSON DE JÉSUS

Tout à côté, dans un petit couvent arménien, élevé à la place de la maison de Pilate, se trouve une église qui rappelle le second interrogatoire de Notre-Seigneur et le reniement de saint Pierre. Sainte Hélène avait bâti là un sanctuaire qui fut détruit par Chosroès et relevé peu de temps après. On ne sait à quelle époque remonte l'église actuelle. On y voit la *prison* où Jésus passa la nuit du Jeudi au Vendredi-Saint et une partie de *la pierre de l'ange* qui fermait le Saint-Sépulcre et qui fut renversée au moment de la Résurrection. Elle est de calcaire compact, de couleur rougeâtre, de forme demi-circulaire, et sert de table à l'autel placé au fond de l'abside.

VI

LE CIMETIÈRE

De là, on monte au plateau de Sion qui sert de cimetière aux chrétiens et se divise selon les différents rites et nationalités. Seul le cimetière catholique, situé au nord, est entouré de murailles. Celui des sectes dissidentes comme ceux des juifs et des mahométans dans la vallée de Josaphat, présente l'aspect du plus complet abandon.

VII

LA MAISON DE SAINT JEAN

En nous avançant soixante mètres plus loin vers le midi, nous voyons, dans un vieux mur, deux pierres marquées d'une croix à leur milieu. Ce sont, suivant la tradition, les restes de la maison transformée plus tard en église, où le disciple bien-aimé reçut la sainte Vierge après la passion, et où, chaque jour, il célébrait les saints Mystères pour donner à Marie le corps glorifié de son divin Fils. Suivant la même tradition, la sainte Vierge aurait vécu jusqu'à l'âge de soixante-douze ans et serait passée au séjour de la gloire l'an 58 de l'ère chrétienne.

VIII

LE CÉNACLE

Mais le monument le plus vénérable du Sion est le Saint-Cénacle, attenant, à l'est, à la maison de saint Jean. C'est là que Jésus lava les pieds de ses disciples, qu'il leur adressa ces touchantes instructions rapportées par saint Jean, là qu'il institua l'adorable sacrement de l'Eucharistie et le sacerdoce de la Loi nouvelle; là qu'il apparut plusieurs fois à ses disciples et leur donna le pouvoir de remettre les péchés; là qu'il fit descendre sur eux le Saint-Esprit au jour de la Pentecôte et qu'il leur donna mission d'aller prêcher l'Évangile par tout l'univers. C'est là encore que se réunissaient les premiers chrétiens, que fut choisi le successeur de Judas dans l'apostolat, que saint Jacques fut établi évêque de Jérusalem et que l'on déposait les restes des premiers martyrs. Ce fut, dans les premiers siècles, l'Église Mère et Maîtresse de toutes les Églises.

Cet édifice a deux étages qui semblent correspondre à ce qu'il était au temps de Notre-Seigneur. Épargné par Titus, reconstruit dans des proportions plus imposantes par sainte Hélène et surtout par les Croisés, il fut confié aux chanoines de Saint-Augustin au commencement du xii⁰ siècle. Les religieux de Saint-François, établis en 1244 par le sultan Mélec-el-Saleh, pour remplacer les Augustins, bâtirent l'église actuelle vers l'an 1350 et, malgré bien des avanies, restèrent en possession du Cénacle jusqu'à l'an 1551. Alors, les mahométans, prétextant qu'une des salles inférieures renfermait les restes du prophète David, chassèrent les Franciscains et convertirent le Saint-Cénacle en une mosquée. Depuis ce temps, les chrétiens peuvent bien encore, moyennant backchich, obtenir la permission d'aller prier, mais jamais celle de célébrer l'auguste Sacrifice à l'endroit même où il fut institué.

En quittant la maison de saint Jean, nous descendons dans une écurie, puis traversant deux petites cours, nous montons, à gauche, à l'étage supérieur du Cénacle (l'église franciscaine, bâtie en 1334). Cet étage se divise en deux parties : la salle de l'institution de l'Eucharistie et la salle supérieure du cénotaphe de David. La première, où s'accomplirent les mystères mentionnés plus haut, a 14 mètres de long sur 9 de large ; elle est en style gothique du xiv⁰ siècle, divisée en deux nefs parallèles par deux colonnes au milieu et deux, demi-colonnes, engagées dans les murs extérieurs au levant et au couchant, éclairée par trois fenêtres pratiquées dans le mur du midi. impossible de dire les sentiments que l'on éprouve en se rappelant tous les mystères qui se sont accomplis dans ce lieu à jamais vénérable, et en voyant l'usage auquel il est livré maintenant. La salle supérieure du tombeau de David, à l'est, où l'on monte par quelques degrés, n'a rien de remarquable, sinon qu'on peut de là considérer le prétendu tombeau du Roi-Prophète situé à l'étage inférieur.

Cet étage inférieur est également divisé en deux : 1° Au-dessous du Cénacle, la salle où Jésus lava les pieds de ses disciples ; elle est occupée par des femmes mahométanes ; l'entrée en est absolument interdite ; 2° La salle du tombeau de David. Ce tombeau, placé contre le mur nord, est une maçonnerie moderne en dos d'âne, recouverte d'une tapisserie. L'Écriture et la tradition ne permettent guère de douter que David ait été enseveli sur le mont Sion ; mais il n'est pas aussi certain que ce soit à la place que lui assigne la tradition mahométane.

IX

DIVERS SOUVENIRS

Pour être complet, j'aurais encore à parler de la grotte où saint Pierre alla pleurer son triple reniement ; des huttes des lépreux aux couleurs violacées et aux membres dévorés par d'horribles ulcères ; de la prison où Hérode-Agrippa (1) fit renfermer saint Pierre ; de la chapelle des Syriens Jacobites, ou maison de Jean Marc, dans laquelle se rendit le prince des Apôtres au sortir de sa prison. Mais je ne puis tout mentionner : sainte Hélène et les chrétiens de son temps avaient élevé trois cents églises et chapelles pour consacrer le souvenir des faits évangéliques ou apostoliques. Plutôt que de m'arrêter

(1) L'Écriture mentionne trois Hérode : 1° Le Grand, l'Iduméen, qui massacra les saints Innocents ; 2° Le roi de Galilée, fils du précédent, devant qui parut le Sauveur durant sa Passion ; 3° Hérode-Agrippa, neveu du second, qui fit mourir saint Jacques.

à ces détails, je dirai quelques mots du cimetière catholique et de
la manière dont nous y avons célébré la Pentecôte (28 mai)

X

UN DEUIL

Déjà le mercredi 16, nous avions conduit à sa dernière demeure
un de nos compagnons, la première victime du pèlerinage, M. l'abbé
Léon Chambaud, curé de Montboyer, au diocèse d'Angoulême. Ce
digne prêtre, délégué par son évêque et par ses confrères qui, ap-
préciant sa rare piété, s'étaient cotisés pour lui faciliter le voyage,
s'était embarqué malgré son état maladif et des fatigues extrêmes.
A des collègues qui lui représentaient le danger auquel il s'exposait,
il répondit : « Eh bien ! tant pis, mon sacrifice est fait ; je ne tiens
plus à rien en ce moude ; je m'offre bien volontiers pour le salut de
la France. » Après une traversée des plus pénibles à bord de *la
Guadeloupe*, mais supportée avec une patience admirable, il se rendit à Nazareth ; mais il dut renoncer au voyage de la Samarie. Il entra avec les pèlerins au Saint-Sépulcre le jeudi 11 mai, visita le Cénacle, puis dut se renfermer dans la maison du P. Ratisbonne où il
était logé. Ses douleurs, une sorte de rhumatisme général avec op-
pression au cœur et enflure aux jambes, obligèrent de le transporter
à l'hôpital français de Saint-Louis.

Les dispositions du malade, profondément édifiantes dès les premiers moments, devinrent de plus en plus admirables, à mesure que
le mal augmentait. Au P. Emm. Bailly, appelé le mardi 16, au matin,
pour lui administrer les derniers Sacrements, il redit à plusieurs re-
prises qu'il avait pleinement fait son sacrifice, qu'il s'offrait bien
volontiers comme victime à Notre-Seigneur, qu'il était heureux de

souffrir et de mourir si près de l'endroit où Notre-Seigneur a souffert et est mort pour nous. Le mal faisant de rapides progrès, il reçut le saint Viatique et l'Extrême-Onction en pleine connaissance, avec une vive piété.

Dès lors, on n'entendit plus sortir de sa bouche que des paroles d'entière résignation, d'ardent amour de Dieu et de la sainte Vierge. Un quart d'heure avant d'expirer, recueillant toutes ses forces et poussant un grand cri : « Je meurs, dit-il, pour la France. » Ce furent ses derniers mots intelligibles. Ses lèvres continuaient de balbutier des paroles de piété qu'on lui suggérait, mais on ne l'entendait plus. Il mourut comme étouffé par un caillot de sang.

Le lendemain, 17 mai, après l'office des morts chanté à l'église paroissiale de Saint-Sauveur, nous l'accompagnons, un cierge à la main, en récitant les prières de l'Église, au cimetière catholique. Le R. P. Bailly redit en quelques mots cette fin si touchante, et sa parole émue redouble encore l'émotion dont nous étions déjà tous pénétrés. Après une dernière prière pour cette victime si résignée pour la France, nous nous séparons en redisant, sur cette tombe encore ouverte, ce cri que nous avons si souvent répété : Vive la France ! Une cotisation des pèlerins permettra d'élever un petit monument à la mémoire de ce frère que nous avons laissé loin de la patrie terrestre, mais parmi des frères de tous les pays chrétiens.

XI

LA PENTECOTE

Mais la cérémonie accomplie sur le Sion, qui nous a laissé le plus ineffaçable souvenir, est la célébration de la Pentecôte (28 mai).

Comme il était impossible de dire la messe au saint Cénacle ou même dans le champ voisin, nous nous installons, à cent pas au nord, dans le cimetière catholique heureusement enclos d'assez hautes murailles.

Dès quatre heures du matin, un grand nombre de pèlerins s'y trouvent réunis. Quel spectacle présente bientôt ce champ de la mort! Au milieu se dresse la tente des PP. Franciscains sous laquelle on a disposé dix autels portatifs. Le long des murs, à quelques mètres les uns des autres, une vingtaine d'autres autels où se disent simultanément autant de messes. Aidé par un bon curé, des environs d'Abbeville, j'avais placé le mien au midi ; mais bientôt le soleil nous oblige de le transporter contre le mur oriental, pour la commodité de mes confrères qui voulurent y célébrer. Quels sentiments de reconnaissance, d'humilité, d'admiration et d'amour n'éprouvions-nous pas en offrant l'auguste sacrifice, en exerçant la plus sublime des fonctions sacerdotales, tout près du lieu où le Sauveur a institué l'adorable Eucharistie et le Sacerdoce, a consacré les premiers prêtres dans la personne de ses Apôtres? Quel bonheur de solenniser la venue du Saint-Esprit, tout près du lieu où cet Esprit sanctificateur descendit la première fois sur les disciples !

A six heures et demie commence la messe du pèlerinage, à un autel improvisé avec des branchages, quelques fleurs, et des cierges apportés du Saint-Sépulcre. Les pèlerins, disséminés auprès des divers autels, se réunissent et se groupent devant l'autel principal. Le soleil vient d'apparaître au-dessus des remparts de la ville, qui nous abritaient jusque-là contre ses ardeurs. Peu importe ; les voiles, les coiffures à large bord, les ombrelles nous protègent suffisamment contre les insolations.

Le T. R. P. Picard commence la messe. Le chant du *Veni creator* retentit, alors plus émouvant que jamais, on le comprend, à pareil jour et en pareil lieu. A l'évangile, ardente allocution du T. R. P. Picard. En face des paroles de mensonges et de vanités, demandons les paroles inspirées que souffle l'Esprit de vérité, en face de la crainte universelle de la mort qui paralyse, demandons l'esprit de courage et de zèle, l'esprit de vie qui transforme. Le *Pange lingua* retentit après le *Veni creator*, au lieu où fut institué le très saint Sacrement et la communion commence ; elle dure près d'une heure.

Comme ce champ de la mort était vivant ! comme il était beau ! Les catholiques de Jérusalem, accourus en foule pour prier avec nous et communier de la main des prêtres français, étaient là dans tous les costumes rouge, noir, jaune et bleu ; les femmes tout enveloppées de blanc et la tête recouverte d'un long voile. Ils pleuraient d'attendrissement et bénissaient la Providence d'avoir préparé pareille splendeur sur les tombes de leurs chers défunts. Les pierres sépulcrales avec leurs inscriptions dans toutes les langues, étaient couvertes par les fidèles assis, agenouillés ou inclinés ; ici elles appuyaient un autel, là elles servaient de prie-dieu pour un pénitent, de siège pour un prêtre entendant les confessions. Pour mon compte, je suis heureux d'exercer mon ministère là où Jésus a conféré le pouvoir de remettre les péchés, envers des enfants spirituels dont les uns me voyaient pour la première fois et dont les autres me retrouvaient après une séparation de bien des années.

Aux créneaux des murailles étaient grimpés des juifs, des mahométans, des schismatiques de toutes les couleurs, regardant avec étonnement ce spectacle si étrange pour eux, et admirant la foi et la piété des pèlerins. Un photographe cherchait à surprendre cet ensemble saisissant. Mais un instrument peut-il rendre la vie qui jaillissait, pour ainsi dire, de toutes parts. Cette scène, hélas ! ne devait durer que peu de temps, comme les plus touchantes où nous avons assisté. A huit heures, le vide commençait à se faire ; à neuf, le champ des morts était rentré dans son silence.

De la colline de Sion, passons à l'extrêmité opposée de la ville, au nord-est, au Bézétha, pour revenir par la *Voie douloureuse* entre le Moria et le Bézétha, et gravir, sur la pente orientale du Gâreb, le sommet du Calvaire.

CHAPITRE XIII

LE BÉZÉTHA

I

LES CARRIÈRES ROYALES

Un peu au nord de la porte Sainte-Étienne j'aurais à vous décrire
d'immenses cavernes qui s'étendent, paraît-il, à près d'un kilomètre
jusque sous l'ancien temple, dont le sol est jonché d'énormes blocs
de calcaire entassés pêle-mêle, et dont la voûte est soutenue par des
masses de rocher, laissées debout en guise de piliers. C'est là que
Salomon aurait pris et fait tailler une bonne partie des matériaux du
premier temple (de là le nom de *carrières royales*), et que les Juifs
se seraient retirés dans leurs plus pressants dangers. Mais je n'en
puis parler que par ouï-dire. Nous étions sortis pour aller visiter le
tombeau des rois, à une demi-lieue plus au nord. Mon compagnon
voulut faire l'économie du bakchich que nous aurions donné à un
enfant des Frères, espérant bien trouver des indications sur la route.
Je m'en rapporte à son savoir-faire. Il s'adresse enfin de compte, à
un petit Arabe de treize à quatorze ans qui, ne sachant pas un mot
de français, nous conduit à l'entrée des *carrières*. Mais à la vue de
l'ouverture étroite et basse par où il aurait fallu ramper, de l'obscu-

rité qui nous envahit, à l'odeur peu rassurante que je crois distinguer, et avec un pareil guide, je juge prudent de ne pas m'engager
plus loin. Comme ces objets ne rappellent aucun souvenir religieux,
je n'y suis pas retourné, et voilà comment je n'ai vu ni les *carrières
royales*, ni les *tombeaux des juges*, ni ceux des rois, qu'on dit magnifiques, mais où il semble bien qu'on n'a jamais enterré ni rois ni
juges.

Rentrons en ville par la porte Saint-Étienne ; marchons au sud-
ouest, et parcourons un chemin tout rempli des plus précieux souvenirs. C'est à quarante pas, sur notre droite, l'église Sainte-Anne
et la *Piscine probatique ;* deux cents mètres plus haut le sanctuaire
de la *Flagellation*, le *Palais d'Hérode* et l'*Ecce-Homo* ; un peu plus
loin, l'*hospice autrichien ;* à droite, le *Prétoire* où commence la *Voie
douloureuse*.

II

L'ÉGLISE SAINTE-ANNE

Les écrivains Occidentaux regardent communément Nazareth comme
le lieu où naquit la sainte Vierge. En Orient, on ne doute pas qu'elle
ne soit née à Jérusalem, où ses parents avaient une habitation près
du Temple ; c'est là aussi que ce serait accompli le mystère de son
Immaculée Conception. Les brefs des souverains pontifes accordant
des indulgences aux deux sanctuaires ne peuvent être invoqués en faveur de telle ou telle opinion ; ils rapportent les différentes traditions sans
rien décider. Mais la dernière opinion est confirmée par Guillaume de
Tyr, par saint Jean Damascène, par saint Sophrone, patriarche de
Jérusalem au viie siècle, etc., et par l'existence d'une église que

sainte Hélène bâtit en l'honneur de Marie et qui fut dédiée plus tard à
sainte Anne.

Les Croisés établirent à cet endroit un couvent de Bénédictines où
l'on vit se renfermer des reines et des princesses. Lors de la prise
de Jérusalem par Saladin, toutes les religieuses se mutilèrent affreu-
sement le visage en se coupant le nez, pour faire horreur aux mahométans et échapper aux outrages ; et le vainqueur, admirant leur courage, les fit respecter et conduire sous bonne escorte à Jaffa où elles
purent s'embarquer.

Le couvent avait disparu et l'église transformée en mosquée mena-
çait ruine, lorsque, en 1856, le sultan Abdul-Medjid en fit don à la
France, à la suite de la guerre de Crimée. L'église restaurée avec beaucoup de goût, par un architecte français, M. Mauss, dans son style
primitif qui est le roman, présente un aspect tout aussi gracieux que
régulier (trois nefs avec absides semi-circulaires et coupole ;
34 mètres de long, 19 mètres de large, 13 mètres de haut).

Sous le maître-autel, une crypte dans laquelle on descend par
vingt degrès, mais où l'on entrait autrefois de plein-pied, renferme
trois petites loges creusées dans le roc. La principale serait le lieu
de l'Immaculée-Conception et de la Nativité de Marie. Comme j'ai été
heureux de pouvoir y offrir le saint Sacrifice, sans être coudoyé par
le schisme et l'hérésie, d'y saluer et d'y invoquer Celle qui apparaît
belle comme l'aurore et brillante comme les rayons du soleil.

Cet établissement a été donné aux religieux du cardinal Lavigerie
(les *Pères Blancs*), qui y ont fondé une école apostolique pour les
Grecs catholiques. Pourrai-je ne pas rappeler les égards, la charité
de ces vénérables religieux et en particulier de leur supérieur, le
R. P. Roger. Afin de pouvoir céder leurs appartements aux pèlerins et
de leur rendre ainsi le séjour de Jérusalem moins pénible, ils s'étaient
condamnés pour les trois semaines que nous avons passées au milieu

d'eux, à vivre sous des tentes, dans la grande cour qui précède leur église.

A l'angle nord-ouest de cette cour se trouvait la *Piscine probatique* avec ses cinq portiques, près de laquelle Jésus guérit le paralytique de trente-huit ans, qui n'avait personne pour le descendre dans l'eau remuée par l'ange du Seigneur ; ce n'est plus qu'un amas de décombres cachant quelques vieux pans de murailles.

III

LA TOUR ANTONIA

Trois cents mètres plus haut, nous sommes au point où se joignent le Moria et le Bézétha, sur l'emplacement de la fameuse tour de *Baris* qui fut construite par Jean Hircan, réparée et nommée *Antonia* par Hérode, et qui, sous les Romains, devint le palais du gouverneur et le Prétoire où il rendait la justice.

IV

LE PRÉTOIRE

Ce terrain est maintenant traversé par une rue et occupé, à droite, au nord-ouest, par l'église de la Flagellation et le couvent de l'*Ecce Homo*, et au sud-est par une caserne turque. Cette caserne renferme l'ancien Prétoire, le lieu où Jésus fut condamné à mort, une partie du Lithostrotos, espèce de cour pavée où la foule ameutée lui préféra Barabbas, l'endroit où il fut couronné d'épines, et dans le mur attenant à la rue, la place de l'escalier qu'il dut marquer de son sang, la *Scala Santa* vénérée à Rome, près l'église Saint-Jean-de-Latran.

V

L'ÉGLISE DE LA FLAGELLATION

Le sanctuaire de la Flagellation fut envahi par les mahométans en 1618. Mustapha-Bey, l'envahisseur, voulut en faire une écurie et construire au-dessus des appartements pour ses femmes. Mais l'étage s'étant écroulé deux fois et ses chevaux ayant tous été frappés de mort en une nuit, les sages du mahométisme lui conseillèrent de respecter un lieu honoré par les souffrances de Issa (Jésus). Le terrain a été rendu en 1838 aux Franciscains qui, grâce aux libéralités du duc Maximilien de Bavière, ont pu y élever des constructions convenables, un petit hospice et une chapelle avec cinq autels ; le principal à la place de la colonne (1) où fut attaché le Sauveur, pendant qu'on le flagellait.

Près de ce sanctuaire, au nord-ouest, habitait Hérode Antipas qui fit décapiter saint Jean-Baptiste et revêtir Jésus d'un manteau d'ignominie. Le palais témoin de ces outrages ne laisse même pas des ruines, il a été remplacé par des maisons particulières.

VI

LE COUVENT DE L'ECCE-HOMO

Mais voici, un peu plus à l'ouest, un beau couvent bâti par le P. Alph.-M. Ratisbonne (1859-1868), où ses filles, les *Dames de Sion*, donnent l'instruction à cent cinquante jeunes juives et mahomé-

(1) Cette colonne est vénérée dans l'église Saint-Praxède, près Sainte-Marie-Majeure, à Rome.

tanes. Un grand arc qui traverse la rue au sud-est du couvent, ou, plus probablement un petit arc collatéral qui domine l'autel principal de la chapelle serait la tribune du haut de laquelle Pilate montra à la foule Jésus flagellé et couronné d'épines, en disant : *Ecce Homo, voilà l'homme*. Ce sanctuaire avec son style simple et gracieux dans sa sévérité, avec le demi-jour mystérieux qu'il reçoit de l'unique ouverture de sa coupole, avec ses statues de l'*Ecce Homo, de Jésus portant sa croix, de Marie tenant le corps de Jésus sur ses genoux*; avec ses inscriptions : « *Ecce Rex vester ; sanguis ejus super nos : voici votre Roi ; que son sang tombe sur nous ;* » avec ces deux arceaux conservés tels qu'ils étaient au moment de la Passion ; avec son autel de pierres du Lithostrotos, arrosées du sang d'un Dieu, tout cela vous saisit tout d'abord d'une indéfinissable impression. Ajoutez ces voix plaintives et harmonieuses qui laissent échapper du haut des tribunes des cris de grâce et de miséricorde pour la nation déicide, et vous comprendrez que j'aie encore dans l'oreille les sons dont je fus alors frappé.

Dans les dépendances du couvent, à quelques mètres au-dessous du sol, le R. P. Ratisbonne nous fit voir une partie du Lithostrotos, et plus bas encore, d'anciens souterrains qui remonteraient au temps de Salomon, par où l'on conduisait les eaux vers le Temple, et qui pouvaient servir de passage en cas de siège.

VII

LA VOIE DOULOUREUSE

C'est au Prétoire que commence la *Voie douloureuse* ou le Chemin de la Croix. Pour donner de suite une idée de ce que le Sauveur a souffert et des lieux où se sont passées les différentes scènes de sa Passion, rappelons brièvement ce qui a précédé. N'oublions pas non plus que relativement aux passages et stations, il n'est pas toujours possible d'avoir *sûrement* la vérité, excepté pour le jardin de Gethsémani, le Prétoire et le Calvaire. Les bouleversements qu'a subis le terrain dans les nombreuses destructions de Jérusalem n'ont pas toujours permis de marquer l'endroit *précis* où chaque fait a eu lieu. Mais d'un autre côté, la présence non interrompue des chrétiens à Jérusalem ou dans les environs, et l'intérêt qu'ils attachaient à tout ce qui regarde Notre-Seigneur, ne permet pas de douter qu'ils n'aient été bien renseignés.

Après l'institution de l'adorable Eucharistie au Cénacle le jeudi soir, Jésus se rend au Jardin des Oliviers, près de la porte Saint-Étienne, à une distance d'environ une demi-lieue. Saisi par Judas et sa triste cohorte, il franchit le Cédron, remonte la pente de l'Ophel, au sud-est du temple, est conduit devant le grand prêtre Anne puis devant Caïphe, sur le Sion, et passe la nuit dans la prison que nous avons indiquée. Traîné le vendredi matin au Prétoire de Pilate, en passant cette fois au nord-ouest du temple, il est renvoyé à Hérode, puis ramené au Prétoire où Pilate prononce son injuste sentence. Ici finit la *Voie de la captivité* (environ 4 kilomètres dans ces deux parties), et commence la *Voie douloureuse* ou le *Chemin de la Croix*.

VIII

STATIONS

La *première station* (Jésus condamné à mort) se fait dans une cour pavée de la caserne turque, quand elle est ouverte ; sinon, dans la rue ; la *seconde* (Jésus chargé de sa croix) sur l'emplacement de la

Scala santa, à vingt mètres plus au nord. La *troisième* (première chute de Jésus) est deux cent trente mètres plus loin, au sud-ouest. Pour y arriver nous descendons la rue qui passe sous le grand arc de l'*Ecce Homo*, et, au bas, à gauche, en face de l'hospice autrichien, nous entrons dans une petite chapelle appartenant aux Arméniens catholiques. Ici tournons à gauche, au sud, et quarante mètres plus loin, sur les ruines d'une église autrefois en grande vénération, que viennent de racheter les Arméniens catholiques, nous ferons la *quatrième*, au lieu où Marie aperçut son divin Fils tout couvert de sang et de poussière. La douleur qu'elle ressentit à cette vue fut si vive qu'elle tomba en défaillance. De là le nom de *Notre-Dame du Spasme* donné à ce sanctuaire.

Vingt-cinq mètres plus loin, au midi, serait, à cheval sur la rue, la maison du *mauvais riche*, et l'on aurait tout près, à droite, celle du *pauvre Lazare*, dont les chiens venaient lécher les ulcères. Entre ces deux maisons s'ouvre une rue à pic, perpendiculaire à la précédente, qui monte à l'ouest et nous donnera quatre stations dans un parcours de cent quatre-vingts mètres. C'est là que commence l'ascension du Calvaire.

La *cinquième station* (Simon portant la croix avec Jésus), tout à fait au bout de la rue, est marquée par un trou dans le mur à gauche.

La *sixième* (Véronique essuyant la face du Sauveur), se reconnaît à un bout de colonne engagée dans le pavé. Les Grecs catholiques ont acheté, depuis notre retour, le terrain où s'élevait la maison de Véronique (1). Soixante mètres plus haut, nous arrivons à un

---

(1) Le linge sur lequel Jésus daigna laisser l'empreinte sacrée de son visage tout couvert de sang, de crachats et de poussière, fut de bonne heure porté à Rome où on le garde dans l'église Saint-Pierre. On en a fait un grand nombre de copies qui se sont répandues dans toutes les parties de la chrétienté. La

espèce de carrefour obscur et malpropre. En face, sur le mur, une inscription latine rappelle que là s'ouvrait la *Porte Judiciaire*, par où sortaeint les condamnés à mort pour aller au supplice ; devant ce mur, la colonne entourée d'un grillage où s'affichait la sentence. C'est la *septième station* (Jésus tombant pour la seconde fois). Ici, en faisant trois pas à gauche, on entre dans la rue *Chrétienne* qui continue la précédente, sauf ce petit détour, et trente-cinq mètres plus haut, on aperçoit à gauche, deux trous pratiqués dans le mur d'un couvent grec; c'est la *huitième station* (Jésus consolant les filles de Jérusalem).

Pour arriver de là au Calvaire, il y aurait à peine cinquante mètres en ligne droite. Mais, comme le passage a été obtrué par des constructions, il nous en reste encore plus de trois cents. Il nous faut redescendre à la *Porte Judiciaire*, prendre une rue couverte au midi, remonter, à l'ouest, à un misérable couvent cophte, où se fait la *neuvième station* (troisième chute du Sauveur), puis par de nouveaux détours, nous rendre au parvis du Saint-Sépulcre. Les quatre stations suivantes (Jésus dépouillé de ses vêtements, attaché, mourant sur la croix, remis à sa Mère), se font dans l'église du Calvaire dont nous parlerons prochainement, dans un espace de dix mètres carrés ; et la dernière au Saint-Sépulcre même.

IX

CHEMIN DE LA CROIX

Plusieurs fois nous avons eu le bonheur de parcourir, soit en

dévotion à la *Sainte Face* a pris de grands développements, surtout depuis que son propagateur, M. Dupont, le *Saint homme de Tours*, a opéré un grand nombre de miracles par son entremise.

commun, soit en particulier, le chemin que suivit Jésus chargé de sa croix et montant au Calvaire. Je ne mentionnerai que le premier exercice général qui eut lieu le vendredi 19 mai. Nous nous réunissons à deux heures et demie à l'église Sainte-Anne ; après les recommandations du T. R. P. Picard, nous nous mettons en chemin, par groupes de quatre-vingts à cent personnes, en chantant le *Vexilla Regis ; Au sang qu'un Dieu va répandre ; Vive Jésus, vive sa Croix*, etc. Les deux grandes croix d'olivier qui ont été arborées sur nos navires, durant la traversée, marchent en tête et en queue, portées par vingt pèlerins qui se relèvent de temps en temps. Les cawas (1) du consulat de France et des Franciscains en grand costume, nous précèdent. A chaque station, chaque groupe s'arrête, écoute les explications données par le Fr. Liévin, et répétées aux autres par des prêtres échelonnés sur la route. On tombe à genoux, on chante : *Adoremus te, Christe*, on dit les prières, on baise la terre, on se relève, et on continue de marcher en chantant : *Sancta mater*, etc.

C'est pendant près de trois heures une suite de chants et de prières qui s'entrecroisent sans confusion, avec une piété et un recueillement que vous comprenez et qui saisit tous les spectateurs. Nous entrons dans la caserne turque, nous baisons le pavé à l'endroit même où fut prononcée l'indigne sentence, nous parcourons tout le quartier mahométan, et partout, sur notre passage, de la part des soldats comme de la population, ce ne sont que marques de respect, qu'hommages rendus à notre foi. A peine quelques enfants juifs ou mahométans, voyant tant de larmes et de prières, et n'y pouvant rien comprendre, les pauvres petits ! manifestent leur surprise par

---

(1) Espèce de bedeaux ou d'appariteurs qui accompagnent en Orient les personnes considérables.

les gestes les plus animés et les plus expressifs. Arrivés au Calvaire,
nous devons attendre un moment que les grecs aient fini leur
office.

Enfin les différents groupes ont pu se réunir autour du Saint-
Sépulcre ; nous chantons le *Miserere*, le *Parce*, et avant de nous
séparer, nous saluons, avec le P. Marie-Antoine, dans nos deux
croix qui reposent sur l'édifice de l'adorable Tombeau, la croix de
l'Église et la croix de la France, embrassant ensemble le signe
infaillible de leur triomphe. Qui pourrait dire les sentiments que l'on
éprouve en assistant en pareil lieu aux dernières scènes de la Passion?
Si le chemin de la Croix est toujours émouvant en quelque endroit
qu'on le fasse, qu'est-ce donc quand on suit le Sauveur à la trace de
son sang, pour ainsi dire?

Cette journée a été incontestablement une des plus belles et des
plus touchantes que nous ayons passées à Jérusalem, et, de même
que nous n'en pouvons perdre le souvenir, tout le monde s'accorde
à dire qu'elle a laissé une profonde et salutaire impression dans
l'esprit des habitants.

X

PLEURS DES JUIFS

Au sortir du Calvaire (c'est le vendredi soir, ouverture du sabbat), nous suivons le Fr. Liévin au fond du quartier juif, devant le
vieux mur salomonien où les descendants des bourreaux vont pleurer
sur les ruines de leurs patrie, et demander au Seigneur de leur envoyer, ou plutôt de leur montrer le Messie venu que leurs péchés
les empêchent de voir. C'est un spectacle on ne peut plus digne

d'attention que cette foule de gens de toutes conditions, hommes femmes, enfants, vieillards, venant chaque jour de sabbat, depuis des siècles (on les voyait déjà du temps de saint Jérôme), accomplir des prophéties qui nous les montrent assis et pleurant sur les ruines de Jérusalem. Ils se succèdent sans interruption, plus ou moins nombreux, depuis huit heures jusqu'à minuit. Les femmes forment des groupes particuliers. Accroupies par terre, tantôt elles se prosternent le front dans la poussière, tantôt elles collent leurs lèvres sur la muraille. En voyant leurs bracelets et leurs robes éclatantes, on pense involontairement aux filles des patriarches. L'une d'entre elles, toute vêtue de blanc, portait une espèce de couronne sur la tête ; c'était, me dit-on, une jeune mariée ; elle venait ainsi consacrer sa nouvelle condition.

Les hommes en habits de fête, mais dans des costumes variés (ils viennent de tous les coins du monde, pour finir leurs jours près du temple), sont debout, les uns immobiles, le regard fixé vers le ciel ; les autres, une Bible à la main, lisent quelques pages du livre sacré, ou récitent quelques formules de prières en se frappant la poitrine ou en faisant force inclinations à la muraille. Chacun mériterait sa description particulière. Voici un jeune homme au visage blême et allongé, la tête couverte d'un bonnet à poil, qui se dresse sur le bout des pieds pour atteindre à la hauteur d'une large fente entre deux énormes pierres. Ses lèvres murmurent quelques paroles ; puis il applique l'oreille, comme si quelqu'un devait lui répondre de l'intérieur de la muraille ; il répète assez longtemps le même exercice en intercalant quelques moments de profonde méditation. On dirait qu'il se croit sûr d'être exaucé, tant il prie avec confiance et ferveur. Quand il lève les yeux au ciel, un doux quoique triste sourire accompagne l'ardent essor de son âme. Mais, ne recevant pas de réponse, il détourne la tête, pleure et s'en va en manifestant un profond désespoir. D'autres se contentent de murmurer leur prière avec un accent mélancolique ; puis, en parcourant les pages brûlantes des prophètes, en redisant les cantiques où Jérémie chante les malheurs de sa patrie, l'émotion gagne leur âme ; leurs yeux se remplissent de larmes et ils adressent au ciel les plus touchantes supplications. Ailleurs un vieux rabbin prononce sur un ton plaintif, en faisant de continuelles salutations à la muraille, une espèce de litanie à laquelle le peuple répond :

LE RABBIN. — A cause de nos palais déserts.
LE PEUPLE. — Nous sommes assis et nous pleurons.
LE RABBIN. — A cause du temple détruit.
— De nos murs écroulés.
— De notre grandeur évanouie.
— Des prêtres qui ont prévariqué.
— De nos rois qui ont méprisé le Seigneur.

LE PEUPLE. — Nous sommes assis et nous pleurons.

L'abbé MOUROT.

Je dois dire que personnellement je n'ai vu couler aucune larme. La présence d'un si grand nombre d'étrangers a dû nécessairement troubler la cérémonie. J'ai cru même apercevoir un sourire sur les lèvres de deux jeunes gens qui m'ont jeté un coup d'œil. Était-ce des Parisiens dont la foi aurait été flétrie par le souffle du respect humain ? Pour moi, je n'avais nulle envie de rire, je vous l'assure. Le sentiment religieux n'est-il pas toujours respectable, même quand il s'égare ? Et d'un autre côté, comment n'aurais-je pas éprouvé une profonde compassion pour ces malheureux qui s'obstinent à fermer les yeux pour ne pas reconnaître le Messie, même au lieu où il a manifesté si clairement sa divinité, où il ne cesse de se montrer à ceux qui veulent vraiment le voir ? Mon Dieu, ayez pitié de ces pauvres aveugles ! Ouvrez leurs yeux à la lumière ! Pardonnez-leur, il ne savent ce qu'ils font.

CHAPITRE XIV

LE SAINT-SÉPULCRE

I

ÉGLISE

Ce qui excite avant tout la pieuse curiosité et la dévotion du pèlerin, c'est l'église du Saint-Sépulcre ; le Calvaire où s'accomplit l'œuvre de notre Rédemption et le Tombeau où fut déposé le corps du divin crucifié. Le terrain où s'élève ce sanctuaire était autrefois hors des murailles à l'ouest de Jérusalem. Maintenant, il est presque au centre de la ville, sur la pente orientale du Gâreb, couvert de maisons particulières et de couvents ; les Chrétiens ont tenu à s'en rapprocher autant que possible.

II

PARVIS

L'église du Saint-Sépulcre est dans son ensemble telle que l'ont faite les Croisés. Elle n'a qu'une porte qui est au midi. Cette porte est précédée d'un *Parvis* ou petite cour carrée, pavée de pierres

EXTÉRIEUR DU SAINT-SÉPULCRE.

noires ; qui a environ vingt mètres de côté ; on y arrive par deux petits couloirs débouchant aux angles sud-est et sud-ouest. Une belle colonnade fermait autrefois cette cour au midi ; il n'en reste plus que les soubassements. De là, on a derrière soi le couvent grec de Gethsémani ; à droite, celui de Saint-Abraham, grec aussi (on y montre le prétendu lieu du sacrifice) ; à gauche, la partie inférieure du beau clocher que les mahométans ont fait découronner, parce qu'il dépassait un minaret voisin ; devant soi, la façade de l'église remarquable par la richesse de ses ouvertures et de ses ornementations, où le gothique se mêle au roman, d'autres disent au byzantin.

A la partie orientale de cette muraille qui est attenante au Calvaire sont collées deux petites chapelles superposées ; au niveau du parvis, celle de Sainte-Marie Égyptienne, qui rappelle comment cette pécheresse fut arrêtée par une main invisible sur le seuil de la porte, tant qu'elle n'eut pas promis de se convertir ; au-dessus, celle de la Compassion †, à la place où selon la tradition se tenaient Marie et le disciple bien-aimé, pendant que l'on attachait Jésus à la croix. Cette dernière appartient aux latins ; l'autre aux grecs (1).

III

DIVAN

A l'angle nord-ouest est la porte, ordinairement fermée. Derrière, à gauche, deux ou trois Turcs sont là, gravement assis sur leur *divan*

---

(1) Il y a dans l'église du Saint-Sépulcre des parties, comme les vestibules, les passages, la Rotonde, le Saint-Tombeau, la Pierre de l'Onction dont la possession est commune entre les différentes sociétés chrétiennes ; les autres sont la propriété exclusive soit des catholiques, soit des grecs schismatiques, des Arméniens, des Cophtes, des Abyssins. Pour abréger, j'indiquerai cela d'un mot : Chapelle catholique, latine ou Franciscains qui sont les repré-

ou sopha, fumant leur narghiléh (pipe à très long tuyau), prenant leur café, etc. Ce sont les portiers de l'église. Ils n'ouvrent que sur la demande du supérieur des franciscains, des grecs ou des arméniens et moyennant finance. Le prix de chaque ouverture est fixé à cinquante centimes pour laisser entrer une personne ; vingt-cinq francs quand la porte doit rester ouverte une bonne partie de la journée, comme pendant notre séjour à Jérusalem. C'est pour eux une affaire d'environ vingt mille francs chaque année, sans parler de la confusion dont nous nous sentions couverts en voyant le Tombeau de notre Sauveur sous la clef des infidèles. Du seuil de la porte on a, sur sa droite un des escaliers du Calvaire ; en face, la *Pierre de l'Onction*, et au delà, le mur qui ferme le chœur des grecs.

IV

BASILIQUE. — PARTIES PRINCIPALES

Il n'est pas facile de se faire tout d'abord une idée exacte de l'intérieur de la basilique ; c'est moins une église ordinaire qu'une quinzaine de chapelles renfermées dans une même enceinte, communiquant entre elles, différant d'importance, de forme, de niveau, et ne présentant à l'œil qu'une espèce de labyrinthe : il a fallu tenir compte des lieux où se sont passés les faits et de la disposition du terrain. Cependant, avec un peu d'attention, on arrive à saisir un plan d'une certaine régularité et à distinguer une pièce principale et trois appendices formant quatre églises séparées ; 1° l'église pro-

sentants des catholiques ; chapelle grecque, abyssinienne, cophte. — Le signe † indique les endroits enrichis d'une indulgence plénière. Aux autres chapelles indulgence partielle.

prement dite du Saint-Sépulcre, au centre; 2° celle du Calvaire, au sud-est; 3° de l'apparition de Notre-Seigneur, au nord; 4° de l'invention de la Sainte-Croix, à l'est.

L'église principale, de forme ovale, a environ 50 mètres de long sur 25 de large; elle s'étend de l'est à l'ouest et se compose de deux parties essentielles qui sont la *Rotonde du Saint-Sépulcre* et le *chœur* des Grecs; et d'une dizaine de parties accessoires, vestibules, passages, petites chapelles, etc., que j'indiquerai en leur temps. Tout cela est de niveau avec le parvis, et forme un ensemble dont la rotonde, à l'ouest, est l'abside, et le chœur des Grecs, au centre est comme la nef.

V

ROTONDE. — ÉDICULE DU SAINT-SÉPULCRE

La *Rotonde* est, comme l'indique son nom, une construction arrondie ayant 19 mètres de diamètre et environ 45 de hauteur. Elle est entourée de dix-huit piliers massifs qui soutiennent deux galeries superposées, et couronnée par un dôme, orné de peintures où rien ne rappelle Notre-Seigneur. — Au centre de la Rotonde, une construction pesante, flanquée de seize pilastres de pierre rougeâtre du pays, ayant huit mètres de long sur cinq de haut et autant de large, et surmontée d'une balustrade en colonnettes massives et d'un dôme aplati, forme ce qu'on appelle l'*Édicule* du Saint-Sépulcre. La façade est au levant; des mosaïques, deux tableaux de la Résurrection, six grands chandeliers et trois lampes entretenues par les Franciscains, les Grecs et les Arméniens en constituent l'ornementation en temps ordinaire.

VI

CHAPELLE DE L'ANGE

L'intérieur se divise en deux parties : chapelle de l'Ange, et chapelle du Saint-Tombeau. La première, ainsi nommée parce que c'est là que l'ange apparut aux saintes femmes pour leur annoncer que Jésus était ressuscité, est à la place du vestibule que Joseph d'Arimathie avait pratiqué à l'entrée de son tombeau. Elle a trois mètres quarante-cinq centimètres de long et presque autant de large; elle est revêtue à l'intérieur de marbre blanc, avec douze colonnettes et autant de pilastres, et éclairée par quinze lampes précieuses. On voit au milieu sur un piédestal une partie de la pierre qui fermait l'entrée du sépulcre; au nord et au sud de cette chapelle, deux petites ouvertures de forme ovale par lesquelles, le Samedi Saint, le clergé grec communique aux fidèles de sa croyance le *feu nouveau* qu'ils disent toujours descendu du ciel.

C'est un grand bonheur parmi eux d'être le premier à le recevoir, et tous les moyens leur sont bons pour se procurer cet avantage. De là des violences, des cris de joie rien moins qu'édifiants.

VII

LE SAINT TOMBEAU

De là on descend par trois marches, et en baissant la tête, dans le lieu vénérable entre tous où Joseph d'Arimathie déposa le corps inanimé du Sauveur, dans le tombeau qu'il s'était préparé à lui-même.

C'était une espèce de chambre creusée dans le roc, comme on en voit encore autour de Jérusalem, ayant dans la paroi nord, à une hauteur de deux pieds, un enfoncement en forme de coffre ouvert d'un côté, ou de placard arrondi dans le haut. On déposait là, comme sur un lit, le corps embaumé, sans le recouvrir de terre ; on se bornait à bien fermer l'entrée au moyen d'une pierre garnie de chaux.

Sainte Hélène fit couvrir les parois de peintures et d'inscriptions : *Vous cherchez Jésus parmi les morts ; — il est ressusité, il n'est plus ici.* Elle revêtit le tout de marbres précieux qui ont été renouvelés une première fois en 1555, par le P. Custode Pierre de Raguse, puis en 1808 par les Grecs qui ont effacé toutes les inscriptions latines. Il ne faut donc pas songer à voir ni à toucher le roc sanctifié par le contact du corps du fils de Dieu. Mais n'est-ce pas assez de bonheur de pouvoir prier, offrir le Saint Sacrifice à l'endroit même où il a bien voulu passer l'espace de trente-six heures, du vendredi soir au dimanche matin.

La chapelle du Tombeau † est longue de deux mètres et demi, un tiers moins large. Le Saint Tombeau (ou banc qui reçut le divin Corps) occupe la moitié de cette largeur, (un peu moins d'un mètre). Une corniche de pierre-rougeâtre, fixée un pied au-dessus, permet aux pères latins de placer l'autel portatif sur lequel ils célèbrent (ordinairement une messe chantée et deux messes basses chaque jour). Les Grecs et les Arméniens disent aussi chaque jour chacun une messe au Saint-Sépulcre ; mais comme selon leur rite ils doivent être tournés vers l'Orient, ils mettent leur autel dans la chapelle de l'Ange. La propriété et la décoration du Saint-Sépulcre est partagée entre les catholiques (au couchant), les Grecs (au milieu) et les Arméniens (au levant). Il en est de même des trente-neuf lampes qui l'éclairent, sans parler des quatre qui appartiennent aux Cophtes.

VIII

CHŒUR DES LATINS ET DES GRECS

Devant le Saint-Sépulcre, à l'est, est un petit espace sans ornementations qu'on appelle *Chœur des Latins*, parce que c'est là que se mettent les Franciscains quand ils chantent l'office au saint Tombeau. Plus à l'est encore le *Chœur des Grecs* (autrefois des chanoines de Saint-Augustin), remarquable par son étendue (vingt mètres de long) et sa régularité ; mais ils est surchargé d'ornementations, chaînes, dorures, candélabres de mauvais goût. A l'entrée on aperçoit un hémisphère qui, au dire des Grecs, marquerait le milieu de la terre, et autour duquel nous les avons vus faire des simagrées fort divertissantes. Mais quand nous leur demandions comment ils pouvaient être au milieu d'un corps rond comme la terre, ils riaient jaune et avouaient leur ignorance qui peut compter sur ce point comme sur bien d'autres.

IX

CHAPELLES MOINS IMPORTANTES

Dans la Rotonde et autour du chœur des Grecs on voit les petits sanctuaires et monuments que je vais énumérer : 1° Adossée à l'édicule du Saint-Sépulcre, à l'ouest, une misérable chapelle où les Cophtes officient quelquefois ; 2° du même côté, tout à fait au fond de la Rotonde, dans une chapelle syrienne, le tombeau que Joseph d'Arimathie avait creusé pour lui et sa famille, après avoir cédé le sien pour y mettre le corps du Sauveur ; 3° au nord, dans un vestibule, entre le saint Tombeau et l'église des Franciscains, chapelle latine de *Sainte-Marie-Madéleine*, au lieu où Jésus ressuscité apparut à cette illustre pénitente (1).

Ici, en prenant à l'est, on s'engage dans une galerie ou bas côté qui fait le tour du chœur des Grecs et on trouve successivement sur sa gauche : 4° Presque à l'extrémité orientale de la galerie, la *prison* où Jésus fut renfermé et la pierre où il fut attaché pendant les apprêts de son supplice ; 5° la chapelle grecque de Saint-Longin, le soldat qui de sa lance perça le côté du Sauveur ; 6° la chapelle arménienne où les bourreaux se partagèrent les vêtements de Notre-Seigneur (ici, au bout de la galerie, se trouve l'escalier qui conduit à l'église Sainte-Hélène et de la Sainte-Croix) ; 7° chapelle grecque de la *Colonne des Opprobres* qui servit de siège à Jésus pendant qu'on l'outrageait, qu'on lui crachait au visage (ici escalier grec du Calvaire) ; 8° dans la galerie, gradins remplaçant les *tombeaux* démolis par les Grecs, en 1808, *des rois latins* morts entre 1130 et 1185 ; 9° sous l'église du Calvaire, *chapelle grecque d'Adam*. Elle renferme : 1° l'emplacement des tombeaux de Godefroi de Bouillon et de son frère Baudouin Ier ; 2° le prétendu tombeau de Melchisédech qui, d'après la tradition hébraïque, serait le même que Sem, fils de Noë ; 3° l'endroit où l'on aurait déposé le crâne d'Adam.

Selon la même tradition, les restes du premier homme auraient été conservés, placés dans l'arche et partagés après le déluge. Melchisédech (ou Sem), à qui le crâne était échu, l'apporta à Salem, et le déposa dans cette excavation ; de là le nom de Calvaire (place du

____

(1) Une plaque de marbre, enchassée dans le pavé, marque l'endroit où se tenait Jésus : de même pour les autres mystères.

crâne) ou Golgotha donné à ce rocher. Quand Notre-Seigneur expira et que les pierres se fendirent, celle du Calvaire s'entr'ouvrit profondément et par cette fente, le sang du Rédempteur coula sur le crâne du premier coupable et purifia ainsi l'humanité dans sa source. Ce sentiment, qui nous paraît un peu hasardé, a été cependant adopté par un grand nombre de Pères ; je me contente de nommer Origène, saint Augustin, saint Ambroise, saint Basile et saint Epiphane.

Quoi qu'il en soit, la fente de la grotte est très visible et correspond exactement à celle du Calvaire, et l'excavation, où l'on met la tête d'Adam, est immédiatement au-dessus de l'endroit où fut plantée la Croix. De là l'usage, dont vous ne soupçonnez probablement pas l'origine, de mettre une tête de mort au pied du crucifix.

En continuant notre route au couchant nous sommes, en face de la porte de la basilique, 10° à la *Pierre de l'Onction* † ; c'est la partie du rocher sur laquelle Nicodème et Joseph d'Arimathie déposèrent le corps de Jésus pour l'embaumer. Sainte Hélène la couvrit d'une plaque de marbre qui a été plusieurs fois renouvelée. Au-dessus sont suspendues dix lampes entretenues par les Catholiques, les Grecs et les Arméniens ; 11° à gauche, douze mètres plus loin, près d'un escalier qui conduit à la chapelle des Arméniens, une pierre circulaire surmontée d'une cage en fer, indique la place où se tenaient les trois Marie pendant le crucifiement. Vingt pas plus loin, nous rentrons dans la Rotonde.

X

LE CALVAIRE

Eglise du Calvaire ou du Golgotha : — au midi du chœur, — cinq mètres au-dessus du sol de la grande église, c'est avec le Saint-Sépulcre le lieu le plus auguste du monde, puisque là s'accomplit le mystère ineffable de notre Rédemption. Un quart de ce sanctuaire, le nord-est, repose sur le rocher ; le reste, sur une plate-forme soutenue par des voûtes et des piliers massifs. Il est presque carré et ne dépasse pas quinze mètres dans sa plus grande longueur. Il est divisé par trois larges piliers qui vont du levant au couchant et forment deux chapelles parallèles, à voûtes peu élevées. La chapelle méridionale appartient aux latins, l'autre aux grecs. La première contient au couchant, près de l'escalier latin, l'endroit où *Jésus fut dépouillé de ses vêtements;* un peu plus loin, vers l'orient, celui où il *fut attaché à la croix* † ; au fond, l'autel du *Crucifiement* destiné à rappeler ce mystère ; à gauche, le petit autel du *Stabat,* où Marie reçut entre ses bras le corps adorable de son Fils détaché de la croix ; à droite, un peu en avant de ces autels, la vue s'étend par une fenêtre vitrée, sur l'autel catholique des *Sept-Douleurs* †, au-dessus de l'endroit où se tenaient Marie et saint Jean pendant qu'on attachait Jésus à la Croix.

Primitivement le Calvaire, comme l'église du Saint-Sépulcre, appartenait tout entier aux catholiques. A quelle époque les schismatiques en ont-ils occupé le nord, avec l'intervention achetée des musulmans ? Cela doit remonter vers le xve siècle. Jusqu'à ces derniers temps, personne n'avait osé dresser un autel ni renouveler le sacrifice de la Croix à l'endroit même où il s'est accompli la première fois. On avait laissé son ancienne forme au rocher arrosé par le sang rédempteur. Un matin de l'année 1808, le sacristain catholique, montant selon sa coutume vers quatre heures au Calvaire, pour y allumer les lampes, s'aperçut avec consternation qu'on en avait enlevé le sommet et qu'on avait dressé un autel à la place. Il fut tellement saisi à la vue de ce sacrilège que, malgré sa jeunesse et sa santé qui était des plus robustes, il tomba en défaillance et mourut dans la journée. La pierre ainsi détachée fut embarquée à Jaffa à l'adresse du patriarche grec de Constantinople, mais le navire sombra dans la traversée et fut englouti avec tout son chargement.

L'autel grec en question s'élève sur le trou même où fut plantée la croix du Sauveur †; il est soutenu par quatre colonnettes qui laissent tout à fait libres le devant et le milieu. Vous comprenez avec quels sentiments le chrétien applique ses lèvres sur cette pierre où a coulé le sang du fils de Dieu mourant pour nous racheter. — Aux deux extrémités, un peu en arrière, deux dalles noires marquent l'emplacement des croix des deux larrons.

A deux mètres du côté de l'épître est la fente qui se produisit dans le rocher quand Jésus expira. Nous avons pu y enfoncer la main, en constater la forme et les dimensions; quinze centimètres de largeur à la surface; elle se prolonge bien avant dans les entrailles de la terre, en passant par la chapelle d'Adam; elle va de l'est à l'ouest et forme une ligne ondulée de telle sorte que les parties saillantes d'un côté répondent exactement aux parties rentrantes de l'autre. De plus, au lieu de suivre les parties les plus tendres, les veines du rocher, elle leur est perpendiculaire, et va en s'élargissant à l'intérieur, contrairement à ce qui arrive aux rochers fendus par les tremblements de terre. Aussi un célèbre incrédule anglais, venu à Jérusalem plein de mépris pour ce qu'il appelait la sotte crédulité des catholiques, ne put à cette vue s'empêcher de dire: « Ah! maintenant, je commence à être chrétien : la nature seule n'aurait jamais produit un pareil effet. »

XI

ÉGLISE FRANCISCAINE DE L'APPARITION

Église latine de l'Apparition, où Jésus ressuscité se montra à sa mère et où l'attouchement de la Croix nouvellement découverte rendit la vie à un mort qu'on portait en terre: un mètre au-dessus du niveau de la Rotonde, au nord du saint Tombeau et de l'autel Sainte-Madeleine.

Suivant la tradition, Marie serait restée dans la maison de Joseph d'Arimathie après la sépulture de son divin fils, avec la certitude de sa prochaine résurrection. Cette chapelle où les Franciscains célèbrent leurs offices ordinaires de jour et de nuit est carrée, sauf l'enfoncement du maître-autel, et pourrait contenir une centaine de personnes. Pavé en mosaïque et plafond. Trois autels: à l'orient, celui du milieu est dédié à la sainte Vierge et l'on y conserve le saint Sacrement ; celui du nord est dit des *Saintes-Reliques*, parce qu'on y vénéra une portion assez importante de la vraie Croix, jusqu'en 1557 époque, où elle fut dérobée par les Arméniens ; celui du midi est dit *de la Sainte Colonne* †, parce qu'on y conserve une partie considérable de la colonne de porphyre à laquelle était attaché le Sauveur durant sa flagellation. Cette colonne est derrière deux grilles et ne s'expose d'ordinaire que le mercredi saint. Le T. R. P. Custode a bien voulu déroger à cet usage en notre faveur, et l'a laissée toute la journée du 25 mai à découvert sur l'autel.

A l'est de cette chapelle est la sacristie des Franciscains ; on nous y a montré de riches ornements offerts par les princes catholiques, et surtout l'épée de Godefroy de Bouillon que chacun tenait à toucher. Au nord de cette sacristie et de la chapelle, les bons Pères ont un petit couvent où, de trois en trois mois, ils viennent se renfermer au nombre de douze, afin de monter sans cesse une garde d'honneur autour du divin Tombeau.

XII

ÉGLISE DE L'INVENTION DE LA SAINTE-CROIX

Église abyssinienne de Sainte-Hélène † et Église franciscaine de l'Invention de la Sainte-Croix.

A l'est de l'église principale, on descend par un escalier de vingt-six marches dans une chapelle carrée, de style byzantin, en partie creusée dans le rocher. Elle est sous le vestibule de la grande église, qui, avant les Croisés, avait son ouverture principale au levant. Bâtie par sainte Hélène dont elle a pris le nom, elle a été détruite par Chosroès, relevée par l'évêque Modeste, et restaurée par les Croisés.

A l'angle sud-est de ce sanctuaire on descend par un nouvel escalier de treize degrés dans la chapelle franciscaine de l'*Invention de la sainte Croix* †. C'était au temps de la Passion, une vieille citerne, remplie de décombres, à vingt-cinq mètres au nord-est du Calvaire dans laquelle on jeta les instruments du supplice. Sainte Hélène ayant, sur les indications qui lui furent données, commandé des fouilles, on trouva bientôt trois croix assez semblables, Mais comment reconnaitre celle du Sauveur ? Le titre : Jésus de Nazareth, roi des Juifs, était détaché. Saint Macaire, évêque de Jérusalem, ordonna un jeûne et des prières publiques, fit porter les trois croix dans la maison d'une femme qu'on savait malade à la dernière extrémité, et les appliqua successivement sur le corps de la malade. Les deux premières ne produisirent aucun effet. Au contact de la troisième, la malade fut parfaitement guérie. Le même jour, un cadavre qu'on portait en terre fut ressuscité par l'application de la même croix. Dès lors le doute n'était plus possible.

LES INSTRUMENTS DE LA PASSION

Quelques lecteurs ne seront pas fâchés de savoir ce que sont devenus les instruments de la Passion et les vêtements de Notre-Seigneur. J'en dirai un mot pour les satisfaire.

La *Colonne de la Flagellation* est, pour sa plus grande partie, dans l'église de l'*Apparition*, à Jérusalem. D'autres fragments furent envoyés par les franciscains (1551) au pape Paul IV, au roi d'Espagne, Philippe II, aux Vénitiens qui les conservent dans l'église Saint-Marc. La colonne de l'église Sainte-Praxède, à Rome, n'est pas celle de la flagellation, du moins au dire des Orientaux, mais celle où Jésus aurait été attaché dans la maison de Caïphe.

La *Sainte Couronne d'épines* était à Constantinople, quand les Latins s'emparèrent de cette ville en 1204. L'empereur Baudoin II la céda à saint Louis qui la fit déposer dans la Sainte-Chapelle, avec la pointe de la *Lance* et deux des *Clous* qui avaient percé les membres du Sauveur. Elle fut heureusement sauvée pendant la Révolution et rendue en 1805 à l'église Notre-Dame de Paris où elle est exposée pendant la semaine Sainte à la vénération des fidèles.

La *Sainte Robe* sans coutures, tissée, selon la tradition, par la sainte Vierge elle-même, fut donnée par sainte Hélène à l'évêque de Trèves (sur la Moselle, en Prusse) où elle est toujours précieusement conservée. Celle d'*Argenteuil* qui fut donnée par Charlemagne à sa fille Théodrose, abbesse de ce monastère, venait de Constantinople et avait été trouvée à Jaffa dans un coffre de marbre (590). Jésus devait porter plusieurs vêtements comme les Juifs de son temps.

Le *Saint Suaire* ou linceul qui enveloppa le corps de Jésus dans le tombeau, a passé des rois latins de Jérusalem à leurs héritiers les ducs de Savoie, et ces princes l'ont déposé dans la cathédrale de Turin où saint Charles Borromée et saint François de Sales se sont fait un bonheur de l'aller vénérer.

La *sainte Croix*, découverte par sainte Hélène, fut partagée en plusieurs pièces. Une partie fut envoyée à l'empereur et déposée dans l'église de Sainte-Sophie, à Constantinople ; une autre, à Rome avec un *clou*, le *Titre* et l'inscription en trois langues : *Jésus de Nazareth, roi des Juifs.* Elle est toujours dans l'église *Sainte-Croix de Jérusalem* qui fut bâtie à cette occasion. La plus grande partie resta dans l'église de la Résurrection, à Jérusalem. Ce morceau, enlevé par Chosroès, roi de Perse (614) et transporté à Ctésiphon, y opéra un grand nombre de miracles et de conversions à la religion chrétienne. Dix ans plus tard, l'empereur Héraclius, vainqueur des Perses, exigea pour première condition de la paix, qu'on lui rendît la croix du Sauveur.

Par un sentiment de religion envers Jésus-Christ qu'il reconnaissait pour l'auteur de sa victoire, Héraclius voulut reporter lui-même l'instrument de notre salut à l'église du Calvaire. Mais comme il s'avançait tout couvert d'or et de pierres précieuses, il se sentit tout à coup arrêté par une main invisible à la porte de la basilique. Alors le patriarche Zacharie s'approche de lui et lui dit : « Ne pensez-vous pas, prince, que cet appareil et ces richesses ne conviennent pas à la pauvreté et aux humiliations du Fils de Dieu dans sa passion. A l'instant l'empereur quitte ses riches vêtements, prend un habit pauvre et se met nu-pieds ; dès lors il peut s'avancer sans obstacle jusqu'au sommet du Calvaire, suivi de ses soldats et d'un peuple immense qui répand des larmes de joie. La fête de l'*Exaltation de la sainte Croix*, déjà célébrée dans l'Église, reçut un éclat tout nouveau de cette solennité.

Un des premiers soins des Croisés, après leur entrée dans Jérusalem, fut de s'enquérir de la vraie Croix qu'ils regardèrent comme leur meilleure protection et qu'ils firent porter devant eux dans leurs combats contre les infidèles. Tombée au pouvoir de Saladin, à la bataille de Tibériade (1187), elle fut rendue trente ans plus tard et déposée dans l'église de l'Apparition. Mais, dans la suite des temps, une partie fut perdue, l'autre enlevée par les Arméniens (1557), durant la captivité des Franciscains et transportée en Arménie.

Différents morceaux parvinrent en Occident à différentes époques, les uns par Rome, les autres par Constantinople et furent déposés à la Sainte-Chapelle ou en divers monastères. Ce qui nous en reste maintenant, sauf les fragments de Sainte-Croix de Jérusalem, est divisé à l'infini.

Deux des saints *Clous* sont à Notre-Dame-de-Paris, avons-nous dit, le troisième à Sainte-Croix de Rome, et le quatrième à Monza près de Turin. (Carpentras affirme aussi avoir le sien.) Ceux qu'on vénère ailleurs ne renferment qu'un peu de limaille des vrais clous ou bien sont faits sur leur modèle. Celui de Rome est carré, long de 15 centimètres, couronné d'une tête ronde, en forme de champignon.

XIII

HISTOIRE. — AUTHENTICITÉ DU SAINT-SÉPULCRE

Il s'est trouvé des esprits difficiles à contenter qui se sont demandé si nous savons bien la place où se sont accomplis les mystères mentionnés plus haut. Que pour quelques-uns de ces faits, comme la *Division des vêtements*, la place occupée par la sainte Vierge ou les disciples, les apparitions de Notre-Seigneur, il y ait matière à contestation ; qu'on puisse les supposer accomplis quelques mètres plus à droite ou à gauche, nous en conviendrons sans peine. Mais pour ce qui est de l'endroit précis où fut plantée, retrouvée la Croix, où fut enseveli le Sauveur, le doute n'est vraiment pas raisonnable. L'aspect d'un rocher dur comme le Golgotha ne change pas comme celui d'une terre mouvante Le Seigneur qui a promis de glorifier le tombeau de son Fils (*sepulcrum ejus erit gloriosum*), ne pouvait permettre qu'il restât inconnu. On peut d'ailleurs, en suivant l'histoire de siècle en siècle, montrer qu'à aucune époque l'erreur n'a été possible.

Ce ne sont pas les Apôtres ni les premiers disciples, bientôt nombreux, qui ont pu se tromper à cet égard. La loi de Moïse, qu'ils avaient suivie jusque-là, leur ordonnait de dresser un monument partout où se produisait une faveur signalée du Ciel. Combien de fois ne durent-ils pas venir au Calvaire, au saint Tombeau témoigner leur reconnaissance au divin Rédempteur ? Si leurs persécuteurs ne leur permirent pas de placer une pierre qui leur rappelât où s'étaient produites ces marques de son amour et de sa toute-puissance, ils n'en durent graver que plus profondément le souvenir dans leur cœur.

Quand Jérusalem fut assiégée par les Romains (l'an 69), ils se retirèrent, selon la recommandation du Seigneur, à Pella, au delà du Jourdain, sous la conduite de leur évêque saint Siméon, cousin du Sauveur et successeur de l'apôtre saint Jacques. Mais après la destruction de la ville et du Temple, ils revinrent se fixer sur les ruines de leur patrie et formèrent une église florissante qui fut gouvernée près de quarante ans par le même évêque. Saint Siméon ne subit le martyre que l'an 107 de Jésus-Christ, dans sa cent-vingtième année, sous la persécution de Trajan. Ce n'est pas dans cet intervalle qu'ils oublièrent le véritable emplacement des saints Lieux.

Trente ans plus tard, il est vrai, l'empereur Adrien, pour éloigner à jamais les Chrétiens de ces lieux vénérés, fait couvrir le Golgotha et le Saint-Sépulcre d'une couche épaisse de décombres et placer au-dessus les statues de ses infâmes divinités, Vénus et Jupiter. Mais ce travail n'a d'autre résultat que de marquer aux fidèles les lieux précis de leurs hommages et de les préserver de toute dégradation. Aussi, quand, deux siècles après, la mère du grand Constantin recueille les indications fournies par la tradition, et fait déblayer le terrain, on trouve le Calvaire et le Saint-Sépulcre tels qu'ils étaient au temps de la Passion. La sainte impératrice, secondée par l'évêque saint Macaire, fait construire deux édifices : 1° une espèce de rotonde embellie de trois galeries superposées, autour du Saint-Sépulcre, 2° à l'Orient, une vaste basilique à cinq nefs qui renferme les autres Lieux saints. Le tout est pavé des marbres les plus précieux et produit aux regards l'éclat d'une mer d'or pur, tout étincelante de lumière pour employer les termes de l'historien Eusèbe.

Nous aimerions, nous Occidentaux modernes, qu'on nous eût conservé la roche nue, avec ses irrégularités, sa physionomie primitive. On eut l'idée de la couper entre le Calvaire et le Sépulcre, d'abaisser et de niveler le terrain, afin de pouvoir recouvrir le sol de marbre, sauf la chambre du saint Tombeau qui resta en saillie, visible à tous les regards. Dès lors les pèlerins affluent de toutes parts autour du saint Sépulcre, l'on y entend toutes les langues, comme le faisait remarquer saint Jérôme. Était-ce le moment de le perdre de vue ? Nous ne renouvellerons pas la même question. Il a été constamment entouré d'un grand nombre de chrétiens intéressés à ne se pas laisser induire en erreur.

La magnifique église bâtie par les soins de sainte Hélène (326) ne dura pas trois siècles. En 614, Chosroès, roi des Perses, qui passa sur la Terre-Sainte comme un torrent dévastateur, enleva ce qu'elle contenait de plus précieux et la livra aux flammes. Cependant le moine Modeste, devenu évêque de Jérusalem, put, grâce à l'intervention de la femme du vainqueur, qui était chrétienne et fille de l'empereur Maurice, relever non pas la vaste basilique de sainte Hélène, mais les quatre petits sanctuaires séparés; 1° de la Résurrection; 2° du Calvaire; 3° de l'Invention de la sainte Croix, et 4° de la Sainte-Vierge ou de l'*Apparition*.

Le calife Omar (636), devenu maître de Jérusalem, respecta les monuments religieux ; il en fut généralement de même de ses successeurs pendant près de quatre siècles. En 1010, Hakem, que sa cruauté a fait surnommer le Néron de l'Égypte, les renversa; mais il permit bientôt de les relever, ce qui fut exécuté pour le saint Sépulcre sur le plan de Modeste, avec les aumônes des Chrétiens de tous les pays, et, en particulier, des empereurs encore catholiques de Constantinople.

Les Croisés (1099) à peine entrés dans Jérusalem confièrent la gardé du saint Sépulcre à vingt chanoines de saint Augustin, auxquels ils donnèrent des possessions considérables ; puis (1130) ils réunirent les quatre sanctuaires en un seul, transportèrent l'entrée principale du levant au midi et donnèrent à la basilique la forme qu'elle a encore maintenant. Après la chute du royaume latin (1187), l'église du Saint-Sépulcre fut vendue aux chrétiens de Syrie, puis elle resta quelque temps fermée, sans honneurs : mais en 1219, saint François d'Assise apparaît à Jérusalem avec quelques disciples. Ces derniers sont institués *Gardiens* du Saint-Sépulcre et de tous les saints Lieux de Palestine par le pape Grégoire IX, en 1230; ils en prennent définitivement possession en 1244. Depuis cette époque, on les voit souvent pillés, jetés en prison, massacrés (ils ont eu plusieurs centaines de martyrs), mais ils n'abandonnent pas le poste d'honneur, le précieux dépôt qui leur est confié.

Dans ces derniers siècles, l'église du Saint-Sépulcre plusieurs fois menacée est sauvée d'abord par l'ambassadeur des Vénitiens (1607), puis restaurée par Louis XIV qui est reconnu protecteur des saints Lieux ; mais en 1808, pendant que Napaléon Ier, tout entier à ses conquêtes en Europe, oublie ces protégés de l'Orient, dans la nuit du 11 au 12 octobre, un effroyable incendie, parti de la chapelle des Arméniens et allumé selon toutes les apparences par les schismatiques, réduit en cendres la partie la plus considérable de la basilique.

Ce qu'il y eut de plus remarqué dans cet événement, c'est que les sanctuaires latins furent seuls épargnés avec la *Pierre* de l'Onction et le saint Sépulcre. Les Grecs profitèrent de la pauvreté et de l'abandon des Franciscains pour faire relever la basilique, renouveler l'édicule du saint Tombeau qui était presque intact, remplacer les inscriptions latines par des inscriptions grecques, envahir une partie du Calvaire et prendre ainsi possession de ce qui avait toujours appartenu exclusivement aux Catholiques. En 1818, ils obtiennent des Turcs le privilège d'officier au Saint-Sépulcre. La même faveur est accordée aux Arméniens en 1829, moyennant un gros bakchich, bien entendu.

En 1858, l'ignoble coupole construite par les Grecs cinquante ans auparavant, tombant en ruines, une convention est signée à Constantinople pour la faire relever aux frais de la France, de la Russie et de la Turquie. Cette dernière puissance a permis volontiers aux deux autres de payer sa part, et depuis, les prétentions des Grecs, soutenues par la Russie, gagnent chaque jour du terrain. S'ils mettent tant d'empressement à s'emparer du Calvaire, du Saint-Sépulcre, etc., c'est qu'ils ne doutent pas que ces Lieux n'aient été sanctifiés par les mystères que nous y vénérons. Il en est de même des Arméniens, des Cophtes, des Abyssins, etc.

Les mahométans n'admettent pas que le grand prophète *Issa* (Jésus), ait été crucifié, mis dans le tombeau ; c'eût été trop indigne de sa mission, de sa sainteté. Selon eux, Jésus, vendu par Judas, échappa au supplice et punit en même temps le traître comme il le méritait. Il prit les traits de son disciple, lui donna les siens propres, de sorte que les Juifs crucifièrent Judas en croyant crucifier Jésus, qui reprit plus tard sa forme première. Voilà pourquoi ils n'honorent pas Jésus au Saint-Sépulcre (ils se contentent d'y recevoir notre argent) ; mais ils ont envahi l'église de l'Ascension, d'où ils croient qu'il est monté aux cieux. Ce que nous disons du Saint-Sépulcre pour en prouver l'authenticité peut s'appliquer aux autres Lieux saints.

CHAPITRE XV

VISITE AU SAINT-SÉPULCRE

I

ASPECT. — LES GRECS SCHISMATIQUES

Pour nous qui avions la certitude d'être à l'endroit même où le
Fils de Dieu s'est offert pour nos péchés à son Père, avec
quelle confiance et quel bonheur ne sommes-nous pas allés
visiter ces augustes reliques, tout le temps qu'il nous a été donné de
passer à Jérusalem, depuis le vendredi 12 mai, jusqu'au dimanche 28.
Une seule chose nous humiliait, nous affligeait, c'était de voir les
Saints Lieux sous la garde des infidèles et à moitié au pouvoir des
sectes hérétiques qui les déshonorent. Là, en effet, toutes les doc-
trines, comme tous les costumes, se donnent rendez-vous et se croient
les mêmes droits. Là, nous voyons passer sous nos yeux, se coudoyer
les franciscains en robe de bure, les caloyers ou moines grecs et
les Arméniens, vêtus à peu près comme nos magistrats (les derniers
remplacent la toque par un capuchon); les Cophtes au teint bronzé,
les Abyssins à la peau noire et lisse comme l'ébène, sans parler des
pèlerins venus de tous les coins du monde. Les moines grecs avec
leur taille avantageuse, leur barbe brune ou blanchissante, leur visage

pâle et austère, leur regard froid et hautain, font assez bonne impression de prime abord : ce sont de belles statues ; leur tenue m'a toujours paru convenable. Mais on dit qu'ils se dédommagent de cette contrainte, quand ils ne sont pas sous l'œil des étrangers, et que, malgré leur belle taille et leurs efforts pour constituer un corps d'élite, ils ne gagnent pas en considération auprès de ceux qui les connaissent.

S'il n'y avait là que leur présence, ce ne serait pas un sujet de tristesse, mais plutôt une consolation de voir tous les peuples et toutes les langues glorifier Notre-Seigneur. Les simples fidèles sont presque tous d'une ignorance et d'une bonne foi qui leur servira d'excuse au tribunal du Souverain Juge. Les Grecs et les Arméniens ont conservé à peu près tous nos dogmes sauf la nécessité d'obéir au souverain Pontife. Ils ont de vrais prêtres, tous les sacrements et sont par là dans une situation bien plus avantageuse que les protestants modernes. Nous voyions, en particulier des paysans russes, venus aux frais de leur *petit Père* le czar Alexandre, qui priaient, chantaient avec toutes les marques de la piété la plus sincère. Nous les reconnaissions à leur recueillement d'abord, et ensuite à leur manière de saluer les saints Lieux : trois inclinations profondes, séparées chacune par trois grands signes de croix formés en portant la main de l'épaule droite à l'épaule gauche.

Dans le clergé même il y a des hommes de bonne foi. Le patriarche grec Hiérothée dont à peine rentrés en France nous avons appris la triste fin (il est mort d'une chute de cheval au retour d'une visite au couvent de Saint-Georges), le patriarche grec paraissait bien disposé pour les Catholiques. Un fait certain, c'est que quelques pèlerins de ma connaissance ayant eu besoin de l'aborder (il faut une permission signée de sa main pour visiter le célèbre couvent de Saint-Sabas), il leur fit le plus parfait accueil. Non seulement on

INTÉRIEUR DU SAINT-SÉPULCRE.

leur servit les rafraîchissements qu'on a coutume d'offrir en Orient aux personnes qu'on veut honorer, l'eau, le café, un verre de liqueur et un biscuit, mais il les pressa de venir assister à ses offices, dîner avec lui et leur donna sa photographie. Par l'entremise de son jeune secrétaire, qui parle français, qui paraît instruit et intelligent, il leur fit plusieurs questions sur différents points de controverse, sur l'origine des prières du canon de la messe, etc., comme s'il songeait à se rapprocher de nous. Le secrétaire nous annonça même son intention de venir à Rome ; et quand on lui répondit qu'il pouvait être certain de n'être pas moins bien reçu dans la ville éternelle que nous ne l'étions par *Sa Béatitude* le patriarche, celui-ci laissa s'épanouir sur ses lèvres un sourire de vraie satisfaction.

Malheureusement tous ne sont pas dans ces dispositions et n'ont pas la même tenue. On me rapportait, au Saint-Sépulcre même, un fait tout récent par où vous en pourrez juger. Le prêtre cophte officiait dans la misérable chapelle adossée au saint Tombeau. A peine avait-il prononcé les paroles de la consécration (car ils disent aussi la messe), que ses acolytes ne lui laissent pas le temps d'aller plus loin. Ils se jettent sur l'hostie, la lui arrachent des mains et l'avalent pour satisfaire leur gloutonnerie. Notre-Seigneur doit donc toujours avoir des insulteurs et des ennemis autour de son tombeau, comme il en avait sur la croix et autour de sa personne durant ses prédications. Raison de plus pour nous de lui faire amende honorable et réparation. Aussi avec quel bonheur allions-nous coller nos lèvres sur ces pierres arrosées de son sang, sanctifiées par l'attouchement de son Corps adorable.

II

VISITES GÉNÉRALES

Nos visites aux saints Lieux ont été de deux sortes: générales avec
le corps du pèlerinage, ou particulières. Les premières ont eu lieu à
notre arrivée, lors du chemin de la Croix en commun, et à quelques
offices ou cérémonies des pères Franciscains, comme la procession
qui se fait chaque soir à quatre heures. Ceux qui désiraient y assister
n'avaient qu'à se rendre à l'église de l'*Apparition*. Là on leur remet-
tait un petit cierge entre les mains, et, à la suite de la Croix, des
enfants de chœur et des Révérends Pères, ils parcouraient, à commencer par le nord pour continuer par l'est, le midi et revenir
par le couchant, les différents sanctuaires, même des Schismatiques,
dont j'ai fait plus haut l'énumération. En allant d'une station à l'autre,
nous chantions un hymne qui rappelait comment *ici même* Jésus a
été flagellé, jeté en prison, couvert d'outrages, attaché à la Croix,
déposé après sa mort ; *ici* il a rendu le dernier soupir, il est sorti
glorieux du tombeau, il est apparu à Madeleine, à sa Mère, etc.

Arrivés à la station nous disions une antienne; le célébrant récitait une oraison où il demandait la grâce qui nous a été méritée à
cette place, encensait la pierre sanctifiée; nous nous prosternions
pour y appliquer nos lèvres et nous allions terminer dans la chapelle de l'Apparition par les litanies de la sainte-Vierge et de nombreuses oraisons. Je n'ai pas perdu au moins les restes des cierges
que j'ai reçus dans ces occasions, et ce sera une consolation pour
moi, si la mort ne me prend point trop à l'improviste, de rendre le
dernier soupir à la lueur de ces modestes flambeaux que j'ai portés
sur les traces de Jésus montant au Calvaire.

Je me borne à mentionner les illuminations, magnifiques pourtant, que nous avons pu admirer. Elles sont faites aux principales solennités alternativement par les Latins, les Arméniens et les Grecs qui rivalisent de splendeur. A la Pentecôte, c'était le tour des Grecs.

III

VISITES PARTICULIÈRES

Pour les visites particulières, chacun les faisait suivant son temps, son attrait, sa manière. Voici la marche que j'ai suivie le plus ordinairement. Arrivé à la porte de la basilique, je baisais la *pierre de l'onction* et je récitais un *Pater*, un *Ave* et un *Gloria*, pour gagner l'indulgence : j'allais en faire autant devant le saint Tombeau. J'y entrais un moment, s'il y avait moyen ; mais on n'y pouvait guère rester que quelques minutes, et il fallait faire place à d'autres visiteurs ; je méditais sur les mystères de la Sépulture et de la Résurrection et j'aimais à redire cette strophe de l'ancien bréviaire de Paris.

> Da Christe, nos tecum mori,
> Tecum simul da surgere,
> Terrena da contemnere,
> Amare da cœlestia.

« Faites, ô mon Sauveur, que je meure avec vous aux choses d'icibas pour ressusciter avec vous à une vie nouvelle ; donnez-moi le mépris des biens de la terre et l'amour des biens célestes. » Ensuite je me rendais à la chapelle de l'Apparition. Là, du moins, je pouvais demeurer autant que bon me semblait, réciter l'office avec les religieux, repasser dans mon esprit tous les mystères accomplis dans ces lieux vénérables entre tous, prier pour les besoins de l'Église, pour les miens propres et pour tous ceux qui m'étaient recommandés. Combien d'heures ai-je passées là durant notre précieuse quinzaine

auprès du saint Tombeau ? D'autres auront mieux exploré les environs de Jérusalem ; j'avais entrepris le voyage avant tout pour prier ;
y a-t-il un endroit plus favorable ? De là je descendais à l'église de la
Sainte-Croix, ou du moins je montais au Calvaire, et mes visites à
Jésus et à Marie terminées, j'allais me reposer un moment, à moins
qu'il n'y eût quelque excursion projetée.

IV

MESSE AU SAINT-SÉPULCRE

Mais pourrais-je avoir le bonheur d'offrir le saint Sacrifice sur le
divin Tombeau ? Nous étions cinq cents prêtres et il peut s'y dire à
peine une centaine de messes. Dans les temps ordinaires, les Latins
ne peuvent dire chaque jour qu'une messe chantée, et deux messes
basses ; durant notre séjour, ils en disaient six ou sept. Les schismatiques allèrent bien se plaindre au pacha, dit-on, mais il les en-
gagea doucement à un peu de patience. Plusieurs prêtres étaient munis
de hautes recommandations ; moi je n'avais que ma bonne mine.
Le jour de notre arrivée, on tira au sort pour la distribution des heures
demeurées libres ; je ne fus pas des favorisés. C'était un vrai sacrifice ; mais je pourrais célébrer à la grotte de Gethsémani, à la Flagellation, à l'*Ecce homo*, etc. Mon bonheur eût été une privation
pour un compagnon ; et j'étais auprès du Calvaire. J'en pris donc
mon parti sans trop de peine.

Cependant le mercredi soir, 24 mai, au retour de Bethléem, je me
dis : J'irai au moins passer la nuit au Saint Sepulcre. C'est une veil-
lée que tout pèlerin tient à faire. Une fois le jour tombé et les portes
fermées, un religieux m'aborde : « Mon Père, me dit-il, venez prendre

un peu de nourriture, puis vous irez vous reposer. » Je remercie,
désirant passer la nuit en prière. « Non, non, me dit-il, c'est plus
fatigant que vous ne pensez ; c'est trop fort pour vous. » A une
invitation si affectueuse je n'oppose pas trop de résistance. Me voilà
au réfectoire où un frère, belge d'origine, enchanté de trouver un
quasi-compatriote, assaisonna la pitance un peu maigre des bons-
Pères par une parfaite amabilité. Puis je vais rejoindre sept ou huit
confrères dans une pauvre cellule, désireux de prendre un peu de
repos. Je n'avais pas compté sur la musique des Grecs qui ne me
permit guère de fermer l'œil ; j'eus plus de temps pour méditer.

Le lendemain, bien avant quatre heures, j'étais à la sacristie, demandant au bon frère où et à quelle heure je pourrais célébrer :
« Au Calvaire, me dit-il, quand vous voudrez ; mais attendez, il peut
se faire qu'un des désignés pour le Saint-Sépulcre ne se présente
pas, et vous aurez sa place. » Comme je vous serai reconnaissant,
mon bon Frère. » Et je vais prier à la chapelle de l'Apparition. Une
demi-heure après, mon bon frère arrive : « Il y avait quelqu'un, me
dit-il, il m'a présenté son billet ; mais où est-il allé ? Je l'ai cherché
partout inutilement... tant pis pour lui. C'est l'heure, il est grand
temps de vous habiller (1). » Je ne me le fais pas dire deux fois,
vous pensez bien. Cinq minutes après, j'étais dans la chapelle de

(1) I. Les attentions délicates de ce bon religieux fransciscain et de tous ses
confrères avec lesquels j'ai pu me trouver en rapport, soit à Jérusalem, à
Saint-Jean, à Bethléem, à Emmaüs, à Jaffa ont été toujours et partout les
mêmes. Cependant ils sont bien pauvres ; ils n'ont que les aumônes des fidèles
pour vivre, pour loger et nourrir les pèlerins qui vont leur demander l'hospitalité, pour entretenir les Saints Lieux et pour racheter, quand l'occasion s'en
présente et qu'ils en ont les moyens, les *stations* qui se trouveraient à vendre.
C'est ainsi qu'ils se sont établis assez récemment au Thabor, qu'ils ont relevé
à Jérusalem leur hospice de Casa Nova (Maison neuve), etc. Vous seriez bien
aise de leur venir en aide ; mais vous ne savez comment vous y prendre. Je
vais vous indiquer un moyen bien simple : Les aumônes recueillies le *Vendredi
Saint*, à l'adoration de la croix, aux pieds du crucifix, dans toutes les églises,

l'Ange, attendant que mon prédécesseur eût fini, prêt à entrer immédiatement, pour ne pas perdre une seconde. Un pèlerin que je ne connais pas, sollicite la faveur de me répondre la messe. A l'endroit et à l'heure même où Jésus sortit vivant et glorieux du tombeau, je suis à l'autel.

Comme à la grotte de Gethsémani, à la Flagellation, au Calvaire on dit chaque jour la messe de la Passion ou du Précieux Sang; ici c'est chaque jour la messe de Pâques, de la Résurrection. Vous n'attendez pas que je vous dise les sentiments qui se pressent dans le cœur quand on prononce à pareil endroit et à pareille heure les paroles de la sainte liturgie : *Resurrexi et adhuc sum tecum alleluia*, je suis revenu à la vie et je ne vous quitte plus ; louez le Seigneur. Dites-nous donc, ô Marie, ce qu'il vous a été donné de voir. J'ai vu le sépulcre vide de Jésus ressuscité dans toute sa gloire... Vous cherchez... Il n'est plus ici : il est ressuscité comme il vous l'avait prédit... Il est vraiment convenable, juste, salutaire de vous glorifier,

sont pour l'entretien des Saints Lieux. Les Fransciscains partagent avec le patriarche latin de Jérusalem. Soyez généreux ; c'est une offrande bien placée.

Notons encore les faveurs spirituelles attachées aux médailles, chapelets qui ont été bénis au Saint-Sépulcre.

Qui porte sur soi un de ces objets et a l'habitude d'entendre la messe ou de dire son chapelet, au moins une fois par semaine, peut, en communiant et en récitant cinq *Pater* et cinq *Ave* gagner :

1º Une indulgence plénière aux principales fêtes de Notre Seigneur, de la sainte-Vierge et de chaque apôtre, aux fêtes de la Sainte Trinité, de saint Jean-Baptiste, de saint Joseph et de tous les Saints ;

2º Indulgence de sept ans et sept quarantaines aux autres fêtes de Notre-seigneur et de la sainte-Vierge ;

3º Indulgence de cinq ans, chaque dimanche et autre fête de l'année ;

4º Sans qu'il soit besoin de communier, indulgence de cent ou deux cents jours, pour chaque récitation du chapelet prière pour les mourants, defunts, pour visite aux prisonniers, secours aux pauvres, chaque bonne œuvre ;

5º Indulgence plénière à l'article de la mort, en invoquant au moins de cœur le saint nom de Jésus.

Seigneur... ici principalement où votre Fils s'est fait la victime de nos péchés, où en mourant pour nous il a détruit la puissance de la mort, où en ressucitant il nous a mérité une vie nouvelle.

Mais à quoi bon insister ? Notre Vénérable Fondateur dit que pour offrir dignement et d'une manière profitable l'auguste Sacrifice il faudrait trois éternités, la première pour la préparation, les autres pour la célébration et l'action de grâces. Qu'eût-il demandé pour célébrer en pareil lieu ? Aussi je vivrais un siècle que je n'oublierais pas cette matinée du jeudi 25 mai 1882. Quelle reconnaissance ne dois-je pas au bon Dieu pour une si grande faveur ? Mais je ne puis oublier non plus ce bon religieux dont la charité m'a procuré un bonheur que je n'osais plus espérer.

CHAPITRE XVI

VALLÉES DE JOSAPHAT ET DES FILS D'HINNOM

Les premiers objets qui frappent les regards, quand on a franchi la porte Saint-Étienne (au nord-est de Jérusalem), sont la montagne des Oliviers et la célèbre vallée de Josaphat. C'est là que, voilà bientôt quatre mille ans, Abraham, vainqueur de Chodorlahomor, reçut les félicitations du roi de Salem et les bénédictions de Melchisédech; là que l'on vit David fuir pieds nus et la tête voilée, devant son fils Absalon révolté; là que Jésus avait coutume de venir prier et qu'il parut, la veille de sa Passion, baigné d'une sueur de sang. Et c'est là, comme le porte la tradition des mahométans, des juifs et des chrétiens, que nous devons être jugés à la fin du monde, au lieu même des humiliations de l'Homme-Dieu.

La vallée de Josaphat (à l'orient de Jérusalem, comme le mont des Oliviers), est bornée au nord par le mont Scopus, à l'ouest par le Bézétha, le Moria et l'Ophel, au sud par le champ des Foulons, à l'est, par les monts du Scandale et des Oliviers.

Elle peut avoir 4 kilomètres de long, sur une largeur moyenne de 200 mètres. Au-dessous du jardin de Gethsémani, elle se resserre de manière à ne plus former qu'un ravin étroit. Rien de triste et de saisissant comme ces rochers nus, ces arbres sans vie, ces tombes serrées et en désordre des mahométans à l'ouest, des juifs, à l'est, ce torrent desséché et rocailleux du Cédron, ces souvenirs des prophètes martyrisés, du Fils de Dieu pleurant sous le poids de nos péchés et venant un jour rendre à chacun selon ses œuvres. Les principaux monuments qu'on y remarque sont la grotte de Jérémie, au nord de la porte Saint-Étienne, l'église de l'Assomption, le jardin de Gethsémani, un certain nombre de tombeaux anciens et la piscine de Siloë.

I

LA GROTTE DE JÉRÉMIE

Le prophète Jérémie fut maltraité, jeté en prison pour avoir prédit les châtiments dont le Seigneur allait punir les crimes de Jérusalem. Délivré par ordre de Nabuchodonosor, il se renferma pour écrire ses *Lamentations*, dans une grotte que nous avons sous les yeux. Cette grotte, qui peut avoir soixante pieds de haut et quarante de large, a servi depuis de sépulture à un santon musulman ; elle est gardée par un derviche qui n'ouvre sa porte que moyennant un bon bakchich. Tout à côté, on voit une citerne où Jérémie fut, dit-on, plongé dans la boue jusqu'au cou.

II

L'ÉGLISE SAINT-ÉTIENNE

Revenant au sud-est, nous sommes bientôt en face d'un rocher où les juifs lapidèrent le premier martyre de Jésus-Christ, le diacre saint Étienne.

L'église bâtie dès les premiers siècles sur le lieu de son supplice
a entièrement disparu depuis les Croisades. Mais tout dernièrement
notre compagnon de pèlerinage, le R. P. Mathieu Lecomte, domini-
cain de Poitiers, vient d'acheter le terrain ; il se propose de bâtir
un couvent-hospice où l'on recevra les Français qui voudront passer
quelque temps ou même finir leurs jours près des saints Lieux.

III

ÉGLISE DE L'ASSOMPTION

Soixante mètres plus bas, droit à l'est, on traverse, sur un pont
en maçonnerie, le lit du Cédron qui court au sud-est vers la mer
Morte. A une distance de 30 mètres, toujours a l'est, on a sur
sa gauche, la façade de la basilique de l'Assomption. Bâtie par sainte
Hélène et restaurée par les Croisés dans sa partie supérieure, cette
église a été occupée par les musulmans en 1187, remise au xve siècle
aux Franciscains et envahie par les Grecs en 1759. Maintenant elle
est au pouvoir des sectes dissidentes, à l'exclusion des Catholiques
dont les droits ont été cependant reconnus par plusieurs pièces offi-
cielles des sultans. On y descend par un large escalier de quarante-
huit marches. A la vingt et unième, dans le mur oriental, chapelle
et tombeaux de saint Joachim et de sainte Anne. De l'autre côté, un
peu plus bas, tombeaux et autels de saint Joseph et du vieillard Siméon. Tout au bas de l'escalier, autels et lieux de prières des Grecs,
des Cophtes et des Musulmans. De là tournant à l'orient, on arrive
à l'édicule qui contient, creusé dans le roc, le tombeau où reposa le
corps de l'auguste Marie. Comme au Saint-Sépulcre, on a laissé cet
édicule en saillie, en coupant le rocher tout autour ; il est carré,
recouvert à l'intérieur et à l'extérieur d'assez pauvres tapisseries.

Mais on ne peut l'apercevoir qu'à la lueur des lampes qu'y entretiennent les Schismatiques, les fenêtres qui l'éclairaient sont maintenant ensevelies sous les terres apportées par le Cédron.

Le fait de la Résurrection et de l'Assomption de Marie n'est pas encore rangé au nombre des dogmes de la foi, mais il n'est pas l'objet d'un doute parmi les Catholiques. Il ne convenait pas que le vrai temple vivant du Saint-Esprit fût livré à la corruption du tombeau. Selon la tradition rapportée par saint Jean Damascène, les Apôtres s'étaient réunis pour les funérailles de leur reine. Avant de retourner à leurs travaux, ils voulurent voir et vénérer une dernière fois l'Arche de la Nouvelle Alliance et firent ouvrir le tombeau qui la contenait. Ils n'y trouvèrent que les linges qui avaient servi à l'ensevelir; mais ils sentirent une odeur si délicieuse, qu'ils ne doutèrent pas un instant du miracle. L'apôtre Thomas était encore absent le jour où Marie fut portée au tombeau; mais instruit de sa mort par un ange, il s'empressa d'accourir à Jérusalem. Pour récompenser son zèle, l'auguste Vierge lui apparut montant aux cieux et lui laissa tomber une précieuse relique, sa *Ceinture*, que l'on conserve à Prato, en Toscane. Le rocher blanc, où ce fait ce serait passé, est à 50 mètres au sud-est de la basilique.

IV

GETHSÉMANI

Gethsémani. Au sortir de cette église, nous sommes toujours au bas du mont des Oliviers, en plein souvenir de la Passion. C'est à une vingtaine de mètres à l'est, la *Grotte de l'Agonie*, un jet de pierre plus loin au midi, le *Rocher* où Pierre, Jacques et Jean se laissèrent aller au sommeil; tout à côté le *Baiser*, ou le lieu de la trahison de Judas ; à l'ouest entre le Rocher et le Cédron, les huit vénérables oliviers conservés par les Franciscains ; enfin de 200 à 300 mètres plus loin au midi, l'endroit où Jésus tomba dans le Cédron, et où étaient restés les huit autres apôtres, durant la prière de Jésus, et où Judas se pendit de désespoir.

V

LA GROTTE DE L'AGONIE

La *Grotte de l'Agonie* † où l'on descend par un escalier de dix-sept marches, entièrement creusé dans le roc, peut avoir 12 mètres de long, sur 8 de haut et autant de large. Elle paraît bien, dans sa pauvreté et dans sa forme irrégulière, ce qu'elle était au temps de la Passion. Tous ses ornements consistent en quelques étoiles peintes à sa voûte que soutiennent trois piliers taillés dans le roc, et en un bas-relief de marbre blanc représentant Jésus étendu, la face contre terre et l'ange apparaissant pour le fortifier. C'est là que l'auguste victime, chargée du poids de nos péchés et prévoyant l'inutilité de ses souffrances pour un si grand nombre, éprouva cette sueur de sang qui inonda ses vêtements et coula jusqu'à terre. Ce fait est rappelé par une inscription gravée sous le principal autel : *Hic factus est sudor sicut guttæ sanguinis decurrentis ad ter-ram.* Quel bonheur d'offrir le saint Sacrifice à pareille place, d'y appliquer à ses frères le prix du sang versé par le Sauveur ! Au moment où je me disposais à prendre les ornements sacrés, un pèlerin me prie de vouloir bien l'entendre en confession. Quand on me voit assis pour cet office sur un banc placé au couchant de la grotte, bon nombre d'autres se succèdent, tant on y allait simplement ! c'est au point que je me demande quand je pourrai célébrer. Quelles grâces particuculières solliciter dans ce sanctuaire ? L'Église et Notre-Seigneur nous le disent assez nettement ; que le sang de Jésus-Christ garde nos âmes et nous conduise à la vie éternelle ! Mon Père, s'il est possible, que ce calice s'éloigne de moi ; votre volonté cependant et non la mienne !

On reconnaît le rocher sur lequel s'endormirent Pierre, Jacques et Jean durant l'agonie du divin Maître à trois empreintes de forme humaine à demi effacées. S'ils n'ont pu veiller une heure avec Lui, comment échapperions-nous au tentateur sans la vigilance et la prière ? A dix pas de là, au midi, au fond d'une impasse, une croix gravée sur le mur indique l'endroit précis où Judas trahit le Fils de Dieu par un baiser.

VI

LE JARDIN DES OLIVIERS

Ce qu'on appelle actuellement le Jardin des Oliviers est un espace d'environ quatre-vingts pieds de long sur cinquante de large, tout à côté du *Rocher des Apôtres,* que les Franciscains ont entouré d'une muraille haute de dix à douze pieds et transformé en un riant parterre. Les huit oliviers qu'on y voit encore, sont, selon toute apparence, les témoins de la prière du Sauveur, ou du moins des rejetons poussés sur leurs racines. On sait que l'olivier est un bois très vivace et qui croît lentement. Ce qui est certain, c'est qu'ils existaient quand les musulmans envahirent la Palestine, voilà plus de douze cent ans, puisqu'ils ne sont pas assujettis à l'impôt que paie tout arbre fruitier planté depuis. Ce sont des géants dans l'espèce ; plusieurs ont plus de 8 mètres de tour. Mais ils portent sinon le poids, au moins la marque des années.

Leur tronc tout creux, blanchâtre comme la poussière, largement ouvert en plusieurs endroits, n'a plus guère que l'écorce, quoiqu'il se couronne encore d'un gracieux feuillage. Pour les lester et les fortifier contre les coups du vent, quelquefois bien violent, on a rempli de pierres tous ces vides. Il y a défense d'en rien prendre sous peine d'excommunication, tant l'Église veille à leur conservation. Mais les bons gardiens se font un bonheur de donner aux pèlerins des morceaux de branches mortes ou taillées, des noyaux que l'on emporte comme de précieuses reliques. Pour donner à ce jardin le caractère qui lui convient et procurer aux visiteurs le moyen de satisfaire leur piété, les Franciscains y ont érigé dernièrement les quatorze stations en relief du chemin de la Croix.

Continuous notre marche au midi. La pente du mont des Oliviers est toute couverte de tombeaux. Les principaux sont ceux d'Absalon, de Zacharie, de saint Jacques le Mineur et de Josaphat. Ces monuments, les deux premiers surtout, ne manquent pas d'intérêt. Ils sont d'une seule pièce, taillés dans le roc, à quatre faces, ornés de colonnettes, chapitaux et autres travaux considérables. Ont-ils jamais contenu les restes des personnages dont ils portent les noms ? C'est très contestable. Jusqu'à ces dernières années, chaque mahométan, juif ou arabe qui passait par là se faisait un devoir de jeter une pierre contre ou dans le tombeau d'Absalon, afin d'exprimer son mépris pour ce fils dénaturé.

Entre ce tombeau et la porte Dorée ou Orientale du Temple, au fond du Cédron on voit un rocher portant l'empreinte des pieds du Sauveur. Quelques auteurs prennent à la lettre le verset du psaume : *De torrente in via bibet : parce qu'il boira sur son chemin de l'eau du torrent, il sera glorifié.* Ils affirment donc que brutalement poussé par ses bourreaux, Jésus tomba au fond du Cédron et y laissa dans le rocher la marque de sa chute qu'ils croient reconnaître encore aujourd'hui.

VALLÉE DE JOSAPHAT.

VII

LE MONT DU SCANDALE

Nous voilà en face du mont du *Scandale* qui n'est qu'un prolongement de celui des Oliviers. On l'appelle ainsi, parce que Salomon scandalisa son peuple en y bâtissant pour ses femmes idolâtres des temples qu'il n'osait élever dans Jérusalem. Une construction jaunâtre, d'une seule pierre, en forme de dé et ressemblant aux édifices égyptiens, est regardée par les savants comme le temple de la fille de Pharaon.

VIII

SILOÉ

Sur la même pente, le village de Siloé avec ses masures gris blanc se distingue à peine des tombeaux qui l'entourent. Ses mille habitants, divisés en deux partis, ne s'unissent que pour piller les étrangers. Comme j'ai fait cette visite en nombreuse compagnie, en allant à Béthanie, le lendemain de notre arrivée, 13 mai, je n'ai couru là personnellement aucun danger. Mais un de mes compagnons s'y étant aventuré seul, se vit bientôt assiégé par deux grands gaillards dont les intentions ne paraissaient pas douteuses. Heureusement il portait sous son bras une arme dont il n'avait pas prévu l'effet, un petit calice dans son étui. Comme il se disposait à le mettre dans sa poche, pour être plus libre de ses mouvements, il voit ses intéressants compagnons faire un soubresaut, pousser un cri et s'enfuir à toutes jambes. Il se demande d'abord ce que peut signifier cette manœuvre. Ce ne fut qu'un moment après qu'il éclata de rire en comprenant qu'ils ont pris l'étui de son calice pour celui d'un révolver.

IX

FONTAINE DE SILOÉ

La fontaine intermittente de Siloé ou de Rogel, qui jaillit au pied du mont Ophel, est en face. Les mahométans l'appellent de *siddi Miriam* (madame Marie), parce que l'auguste Vierge dut y venir puiser souvent, pendant son séjour au Temple. Ses eaux se déversent dans un canal que Salomon fit creuser dans le roc, et vont aboutir à la Piscine où Jésus opéra la guérison de l'aveugle-né, racontée au ixe chapitre de saint Jean. Les Chrétiens des premiers siècles avaient bâti là une église à Jésus Illuminateur ; il n'en reste que quelques tronçons de colonnes en calcaire du pays. Entre la fontaine et la piscine de Siloé, l'ancien *Jardin du roi*, et l'étang de Salomon, creusé dans la pierre, mais actuellement rempli, livré à la culture et contrastant par sa verdure avec le reste de la vallée. Un peu au sud-ouest, lieu du martyre et tombeau du prophète Isaïe. Selon la tradition, le roi Manassé, fatigué de ses reproches, le fit scier en deux par le milieu du corps avec une scie de bois.

X

PUITS DE JOB

Quatre cents mètres plus bas au sud-est, au milieu de la plaine, le *Puits de Job* (bir Ayoub) ou de Néhémie, rappelant un fait relaté au second livre des Machabées. Lors de la prise de Jérusalem par Na-

buchodonosor, les prêtres, avant de partir pour l'exil, avaient caché
le feu sacré qui brûlait sur l'autel du temple, dans un puits profond
et desséché. Néhémie, ayant obtenu du roi de Babylone, qui l'aimait,
de retourner dans sa patrie, pour y restaurer le culte sacré, ordonna
aux prêtres de chercher le feu sacré à la place où on l'avait déposé.
On n'y trouva qu'une eau bourbeuse. Néhémie s'en fit apporter, en
arrosa l'autel et les victimes qu'il offrait au Seigneur, et à peine eut-
elle été frappée des rayons du soleil que l'assistance étonnée en vit
jaillir des flammes. Le puits peut avoir cent pieds de profondeur.
La margelle, de deux pieds de haut, est entourée de pierres énormes
et d'auges nombreuses où l'on abreuve les troupeaux.

Les voisins y viennent chercher l'eau nécessaire au ménage, qu'ils
emportent dans leurs outres de peau de chèvres, à dos d'âne, ou suspendues en bandoulière en guise d'orgues de Barbarie. Cette eau
qu'on croit provenir du suintement des terres, ne laisse pas d'être
bonne à boire, quoique un peu saumâtre. Quand elle s'élève jusqu'à
fleur de terre, c'est un signe d'abondantes récoltes, et les habitants
de Jérusalem et de Siloé viennent célébrer tout autour des réjouis-
sances, chants, danses, etc., qui durent plusieurs jours. Au delà, la
vallée de Josaphat prend le nom de Ouadi-en-Nar (*vallée du feu*),
tant le soleil y est brûlant.

XII

VALLÉE DES FILS D'HINNOM, OU GÉHENNE

En revenant 200 mètres sur nos pas, au nord-ouest, nous sommes
dans la vallée des fils d'Hinnom ou Hennom, entre le mont Sion au
nord et celui du Mauvais Conseil au midi, à la limite des anciennes

tribus de Juda au sud-ouest et de Benjamin au nord-est ; Jérusalem appartenait à cette dernière.

La vallée d'Hinnom est célèbre par les sacrifices que les Israélites infidèles faisaient de leurs enfants à Moloch. La statue de cette prétendue divinité était d'airain, creuse, de forme humaine, avec des bras étendus et une tête de bœuf. Quand on voulait en obtenir une grande faveur, on la faisait chauffer intérieurement jusqu'au rouge, puis on déposait sur ses bras ses victimes préférées, de petits enfants. C'est ainsi que l'impie Manassès *fit passer ses fils par les flammes.* C'eût été un crime de pleurer ceux que le dieu daignait agréer. Pour que leurs parents n'entendissent pas leurs cris, on battait du tambour jusqu'à ce qu'ils eussent rendu le dernier soupir. De là le nom de *Tophet* (tambour) donné à cette vallée dans les Écritures. De là aussi le nom de Géhenne (Gé-Hinnom) pour désigner le supplice du feu, les tourments réservés aux ennemis de Dieu. On sait que les Carthaginois, descendants des Chananéens, avaient transporté ces abominables sacrifices sur les côtes d'Afrique et que, dans un grave danger de leur république, ils immolèrent jusqu'à trois mille enfants à leur dieu Moloch-Saturne ; tant l'oubli de la vraie religion aboutit sûrement à la violation des lois les plus sacrées de l'humanité ! Il fallut le zèle du saint roi Josias pour renverser cette idole à Jérusalem.

XIII

MONT DU MAUVAIS CONSEIL

Le mont du *Mauvais Conseil* est ainsi appelé parce qu'on y voyait la maison où le grand prêtre Caïphe proposa de livrer Jésus, pour ne pas exposer toute la nation à la colère des Romains. Le versant

nord-est de cette montagne est tout couvert de caveaux funéraires
creusés dans le rocher, qui servirent d'habitation aux cénobites jusqu'au xii* siècle. Un des plus remarquables est celui où l'on croit
que huit apôtres se réfugièrent pendant que Jésus comparaissait devant
ses juges, et qui aurait servi de tombeau au grand prêtre Anne. Un
pieux solitaire, saint Onuphre, vint y habiter au iii* siècle. On en a
fait depuis une chapelle dont il reste encore des peintures.

Un peu plus haut est le champ du potier, le *Champ du sang* (Ha-
celdama) acheté avec les trente deniers de Judas et destiné à la sépulture des étrangers, à celle des Arméniens en ces derniers temps. Les
monuments qu'on y voit remontent aux Croisés. Enfin mentionnons
une vieille piscine comblée, à l'ouest de laquelle la vallée prend le
nom de Géhon ; l'aqueduc à neuf arches de Salomon, construit ou
réparé par ce prince et amenant les eaux de la *Fontaine Scellée* dans
un grand bassin de la mosquée d'Omar ; une ancienne chapelle de
saint Babylas, dite maintenant de saint Georges et transformée dernièrement en hospice d'aliénés. Le traitement adopté est simple et
économique entre tous. Nourriture : du pain sec et de l'eau fraîche ;
visites et interrogatoires fréquents du directeur, et à chaque parole
déraisonnable des pensionnaires, un coup de fouet. On assure que
cela réussit.

Nous sommes dans le champ du Foulon à la porte de Jaffa ; nous
avons fait le tour de Jérusalem. Assez pour aujourd'hui.

CHAPITRE XVII

MONTAGNE DES OLIVIERS

Le jeudi 18 mai, fête de l'Ascension, nous franchissons, dès quatre heures du matin, la porte Saint-Étienne et le Cédron, et, munis d'un autel portatif, nous gravissons la colline d'où, à pareil jour, Jésus s'élança vers les Cieux. Le lieu de l'Ascension est à l'orient de Jérusalem, à 1,500 mètres de l'ancien Temple, distance que les juifs ne croyaient pas pouvoir dépasser le jour du Sabbat; à 850 mètres au-dessus du niveau de la Méditerranée et à 1,240 au-dessus de la mer Morte.

Arrivés au jardin de Gethsémani, nous prenons le sentier à notre gauche, qui est moins raide, et nous arrivons bientôt à l'endroit où, selon la tradition conservée par saint Epiphane et Juvénal, évêques de Jérusalem, l'ange Gabriel annonça à Marie que dans trois jours elle serait réunie à son divin Fils. Il ne reste plus trace de l'oratoire élevé là par les premiers chrétiens. En continuant notre marche dans la même direction, nous arriverions trois cents pas plus loin au sommet septentrional de la colline, appelé *Viri Galilæi*, où l'on voit les ruines d'un vaste couvent.

CÈDRES DU LIBAN.

I

COUVENT DU PATER

Màis ce n'est pas le moment des visites : nous tournons à droite et au bout d'un quart d'heure, nous sommes au *Pater*, où nous devons célébrer. Ce gracieux couvent tranche vivement par sa blancheur sur le bleu du ciel et sur la couleur grisâtre du rocher. Il a été bâti en 1869 par Mme la princesse de la Tour-d'Auvergne et donné à des carmélites dont une des principales occupations est de prier, à l'endroit même où Jésus enseigna pour la seconde fois la prière par excellence, le *Pater,* à ses disciples. Nous y avons surtout remarqué le cloître gothique sur les murs intérieurs duquel trente-deux tableaux de faïence présentent l'*Oraison dominicale* en autant de langues tant anciennes que modernes. J'ai été tout fier d'y voir le *breton* faire fort bonne figure en compagnie de l'hébreu, du syriaque, du grec, latin, arabe, arménien, français, allemand, anglais, espagnol, italien, turc, chinois, sanscrit, thibétain, etc. Déjà quarante autels, où autant de prêtres disent la messe depuis trois jusqu'à neuf heures, sont établis sous ce cloître et dans la chapelle voisine. Je dresse le mien à l'angle nord-est, et suivant la touchante expression d'un pèlerin, la colline, toute ruisselante du précieux sang, honore dignement le mystère du jour. — A sept heures, messe solennelle, communions nombreuses, malgré celles qui ont déjà précédé, et sermon touchant par le R. P. Briant, missionnaire de Poitiers, sous une tente adossée à l'ouest du cloître, en face de Jérusalem, de ses coupoles et de ses mosquées. Cérémonie grandiose assurément ; mais comme tout le monde cherche à se mettre en position de voir et d'entendre, je me dis que les fleurs et les légumes des bonnes carmélites auront à subir plus d'un accident. Après la messe, nous visitons, au sud-ouest de l'enclos, les restes d'une vieille église et une citerne devenue l'église du *Credo*. Les Apôtres, avant de marcher à la conquête du monde, s'y étaient réunis pour fixer les douze articles du symbole qu'ils devaient prêcher.

II

LIEU DE L'ASCENSION

Il nous restait à voir le rocher sur lequel Jésus, au moment de retourner vers son Père, daigna laisser les vestiges de ses pieds adorables, Il se trouve au point le plus élevé de la montagne, au milieu d'une grande cour fermée. Sainte Hélène avait élevé là une rotonde qui demeura ouverte à son point central, parce que, dit une pieuse tradition, il fut impossible de fermer l'endroit par où était passé le Sauveur. Charlemagne établit pour la garde de ce sanctuaire des Bénédictines que les Croisés remplacèrent par des chanoines de saint Augustin. A la chute du royaume latin, l'église disparaît, et les musulmans font bâtir à la place une petite mosquée à coupole et à colonette de marbre, en l'honneur du grand prophète Issa. L'empreinte du pied *gauche* du Sauveur (l'autre a été enlevée) maintenant en partie effacée par les baisers des fidèles, était nettement tracée au temps de saint Jérôme. Selon saint Cyrille, Jésus remontant au ciel était tourné le dos vers Jérusalem et les yeux vers l'Occident, comme pour indiquer qu'il reniait la nation juive et qu'il cherchait un peuple nouveau. Avec quel respect et quel bonheur nous fixons nos regards, nous appliquons nos lèvres sur cette pierre vénérable ! Bien plus, les directeurs du pèlerinage et quelques prêtres privilégiés purent offrir là le saint Sacrifice.

Chaque année, à pareille époque, les mahométans, moyennant

finances, mettent leur mosquée à la disposition des Franciscains, depuis le mercredi à trois heures du soir jusqu'au jeudi à six heures du matin. Les bons religieux couvrent de tapisseries les murailles poudreuses et barbouillées d'innombrables inscriptions ; ils chantent solennellement vêpres et matines, et à partir de minuit ils offrent le saint Sacrifice sur deux autels portatifs, excepté durant la grand'messe. Cette année ils ont charitablement cédé leur place aux pèlerins. Cette année aussi le concours des fidèles a été plus nombreux que jamais, et à cause de notre présence, et parce que, chose assez rare, les schismatiques faisaient leur Pâques et les fêtes qui suivent le même jour que nous.

Toutes les sectes, Cophtes, Arméniens, Grecs, Abyssins, étaient là représentées et faisaient l'office, chacune sous sa tente, à sa manière et dans sa langue. Ajoutez les tentes des drogmans, des consuls et des Franciscains, et vous comprendrez que la cour soit remplie, malgré son étendue.

Du haut du minaret d'où un derviche vient d'appeler à la prière en criant : *Allah ! Dieu seul est Dieu et Mahomet est son prophète*, ravissant coup d'œil, non seulement sur Jérusalem, ses monuments et ses vallées, mais sur les collines de Juda et d'Ephraïm, sur les montagnes des Ammonites et de Galaad qui forment comme une muraille crénelée au sud-est; sur la mer Morte qui resplendit comme un miroir aux rayons du soleil, sur la vallée du Jourdain qui contraste par sa verdure avec les rochers nus dont elle est encadrée ; c'est une excellente place pour faire en abrégé le voyage du Jourdain.

En descendant, nous jetons un coup d'œil au midi sur une grotte transformée en mosquée, où une femme, célèbre par sa beauté et ses désordres, la *perle d'Antioche*, comme on l'appelait, depuis sainte Pélagie, vint finir sa vie dans d'effrayantes austérités. Pour rentrer en ville nous prenons au midi un autre sentier que celui du matin ;

nous passons à côté de l'endroit où Jésus pleura sur Jérusalem coupable (*Dominus flevit*), à côté d'un tombeau dit des *Prophètes*, peut-être d'Aggée et de Zacharie, et bientôt nous sommes à Gethsémani et nous finissons la journée à l'église patriarchale.

IV

BÉTHANIE

Un certain nombre de nos compagnons profitent de l'occasion pour voir Béthanie, qui n'est qu'à vingt minutes de Zeïtoun, sur le versant sud-est de la montagne des Oliviers. (J'avais fait cette excursion le samedi précédent, 13 mai.) On passe près des ruines récemment découvertes de Betphagé où Jésus prit l'ânesse sur laquelle il entra triomphant dans Jérusalem. Longtemps les Franciscains ont fait, en passant par là, le dimanche des Rameaux, de Béthanie à Jérusalem, une procession à laquelle ils ont dû renoncer dernièrement.

Béthanie, où Jésus allait volontiers prendre l'hospitalité dans une famille affectionnée, est à une forte demi-lieue de Jérusalem ; elle ne compte que 300 habitants, tous mahométans. On y voit, à commencer par le sud-est, *la Pierre du Colloque*, *le Tombeau de Lazare*, *la Maison de Simon le Lépreux* et celle de *Lazare*, *Marthe et Marie*. La pierre du Colloque, à dix minutes au delà de Béthanie, est une table de calcaire sur laquelle aurait eu lieu le dialogue entre Jésus, revenant des bords du Jourdain, et Marthe accourue à sa rencontre : Seigneur, si vous aviez été ici, mon frère ne serait pas mort. — Votre frère ressuscitera : je suis la résurrection et la vie.

Le tombeau de Lazare, actuellement sous les débris d'une ancienne église, a toujours été l'objet d'une grande vénération, même de la part des mahométans ; ils croient qu'ils perdraient leurs enfants s'ils venaient à y manquer. C'est une grotte souterraine, pratiquée dans un calcaire tendre, qui s'est décomposé et qu'il a fallu soutenir par des voûtes de maçonnerie de forme ogivale. Il y a deux compartiments d'égale grandeur, trois mètres carrés environ ; la chambre inférieure où le corps de Lazare reposa quatre jours ; et la chambre supérieure, où l'on entre par un couloir ouvrant à l'ouest, et où se trouvait Jésus quand il prononça cette parole toute-puissante : « Lazare, viens dehors » ; et où les Fransciscains dressent leur autel quand ils viennent dire la messe à Béthanie.

La maison de *Simon le Lépreux*, où Marie-Madeleine répandit un vase de parfum sur la tête du Sauveur est à 150 mètres à l'ouest du tombeau. Les pierres de l'oratoire construit au-dessus sont dispersées.

L'emplacement de la maison de Lazare, Marthe, et Marie, où Jésus prononça cette maxime fondamentale de vie chrétienne : *Une seule chose est nécessaire*, se reconnaît à quelques débris d'un couvent bâti par les Croisés. On sait qu'après l'Ascension du Sauveur, les juifs, pour se débarrasser des témoins de sa puissance et de sa bonté, jetèrent Lazare, Marthe, Marie et plusieurs autres disciples, sur une barque sans voiles et sans gouvernail. La Providence les conduisit sur les côtes de Provence. Lazare, devenu premier évêque de Marseille, donna volontiers son sang pour l'*ami qui lui avait rendu une première fois la vie*. Marthe, remontant les bords du Rhône s'arrêta à Tarascon où l'on conserve ses reliques. Marie-Madeleine s'enfonçant dans les montagnes voisines vécut trente ans de racines et de prières. La *Sainte-Baume* (*grotte,* en provençal) était sa demeure, et deux fois le jour, selon la tradition, elle était transportée sur une roche voisine (le saint *Pilon*) où Celui qu'elle avait tant aimé ouvrait son âme aux plus ravissantes contemplations ; tant il est vrai que Dieu pardonne les péchés les plus énormes à qui sait les racheter

par un repentir et un amour sincères. Le corps de sainte Madeleine
est resté dans la basilique de saint Maximin jusqu'à la Révolution,
et son front conserva, dit-on, jusqu'à la même époque, la marque des
doigts que le Sauveur y avait appliqués, quand il lui apparut après
sa Résurrection et lui dit *Noli me tangere ;* ne t'arrête pas en ce
moment à ces démonstrations de tendresses ; tu auras le temps
plus tard : je ne remonte pas immédiatement à mon Père. Cette
relique est conservée dans l'église de saint Maximin.

CHAPITRE XVIII

LA MER MORTE

Je ne puis me dispenser de vous dire quelques mots de deux ou trois localités des plus intéressantes, quoique je ne les aie pas vues de près. Mon intention, en partant pour la Terre-Sainte, était bien de visiter le Jourdain, la mer Morte et Jéricho. Mais de Jérusalem c'est encore une course d'une vingtaine de lieues. On nous demandait d'abord 80 et 70 francs, pour nous y conduire : Grâce à la concurrence, on rabattit de ces exigences, et ceux qui eurent la patience d'attendre purent y aller pour 35. Ajoutez le danger des Bédouins toujours prêts au pillage, quand on n'a pas bonne escorte, et celui d'une chaleur qui dépasse 50 degrés au milieu du jour. Je n'étais pas en état d'entreprendre ce voyage les premiers jours qui suivirent notre arrivée, et quand les forces me furent revenues, le temps me fit défaut. Ce que j'ai appris du Fr Liévin. et de mes compagnons suffira pour vous édifier.

I

SAINT SABBAS

La mer Morte et le Jourdain sont à dix lieues environ au midi de Jérusalem. En prenant la vallée du Cédron, on arrive au bout de trois

heures à une des constructions les plus pittoresques que l'on puisse
imaginer. C'est une espèce de forteresse, flanquée de nombreuses
et puissantes tours, perchée à quatre cents pieds au-dessus du torrent,
un couvent bâti au v⁰ siècle par un intrépide défenseur de
l'orthodoxie, la merveille de son temps, le moine saint Sabbas, qui
lui a laissé son nom. On y comptait quatre mille moines, quand il fut
détruit par Chosroès, en 615, sans compter les dix mille qui
vivaient dans les antres les rochers aux alentours et qui obéis-
saient au même supérieur ; cela constituait une Laure. Il n'y a plus
là maintenant que cinquante schismatiques grecs, qui y mènent une
vie fort austère. Dieu prenne en pitié leur bonne volonté et leur
ignorance !

Quand on arrive à la porte du couvent, le moine placé en senti-
nelle fait descendre par une fenêtre une corbeille où l'on doit déposer
le permis d'entrer délivré par le patriarche schismatique de Jérusalem. La pièce visée, le portier fait fonctionner ses clefs monumen-
tales, et la lourde porte tourne sur ses gonds. Mais n'oubliez pas de
donner le bakchich d'usage et au portier et au moine qui vous fera
visiter le monastère. Ces graves personnages, comme dit le Fr.
Liévin, ne se déplacent pas pour le seul plaisir de contempler les
beaux yeux des Occidentaux. Il y aurait beaucoup à voir ; bornons-
nous à l'église Saint-Nicolas, entièrement creusée dans le roc, dès les
premiers siècles du christianisme ; l'ossuaire des quatre mille moines
massacrés par Chosroès, une terrasse d'où l'œil s'étend à perte de
vue ; le palmier planté par saint Sabbas, voilà bientôt quatorze cents
ans, la bibliothèque riche, sans doute, de précieux manuscrits, mais
dont les moines ne secouent guère la poussière, la chapelle et le
tombeau de saint Jean Damascène, et surtout la vénérable grotte que
saint Sabbas partageait avec les animaux.

II

LÉGENDE

Un jour qu'il était sorti, dit la légende, il la trouva à son retour
occupée par un lion. Confiant en Dieu, il y rentre et se met comme à
l'ordinaire à réciter son office, puis il s'endort. Le lion le prend par
la manche de son habit et le traîne dehors. A son réveil, le moine
rentre, recommence son office et s'endort une seconde fois. Même
manœuvre du lion, même confiance du moine. Mais ne voulant pas
être ainsi indéfiniment dérangé, Sabbas jette un regard sur son nouveau compagnon et lui dit d'un ton sévère : N'y a-t-il donc pas place
pour deux ici? En même temps il lui montre de la main un coin de
la grotte. Le lion s'y installe en silence, et dès lors ils vivent tran-
quillement l'un à côté de l'autre. Les lions n'y ont plus un libre accès
maintenant, mais les oiseaux sauvages viennent encore manger fami-
lièrement dans la main des moines.

L'entrée du couvent est interdite aux femmes ; on ne reçoit que
leurs présents ; mais elles peuvent se reposer dans une tour voisine
dite de l'*Hospitalité*, où l'on monte par une échelle.

III

DÉSERT

Pour arriver à la mer Morte, il faut encore cinq heures de march
par les sentiers et les déserts les plus affreux. Là pas un oiseau, pas
une feuille, pas une mousse, pas la moindre trace de végétation
mais des monceaux de poussière noirâtre que le vent sillonne à son
gré, des montagnes à l'aspect volcanique ; des pierres roulées, les

unes amoncelées, éparses, d'autres qui ressemblent à des blocs de lave durcie et gercée par le temps : des abîmes où nul sentier ne conduit. Monté sur un point élevé, c'est, à perte de vue et dans toutes les directions, un labyrinthe d'avenues, de montagnes déchirées, cassées en morceaux gigantesques, renouées les unes aux autres par des chaînes semblables. A l'approche de la mer Morte le terrain présente un aspect plus étrange encore. Le sol blanchâtre ressemble à une espèce de cristallisation qui cède et s'écaille sous vos pas, comme une couche de neige glacée à la surface. Les pierres, d'une blancheur éclatante au dehors, sont toutes noires à l'intérieur : quand on les approche du feu, elles brûlent comme du charbon et répandent l'odeur du bitume.

<h2 style="text-align:center">I V</h2>

<h3 style="text-align:center">LA MER MORTE</h3>

La *mer Morte* (1,200 mètres au-dessous de Jérusalem, 400 au-dessous de la Méditerranée), encaissée entre les montagnes de Juda à l'ouest et celles de Moab à l'est, peut avoir vingt-cinq lieues de long sur cinq de large et 350 mètres dans sa plus grande profondeur. Elle est ainsi appelée parce que aucun être animé, habitué même aux eaux les plus salées, ne peut vivre dans son sein. A son approche les poissons du Jourdain rebroussent chemin, ou sont immédiatement asphyxiés. Il y aurait exagération à dire que l'air environnant est également mortel. Mais il ne faudrait pas trop s'y fier, paraît-il. Un intrépide explorateur, le lieutenant américain Lynch raconte qu'ayant eu la curiosité d'y tenter une excursion, il vit tous ses compagnons céder l'un après l'autre à une envie de dormir insurmontable. Leur morne assoupissement, l'expression de leur visage échauffé et bouffi, la solitude, le silence qui régnait autour de lui le frappèrent d'une vraie terreur et lui firent dresser les cheveux sur la tête ; il croyait voir l'ange de la mort planer au-dessus de sa tête.

On l'appelle encore : *Mer de Sel*, à cause de l'amertume extraordinaire de ses eaux, qui sur cent parties en contiennent vingt-six de sels, tandis que ailleurs les plus salées n'en ont que quatre sur cent (1) ; lac Asphaltite, à cause de l'asphalte, bitume brillant, noir, dur et cassant, qui, à des époques irrégulières, monte de ses profondeurs à sa surface où il forme comme une île flottante. — Les baigneurs, même inexpérimentés, peuvent s'y hasarder sans crainte de s'y noyer ; le corps y surnage comme un morceau de liège sur une eau ordinaire. Mais il faut avoir la précaution de s'y bien couvrir, de ne plonger ni la bouche ni les yeux dans ce liquide et de se laver ensuite avec de l'eau ordinaire : ce liquide, malgré sa limpidité, vous produit dans les yeux l'effet du tabac, dans la bouche celui d'un acide des plus brûlants, et vous laisse sur tout le corps une couche de sel des moins agréables.

L'espace compris sous ces flots, au moins la pointe du midi, qui n'a qu'une dizaine de mètres de profondeur, formait autrefois une plaine magnifique, un jardin délicieux. Mais les villes de Sodome, Gomorrhe, Adama, Séboïm et Ségor s'étant livrées aux vices infâmes que leur reproche l'Écriture, et les dix justes cherchés par Abraham ne s'y étant pas trouvés, le Seigneur les frappa de sa foudre ; les puits de bitume environnants s'embrasèrent ; le sol miné par le feu s'effondra et l'incendie creusa cette mer qui rappellera jusqu'à la fin des siècles la miséricorde et la justice de Dieu. — La statue de sel en quoi fut changée la femme de Loth se voyait encore du temps de saint Jérome ; elle a disparu.

(1) D'après l'analyse de Gay-Lussac, sur cent parties, il y en a sept de sel marin, quatre de muriate de chaux, quinze de muriate de magnésie.

V

LE JOURDAIN

En remontant au nord-est de la mer Morte, on arrive sur les bords
du Jourdain, à l'endroit où se sont passés plusieurs faits des plus
importants. C'est là que, sous la conduite de Josué, le peuple de
Dieu franchit le fleuve à pied sec, dans un endroit où il a 70 mètres
de largeur et où sa violence entraîne les plus forts nageurs ; sa pente
est de vingt-quatre pieds par lieue. A peine l'Arche fut-elle descen-
due dans le lit du fleuve que les eaux supérieures s'amoncelèrent et
formèrent une espèce de montagne, tandis que les inférieures s'écou-
laient vers la mer Morte. C'est là qu'Elie, enlevé sur un char de feu,
laissa tomber son manteau à son disciple Élisée ; que Naaman, chef
de l'armée du roi de Syrie, vint se laver sept fois sur l'ordre du
prophète Élisée, et fut complètement guéri de sa lèpre. C'est là surtout que Jean-Baptiste prêchait la pénitence ; que Jésus voulut recevoir le baptême et communiquer aux eaux la vertu de sanctifier, et
que les cieux s'étant ouverts, le Saint-Esprit descendit sous forme
d'une colombe et une voix se fit sntendre : « Celui-ci est mon fils
bien-aimé en qui j'ai mis toutes mes complaisances. »

En tout temps on trouve là une luxuriante végétation, des arbres
vigoureux, on entend le doux ramage des oiseaux. Mais cette verdure cache des hôtes incommodes, chats-tigres, sangliers, etc. —
Un peu plus au nord, ruines de Galgala, premier campement des
Israélites dans la Terre-Promise ; autel élevé avec les douze pierres
prises au fond du Jourdain en mémoire du passage miraculeux ; ces
pierres, encore mentionnées au xiiᵉ siècle, ont disparu. Là encore
la manne cessa de tomber ; Saül fut reconnu roi de tout Israël, puis

rejeté pour avoir offert lui-même des sacrifices à Dieu, ce qui n'était permis qu'aux prêtres descendants de Lévi.

VI

JÉRICHO

En revenant, à une demi-heure au sud-ouest, nous sommes à Jéricho dont les murailles tombèrent au son des trompettes lévitiques. Hérode en fit un séjour vraiment royal; Titus la détruisit; relevée par Adrien, devenue ville épiscopale sous Constantin et plus tard enrichie de plusieurs couvents, ce n'est plus qu'une misérable bourgade du nom de Rihha, de trois cents Bédouins, voleurs et cruels, gardée par trois barchibouzouks (gendarmes). Des palmiers et des roses qui la rendirent célèbre, il ne reste que le souvenir, et à la place des buissons, la plante singulière, appelée rose de Jéricho, et qui a la propriété de s'épanouir toutes les fois qu'on la laisse plonger dans l'eau quelques heures, n'a rien de commun avec les roses. On montre à Jéricho l'emplacement de la maison de Zachée et le lieu où s'élevait le sycomore sur lequel il monta pour voir passer le Sauveur. — A vingt-cinq minutes de Jéricho, une source très abondante porte le nom d'*Élisée* depuis que ce prophète corrigea l'amertume de ses eaux en y jetant du sel.

On peut de là faire une excursion jusqu'à la *montagne de la Quarantaine* qui a environ 500 mètres de haut. La grotte où le Sauveur jeûna quarante jours et quarante nuits, avant de commencer ses prédications, est au milieu de la montée et d'un accès peu commode.

Dès les premiers siècles du Christianisme, elle a été l'objet d'une profonde vénération. Des scènes évangéliques sont encore peintes sur le rocher; actuellement elle sert de chapelle aux Grecs. Le sommet de la montagne contient les ruines d'une ancienne église dite de la *Tentation*. C'est là que le démon aurait transporté le divin Maître pour lui montrer et lui offrir tous les royaumes du monde, qui ne lui appartiennent pas. Ce lieu est vraiment bien choisi pour prêcher la pénitence : rien de plus austère.

En reprenant la route de Jérusalem, à la *Fontaine d'Élisée*, on passe près des ruines de Kakoun où Jésus guérit un aveugle, et au lieu où le bon Samaritain aurait secouru le malheureux tombé entre les mains des voleurs ; puis, près d'une fontaine dite *des Apôtres*, parce que les compagnons du Sauveur ont dû s'y désaltérer. L'eau en est bonne, mais remplie de sangsues ; il faut la passer à travers un linge avant d'en user. De là, l'antique *Bahurim*, Béthanie et le Mont des Oliviers sont les seuls lieux importants qui séparent de Jérusalem.

CHAPITRE XIX

LA PROVIDENCE ET LE PEUPLE DE DIEU

Après la description de la Terre Sainte, après les souvenirs si touchants des Patriarches et des Prophètes, de Notre-Seigneur, de sa Mère et de ses premiers disciples, recueillons les principaux enseignements que donne la vue de cette terre autrefois bénie de Dieu et maintenant frappée de ses malédictions.

Sans doute les Écritures et la sainte Église ne nous laissent pas ignorer ce qu'il importe de croire et de faire pour arriver au salut. Mais les faits, les exemples parlent plus haut, remuent plus profondément que les paroles les plus éloquentes. Nos maîtres du jour ont fait grand bruit *des leçons de choses*, nécessaires, disent-ils, pour former l'esprit du jeune âge. On a pu rire du mot; mais ne jugeons pas la méthode d'après ses parrains. De fait, il n'y a là de nouveau que le nom. Le procédé, pratiqué dans une mesure convenable, peut donner les meilleurs résultats. La preuve, c'est que le Créateur et le premier *instituteur* du genre humain l'a employé pour former *son peuple*, et par lui, l'humanité tout entière. Il s'agissait d'un disciple peu ouvert, peu désireux de se·gêner pour s'instruire, de faire entrer dans son esprit et dans son cœur, d'y graver en traits ineffaçables les grandes vérités qui sont le fondement de toute morale et de toute société, la croyance à un maître tout-puissant, infiniment sage, juste, saint et bon, l'horreur du péché, l'amour et le courage du bien. Eh bien! à chaque pas, dans cette terre privilégiée vous êtes en face d'un fait, d'un souvenir qui vous crie: Ayez donc confiance en Dieu, servez-le généreusement, et il ne vous abandonnera pas. Mais craignez de l'offenser, même dans le secret, il lit au fond des cœurs; autant il est bon et miséricordieux pour l'âme fidèle ou repentante, autant il est juste et sévère pour qui viole sa loi et s'obstine dans la désobéissance. Attachez-vous à qui le craint et fuyez qui l'outrage; dans l'autre vie il rend à chacun selon ses œuvres; ni les familles ni les sociétés n'ont d'existence au delà du tombeau; elles sont traitées ici-bas en raison de leur conduite; et vous ne devez pas compter sur un miracle pour échapper au sort de ceux auxquels votre sort est lié. Je ne puis mentionner les lieux où se sont passés ces évènements qui nous donnent ces leçons et vous dire : ici le Seigneur a fait parler sa bonté, sa tendresse, sa miséricorde; là, sa sainteté et sa justice; il faudrait nous remettre sous les yeux toute l'histoire de l'Ancien et du Nouveau Testament. Qu'il suffise de rappeler les faits qui rendent ces vérités plus sensibles.

N'est-il pas vrai que le Seigneur est constamment avec Abraham, Isaac et Jacob, qu'il les conduit comme par la main, les éclaire dans leur ignorance, les assiste dans leurs besoins, les protège contre leurs ennemis, récompense leur foi, soutient leurs espérances par d'ineffables promesses, dispose les esprits en leur faveur, bénit qui leur fait du bien et châtie qui voudrait les outrager? Quand cette famille est menacée de la famine, Dieu lui prépare un sauveur dans la personne de Joseph vendu par ses frères. Quand, devenue un grand peuple, Pharaon se dispose à l'anéantir, Dieu lui suscite un libérateur qui commande en maître aux éléments. A la voix de Moïse, les fléaux se déchaînent sur les Égyptiens, la mer Rouge entr'ouvre ses flots pour laisser un passage aux enfants d'Israël, et les ramène pour engloutir Pharaon et son armée ; les vents, les nuées du ciel et les rochers du désert se font pendant quarante années les pourvoyeurs de cette innombrable multitude.

Sous Josué, les Juges et les Rois, même protection de Dieu, mêmes prodiges. Le Jourdain suspend son cours en présence de l'Arche, les murailles de Jéricho s'écroulent, le soleil s'arrête, les Chananéens sont écrasés, et le peuple chéri trouve des vignes qu'il n'a point plantées, des moissons qu'il n'a point semées. S'il s'abandonne à l'idolâtrie, le châtiment n'est pas loin. Mais qu'il crie vers le Seigneur, le secours arrive d'où il semble qu'on devait moins l'attendre. Ainsi, pour n'en citer que quelques exemples, une femme, Débora, met en fuite les Philistins du Nord; Gédéon et ses trois cents braves dispersent une immense armée de Madianites qui couvraient la terre comme une nuée de sauterelles; Samson et Samuel avec un petit nombre de compagnons renversent le joug des Philistins du Midi. Saül, David et Salomon sont également victorieux tant qu'ils observent la loi du Seigneur. Mais d'où viennent la ruine de Sodome et Gomorrhe, l'extermination des peuples de Chanaan, sinon de leurs crimes abominables?... D'où viennent la captivité des Israélites, les défaites de leurs princes, sinon de leur infidélité? Saül, devenu orgueilleux et désobéissant, est rejeté du trône ; David s'abandonne à une passion coupable, il voit le désordre dans sa famille, son fils Absalon se révolter contre lui. Il cède à un mouvement de vanité, et la peste lui enlève soixante-dix mille sujets. Salomon scandalise son peuple par l'oubli du Seigneur et par d'ignobles dérèglements ; il apprend que son royaume sera divisé et qu'il n'en restera que la plus petite partie dans sa postérité, en considération de David et du Messie à venir.

Les rois d'Israël, presque tous impies et idolâtres, ne sont pas traités autrement. En vain le Seigneur leur envoie ses prophètes pour les instruire, opère sous leurs yeux les plus éclatants miracles, les délivre de leurs ennemis, leur fait les plus magnifiques promesses, leur annonce et exerce ostensiblement ses vengeances ; ceux même dont il s'est servi comme d'instruments sont à peine montés sur le trône qu'ils s'abandonnent aux mêmes crimes ; ils subissent le même sort. Les tribus schismatiques ayant imité l'infidélité de leurs princes, Samarie est livrée aux Assyriens; ses habitants sont transportés en Médie et dispersés parmi les Gentils.

Dans le royaume de Juda, c'est une alternative de prospérités ou de revers selon que les rois se montrent zélés pour l'observation de la Loi, comme Asa, Josaphat, Ezéchias et Josias, ou qu'ils s'en éloignent comme Achab, Manassès, Amon, Sédécias. Ezéchias obtient par ses prières l'anéantissement de l'innombrable armée de Sennachérib. Mais quand les crimes de Juda sont arrivés à leur comble, Jérusalem est détruite par Nabuchodonosor et ses habitants sont emmenés à Babylone.

Au retour de la captivité, les enfants de Juda, instruits par cette dure leçon, ne retournent plus à l'idolâtrie et le Seigneur leur donne les plus éclatantes victoires par la main vaillante des Machabées. Mais quand ils refusent de reconnaître le Messie promis à leurs pères dans la personne du Sauveur Jésus, malgré les prophéties si clairement réalisées en sa personne, malgré la voix du Père éternel qui, du haut du ciel le proclame son fils bien-aimé, malgré les miracles si nombreux et si éclatants opérés sous leurs yeux ; quand ils le poursuivent avec acharnement jusqu'à la mort de la Croix, ils attirent sur eux et sur leur postérité le plus épouvantable châtiment dont l'histoire nous ait conservé le souvenir.

Les Prophètes, Daniel surtout (chap. IX), avaient annoncé cinq cents ans à l'avance, avec une étonnante précision, l'ingratitude du peuple choisi et les vengeances du Seigneur: « Le Christ, dit-il, sera mis à mort et ce peuple ne sera plus son peuple, parce qu'il l'aura renié. Un autre peuple viendra, avec son chef qui détruira la cité et le sanctuaire, et la fin sera la destruction. L'oblation et le sacrifice cesseront; l'abomination de la désolation sera dans le Temple et persévèrera jusqu'à la fin. » Jésus, au moment d'être livré à ses ennemis, renouvelle les mêmes menaces, (S. Luc, ch. xix). Ville ingrate, dit-il, en pleurant sur sa destinée, si tu savais ce qui peut te procurer le bonheur, même aujourd'hui! Mais tu t'obstines dans ton aveuglement! Aussi des jours viendront où tes ennemis t'environneront, t'enfermeront de toutes parts, toi et tes fils, renverseront tes murailles et ne laisseront pas en toi pierre sur pierre, parce que tu n'as pas connu le temps où tu étais visitée!

CHAPITRE XX

RUINE DE JÉRUSALEM

I

JÉSUS FILS D'ANANUS

Ces prédictions ne tardèrent pas à s'accomplir. Quelques années plus tard, dit un témoin oculaire, un juif, l'historien Josèphe, un nommé Jésus, fils d'Ananus, étant venu à Jérusalem, à la fête des Tabernacles, lorsque la ville était encore dans une paix profonde, commença tout à coup à élever la voix dans le temple : Voix de l'orient, voix de l'occident, voix des quatre vents ; voix contre les nouveaux époux, contre les nouvelles épouses, contre tout le peuple ! Puis, courant nuit et jour les places et les rues de la ville, il poussait les mêmes cris. On l'arrête et on le charge de coups ; sans proférer une parole ni pour lui ni contre ceux qui le maltraitent, il continue à répéter ses lamentables accents.

Les magistrats, persuadés que c'était en lui une impulsion surhumaine, le conduisent à Albin, gouverneur de la Judée. Battu de verges et déchiré jusqu'aux os, il ne supplie personne, ni ne verse une larme ; mais, à chaque coup, il répond d'une voix lugubre : Malheur ! Malheur à Jérusalem ! — Interrogé qui il est, d'où il vient,

pourquoi il crie de la sorte, il ne répond rien, mais continue à crier :
Malheur! Malheur à Jérusalem! Remis en liberté comme un insensé,
jamais on ne le vit parler à personne, dire une injure à ceux qui le
battaient journellement, remercier ceux qui lui donnaient à manger ;
sa seule réponse à tous était sa sinistre lamentation qu'il poussait
avec plus de force encore les jours de fête.

Il continua ainsi sans interruption, pendant sept années, jusqu'au
moment où les Romains mirent le siége devant Jérusalem. Et, pendant tout ce temps, sa voix ni ne s'affaiblit, ni ne devint rauque. Il
ne cessa de crier que quand il eût cessé de vivre. Un jour, faisant
le tour des remparts de la ville assiégée, il se mit à crier avec plus
de force qu'à l'ordinaire : Malheur à la ville! Malheur au peuple!
Malheur au Temple! il ajouta : Malheur à moi-même! au même
instant, une pierre lancée par une machine l'étendit roide mort.

II

AUTRES PRODIGES

Ce n'était pas le seul avertissement du ciel. D'après Josèphe et
Tacite, un météore sinistre, ayant la forme d'une épée flamboyante,
parut pendant tout un an au-dessus de la ville; durant la fête des
Azymes, au milieu de la nuit, le temple et l'autel sont environnés
d'une lumière si éclatante qu'on se serait cru en plein jour. La
porte Orientale, si grande et si pesante que vingt hommes avaient
peine à la remuer, s'entr'ouvre d'elle-même; ce que les sages regardèrent comme un signe de la colère céleste. Enfin, ajoute l'historien
juif, prodige qui semblerait une fable, s'il n'était si bien attesté par
des témoins oculaires, et s'il n'avait été suivi de pareilles calami-

tés, avant le coucher du soleil, on vit dans tout le pays des chariots courants dans les airs, des bataillons armés traversant les nues et campant autour de la ville; les prêtres entendirent dans l'intérieur du temple où ils étaient pour leurs fonctions accoutumées, un grand bruit et un grand mouvement; puis la voix d'une grande multitude qui disait : Sortons, sortons d'ici!

III

SIÈGE DE JÉRUSALEM

Le châtiment ne se fait pas attendre. Moins de quarante ans après la mort du Sauveur, une armée de soixante mille hommes envahit la Judée, pillant, massacrant, détruisant tout sur son passage, et vient mettre le siège devant Jérusalem. Les chrétiens, avertis par leur évêque, s'étaient retirés dans la ville de Bella, au delà du Jourdain. Les juifs, accourus les uns à l'occasion de la Pâque, les autres pour chercher un abri qu'ils ne trouvaient nulle part ailleurs, sont renfermés au nombre de deux millions. Bientôt les vivres sont épuisés, et la ville ravagée par la guerre, la peste et la famine, présente une véritable image de l'enfer. Titus ayant remplacé son père Vespasien, élevé à l'empire par les légions de Syrie, promit aux assiégés le pardon et la conservation de leurs privilèges, s'ils consentaient à se rendre. La masse du peuple et les pontifes auraient volontiers ouvert leurs portes.

IV

FACTIONS

Mais les zélateurs ou soi-disant partisans de l'indépendance natio-

MONT DES OLIVIERS.

nale ne respirent que lutte et carnage. Refugiés dans le Temple, ils se divisent en deux partis, constamment aux prises, et ne vivent que de pillage. Les pontifes, excédés de leur tyrannie, implorent le secours d'un Simon, fils de Gioras, qui est reçu comme un libérateur.

Il occupe la ville avec 15,000 hommes ; Jean de Giscala occupe la seconde enceinte du Temple avec 6,000, et Eléazar, avec 3,000, l'enceinte intérieure qui domine toute la cité. Ce sont alors trois factions qui se déchirent au lieu de deux, et la misère, déjà bien grande, devient affreuse : la guerre, la peste et la famine règnent à la fois. Les factieux forcent les maisons, enlèvent au peuple le peu qui lui reste ; s'ils trouvent quelque chose, ils frappent parce qu'on l'a caché ; s'ils ne trouvent rien, ils tourmentent plus cruellement encore, parce qu'on l'a trop bien caché. Le désespoir en pousse un grand nombre à sortir en armes et à se jeter en frénétiques sur les Romains.

V

HORREURS

Titus, soit colère, soit pour inspirer plus d'épouvante aux assiégés, fait mettre en croix tous ceux qu'on parvient à prendre. On en supplicie plus de cinq cents par jour, de sorte qu'il n'y eut bientôt plus de place pour les croix sur les collines situées en face de Jérusalem. A la vue de cette forêt d'hommes pendus autours de leurs murailles, la résistance des factieux n'en devient que plus opiniâtre ; avec leurs faux prophètes, ils persuadent au peuple que tel sera le sort de tous ceux qui se rendraient aux Romains. Quelques-uns ayant avalé leur or pour l'emporter en sûreté, les Arabes qui se trouvaient dans l'armée de Titus s'en aperçurent et éventrèrent tous ceux qui leur tombaient entre les mains. Il en périt deux mille de la sorte en une seule nuit.

Dans la ville, les vivants ne suffisant plus pour ensevelir les morts, les places, les rues, les maisons étaient pleines de cadavres sans sépulture. Cependant on avait, dans l'espace de deux mois, enterré soixante mille pauvres aux dépens du public. Mais, fatigués de rendre ce devoir, ils remplissaient de cadavres de vastes maisons, puis en fermaient les portes, ou bien les jetaient du haut des murs dans les fossés qui en furent bientôt comblés.

Cependant les factieux continuaient leur train de vie, entrant dans les maisons, pillant les vivants et même les morts, essayant la pointe de leur épée sur les cadavres, quelquefois même sur ceux qui respiraient encore ; mais si quelqu'un les priait de l'achever, ils s'en moquaient et s'en allaient en riant. Rien ne semblait capable de toucher ces monstres. Il arriva cependant une chose qui leur fit horreur.

VI

UNE MÈRE ! MARIE

Une femme noble et riche s'était réfugiée à Jérusalem ; les sédidieux lui enlevèrent ses richesses et ce qu'elle avait caché de vivres. Outrée de douleur et réduite au désespoir, elle les charge de malédictions pour les obliger à la tuer ; aucun ne lui fait cette grâce. Mourant de faim, elle prend le fils qu'elle allaitait, et le regardant avec des yeux égarés : « Malheureux enfant, lui dit-elle, à quoi te réserverai-je ? à mourir de faim ? à tomber en esclavage ou entre les mains de ces misérables ? Deviens plutôt ma nourriture et le sujet d'un récit à jamais abominable. » Et, prenant un couteau, elle égorge

son enfant, le fait rôtir, en mange la moitié et cache le reste. Attirés
par l'odeur de ce mets exécrable, les sicaires la menacent de la
tuer, si elle ne le leur montre. « Je vous ai gardé une bonne part, » dit-elle,
et elle leur découvre ce qu'il en restait. Ils sont saisis d'horreur, et
demeurant immobiles et hors d'eux-mêmes. « C'est mon enfant, con-
tinue-t-elle, mangez ; j'en ai bien mangé, moi ! Ne soyez pas plus
tendres qu'une femme, plus compatissants qu'une mère. Si vous
faites les délicats, eh bien ! j'en ai mangé une moitié, j'aurai l'autre
encore. » Eux, pour toute réponse, s'enfuirent. Le nom de cette mère
était *Marie*, comme le prophète, aux sinistres lamentations dont
nous avons parler plus haut, s'appelait *Jésus*.

Le bruit d'un fait si abominable s'étant répandu, chacun était
consterné, frissonnait, comme s'il en eût été l'auteur. Dans l'armée
romaine, les uns refusaient d'y croire, les autres se sentaient tou-
chés de compassion pour les assiégés ou saisis contre eux d'une
plus violente indignation. Titus protestait devant Dieu qu'il n'était
pour rien dans ces forfaits, qu'il leur avait offert la paix et l'oubli
du passé ; mais puisqu'ils voulaient la guerre et avaient commencé
par mettre le feu au Temple, un pareil forfait méritait d'être enseveli
sous les ruines de leur patrie.

VII

DESTRUCTIONS

Après plusieurs combats furieux, Titus était entré dans la troisième enceinte de la ville ; maître de la citadelle *Antonia* qui joignait le
Temple et voulant conserver ce merveilleux édifice, il essaya d'amener
les Juifs à se rendre, mais inutilement. Alors il s'empara de la pre-

mière enceinte extérieure du temple. Ne pouvant ébranler les portes
de la seconde, il est réduit à y mettre le feu, en prenant tous les
soins possibles pour préserver des flammes la partie intérieure et
la plus magnifique de ce monument. Mais un soldat, poussé, dit
Josèphe, d'un mouvement surnaturel, prit un tison ardent, et soulevé
sur les épaules d'un de ses camarades, le jeta par une fenêtre
dans le Saint des Saints. Aussitôt il s'y alluma un horrible incendie
auquel le César, malgré ses cris, ses menaces et ses gestes, ne put
apporter remède. Les soldats, oublieux de la discipline qu'ils obser-
vaient partout ailleurs, ne songeaient qu'à piller et à massacrer,
n'écoutant rien. Avec le Temple périt une multitude de toutes
sortes de personnes qui s'y étaient réfugiées et attendaient une délivrance miraculeuse. Les factieux s'obstinèrent à se défendre dans la
partie haute de la ville ; la vue de l'incendie ne les rendait que plus
féroces. Mais après un affreux carnage, ils furent forcés dans leurs
derniers retranchements. Titus ayant permis aux soldats de tuer, de
saccager, de piller, d'assouvir leur avidité et leur fureur, ordonna
d'abattre jusque dans ses fondements le reste de la ville et du Temple ;
ensuite, il y fit passer la charrue. Ainsi fut accomplie la prédiction du
Sauveur, que, de ces riches et puissantes constructions, il ne resterait pas pierre sur pierre. Il ne resta debout que les trois tours de
Phasaël, d'Hippicus et de Marianne et une partie de la muraille à
l'occident, pour servir de campement aux soldats et apprendre à la
postérité de quelle ville la valeur des Romains avait triomphé (1).

(1) Pour plus de détails, voir Rohrbacher, *Histoire de l'Eglise*, IV. — On
voit encore à Rome, entre l'ancien *Forum* et le Colysée, un souvenir parfaitement conservé de la ruine de Jérusalem. Non seulement le Sénat et le peuple
romain firent graver dans le grand cirque une flatteuse inscription en l'honneur
de Titus, *vainqueur des Juifs et destructeur de Jérusalem, que tant de rois,
de généraux et de peuples avaient inutilement attaquée avant lui ;* mais
on lui érigea un magnifique arc de triomphe en marbre blanc. Le triompha-

VIII

AUTRES PROPHÉTIES RÉALISÉES

Et après cela, il y a des gens qui ont peine à concilier la pauvreté, la désolation actuelle de la Terre Promise avec ce que dit l'Écriture de sa richesse et de sa beauté anciennes! Loin d'y voir le fidèle accomplissement des prophéties, ils y cherchent matière à objections contre l'inspiration, la véracité des Livres Saints. Mais ce n'est pas seulement Jérusalem et ses environs, c'est la Palestine tout entière, ce sont les villes et les contrées voisines, autrefois si florissantes, qui, selon les oracles divins, ont subi le châtiment de leurs iniquités. Ninive et Babylone, avec leurs innombrables habitants, avec leurs puissants empires, écrasent sans pitié Israël et Juda. « Vous tomberez à votre tour, » dit le Seigneur. Il n'en reste plus que des ruines; longtemps on a ignoré jusqu'à l'emplacement de ces immenses cités. — Tyr se vante de son opulence, de ses flottes qui vont faire le commerce jusqu'aux extrémités du monde : « Bientôt on ne pensera plus à toi, lui dit le Seigneur, *oblivioni eris*, ton port sera oublié, et tes riches marchands seront remplacés par de pauvres pêcheurs. » Ceux d'entre nous qui sont allés jusque-là ont pu apercevoir quelques misérables barques près du rivage, et quelques filets sur le sable, à la place même où s'élevait la superbe Tyr. C'est tout ce qui reste de sa grandeur.

teur y est représenté sur un char attelé de quatre chevaux, couronné par les mains de la Victoire, environné de licteurs et de soldats également couronnés. Dans le bas-relief de droite, des soldats portent la Table d'Or, les pains de Proposition et deux trompettes d'argent avec lesquelles on annonçait le jubilé. Les soldats qui suivent sont chargés du Chandelier d'or, à sept branches. Dans la frise extérieure, on voit le fleuve du Jourdain sous la figure d'un vieillard appuyé sur une urne renversée.

Samarie, toute fière de ses fertiles vallées et de ses palais de marbre, foule aux pieds la loi du Seigneur. « Cette terre sera dépouillée, dit le Prophète, ses habitants seront dispersés, ses palais ne formeront plus qu'un amas de ruines, ses colonnes rouleront au fond de la vallée. » Nous n'avons eu qu'à ouvrir les yeux pour constater que rien ne manquait à l'accomplissement de ces menaces. Au milieu des champs, dans le cours d'eau qui passe au bas de la bourgade dépeuplée, nous n'apercevons que colonnes brisées, chapiteaux, corniches, pièces d'architecture de toutes sortes à moitié ensevelies sous le sable ou la terre. — Capharnaüm veut s'élever jusqu'aux cieux : « Tu seras abaissée jusqu'aux enfers, » lui dit le Sauveur. Cinq ou six masures habitées par de misérables pêcheurs sont tout ce qui rappelle cette opulente et orgueilleuse cité. Je ne parle pas d'Ascalon, de Gaza, de l'Idumée, des royaumes d'Ammon et de Madian ; partout ce sont les mêmes ruines, la même solitude, les mêmes enseignements.

Il périt en ce siège de Jérusalem onze cent mille Juifs, sans parler de plus de deux cent mille qui moururent de faim après la prise de la ville, furent vendus comme esclaves, employés aux travaux publics, ou tués comme gladiateurs. Il n'y a pas dans l'histoire d'autre exemple de tant de victimes, ni de morts si tragiques, ni d'une si horrible confusion, et il ne se verra jamais plus si épouvantable désastre.

Et ce n'est là, pour ainsi dire, que la moitié du châtiment infligé au peuple déicide. Les années qui précèdent la ruine de Jérusalem, les Juifs, excités par l'affreuse tyrannie de leurs gouverneurs, se soulèvent de tous côtés et égorgent un grand nombre de Romains et de Syriens. Ceux-ci y répondent en massacrant vingt mille Juifs à Césarée, dix mille à Damas, treize mille à Scythopolis, cinquante mille à Antioche, autant à Alexandrie, etc. — Soixante-dix ans plus tard, un nouveau soulèvement, sous l'empereur Adrien, amène, dans

Jérusalem et les environs de nouveaux massacres qui détruisent plus de soixante mille hommes. — On se demande, après cela, comment un petit peuple ainsi écrasé et dispersé dans tous les coins du monde a pu survivre (on compte aujourd'hui sept millions et demi de Juifs). Saint Augustin répond : « Pour qu'on ne puisse pas accuser les Chrétiens d'avoir fabriqué après coup les prophéties qui annonçaient la venue et traçaient le caractère du Messie, il faut que les livres qui contiennent ces prophéties restent entre les mains de nos ennemis. » Les Juifs sont nos *céroféraires*, ils portent à la main le flambeau qui nous éclaire, quoiqu'ils s'obstinent à ne pas lire à sa lumière.

IX

CONCLUSION

Donc chaque pierre, pour ainsi dire, de la Terre-Sainte nous prêche la foi, la confiance en la bonté de Dieu, la crainte salutaire de ses jugements ; mais surtout elle inspire la reconnaissance et l'amour envers Notre-Seigneur Jésus-Christ. Nous ne pouvons en ce moment passer en revue les lieux, les sanctuaires consacrés par la présence du Sauveur, par quelque touchant mystère. Vous avez peut-être lu dans les œuvres de *Saint-François de Sales*, le fait d'un pèlerin provençal que je veux vous rapporter. Il avait suivi attentivement le Fils de Dieu depuis Nazareth jusqu'à la montagne des Oliviers. Arrivé au lieu où Jésus quitte la terre : « Sauveur plein d'amour et de bonté, lui dit-il, j'ai vénéré la grotte où vous avez revêtu notre nature misérable pour la relever, et la pierre froide sur laquelle vous fûtes déposé au jour de votre naissance ; j'ai recueilli vos instructions sur les collines de la Galilée comme au temple de Jérusalem ; je vous ai vu guérir les malades, comme rappeler les morts à la vie ; au Cénacle, j'ai assisté à la première communion de vos disciples, comme à l'institution du Chef de votre Église ; je vous ai suivi de Gethsémani au palais de Caïphe, du Prétoire au Calvaire ; j'ai couvert de mes baisers, arrosé de mes larmes les lieux témoins de vos tourments, le Sépulcre, la pierre qui recouvrit votre corps adorable. Me voici au jour et au lieu où vous avez quitté la terre pour retourner à votre Père ; que me reste-t-il à désirer, sinon de m'élancer à votre suite afin de n'être plus jamais séparé de vous ? » Telle était la ferveur de sa prière et de son amour que Jésus brisant les liens qui l'attachaient ici-bas l'attire à lui et le met en possession de sa gloire.

Rien de semblable, hélas ! ne s'est passé pour moi, comme vous le voyez. Mais je défie bien le chrétien le plus froid de rester insensible en présence de tous ces souvenirs. Et puis, quand on a passé par là et qu'on lit ensuite la sainte Écriture, comme les récits de l'Ancien et du Nouveau Testament deviennent clairs et touchants ! Comme, en célébrant les fêtes de Notre-Seigneur, de la sainte Vierge et des Apôtres, en disant son office, en récitant son rosaire, en faisant le Chemin de la Croix, etc., comme l'esprit franchit les espaces ! comme on se reporte avec facilité et bonheur aux lieux où se sont accomplis ces mystères ! Comme le cœur se dilate sans efforts ! Merci, mon Dieu, de m'avoir accordé une faveur refusée à tant d'autres !

CHAPITRE XXI

DÉPART DE JÉRUSALEM POUR JAFFA

I

Quinze jours sont bientôt passés à Jérusalem, au milieu de tant de pieux souvenirs. Il fallait songer à rejoindre Jaffa. *La Guadeloupe* partait le 29. Mes préparatifs sont bientôt faits. Comme j'avais quelques bagages et emplettes, et que je voulais voir Emmaüs, qui n'était pas sur la route ordinaire, il avait fallu songer à les faire parvenir directement à bord de *la Guadeloupe*. Là je me retrouvai en face de MM. Cook et compagnie ; payés à l'avance pour nous fournir transports et nourriture jusqu'au bateau, et dispensés de l'un et de l'autre par la course que je me proposais de faire ; ils me demandèrent un prix excessif pour ce transport. Plutôt que de leur donner un centime, je m'adressai au drogman Markoum qui se montrait de meilleure composition et qui était catholique.

Notre dîner fini, M. le Secrétaire de l'Évêché de Poitiers prend la parole, et, au nom de tous les pèlerins remercie les chers *Frères* de leur affectueuse hospitalité. Le bon Fr. Evagre, touché de ces bonnes parole est aussi de la séparation qui va commencer dans quelques

instants pour plusieurs, ne peut contenir son émotion ; il y avait des
larmes dans ses yeux et des sanglots dans sa voix. Nous y répondons
par des *vivats* bien nourris : les pèlerins d'Arras chantent avec entrain
des couplets de circonstance que tous nous répétons en chœur.
L'émotion va grandissant de chaque côté. J'ai à ma gauche un
chanoine d'Arles qui pleure comme un enfant. C'est une des scènes
du pèlerinage que j'aimerai à me rappeler.

II

ROUTE DE JAFFA. CARIATHIARIM

A deux heures, je suis à l'hospice des Franciscains où m'attendent
quatre compagnons et deux ânes que nous monterons à tour de rôle
jusqu'à Ramleh. A trois heures, nous passons devant la tour de David,
nous franchissons la porte d'Hébron et nous sommes sur la route
qui doit nous conduire à Jaffa. Tout droit, ce serait à une distance
de 65 kilomètres ; nous traverserions la vallée du Térébinthe où David
renversa le géant Goliath, nous passerions par Abougosche, El-
latroun et Ramleh. J'ai bien regretté de ne pas voir Abougosche, l'ancienne Cariathiarim où resta pendant vingt années, dans la maison
d'Abinadab, l'Arche d'Alliance prise par les Philistins, et rendue
après le châtiment que l'on sait. Cette ville est encore la patrie
de Jérémie et l'on y montre une église sous le vocable du saint prophète enlevée aux Franciscains au xvi⁰ siècle et rendue dernièrement à la France. Mais nous tenions davantage à visiter Emmaüs
où, au jour de sa résurrection, Jésus accompagna deux de ses disciples et se laissa reconnaître à la fraction du pain.

III

RAMATHAÏM SOPHIM ; EMMAÜS

Nous prenons donc à droite et à peine sommes-nous hors du quartier russe que nous rejoignons une petite caravane de Poitevins, très aimables compagnons, qui suivent la même direction. Puis, sur la pente escarpée d'une colline, c'est une longue file de chameaux pesamment chargés, précédés d'un âne qui leur montre le chemin et conduits par un seul homme.

Nous comptions passer auprès de *Nébi Samouil*, l'ancienne Ramathaïm Sophim, où naquit et vécut Samuel, et voir dans une église de Prémontrés, transformée en mosquée, le tombeau vide du prophète. C'est un des beaux sites et des points les plus élevés des environs. Les Croisés, apercevant Jérusalem pour la première fois de cette hauteur, l'appelèrent *Mont-joie*. Pour gagner cinq minutes, nos guides avaient pris un autre chemin ; il fallut nous contenter d'un coup d'œil jeté à distance.

Kobêbeh, l'ancienne Emmaüs, à environ trois lieues de Jérusalem, habité seulement par quelques centaines de fellahs, est situé dans un fertile et gracieux vallon. Nous descendons au couvent franciscain bâti récemment par Mlle de Nicolaï, qui a voulu y être enterrée. Le P. Gardien, un espagnol, nous fait le plus gracieux accueil, et le jardinier, un breton de Rennes, nous mène visiter les restes bien conservés et découverts depuis peu d'une église romane bâtie par les premiers Croisés. C'était un édifice de 32 mètres de long sur 22 de large, à trois nefs et trois absides. Dans la nef occidentale sont les fondements d'une maison qu'on croit être celle de Cléophas, sanctifiée par la présence du Sauveur et par la première messe qui ait été dite après la Passion.

De là, nous gravissons, un bon curé poitevin et moi, pour y voir le soleil se coucher dans la Méditerrannée, une montagne voisine, d'où Richard Cœur-de-Lion put contempler Jérusalem sans y entrer.

Le bon P. Gardien n'avait rien négligé pour réparer nos forces. Son vin blanc, qui ne sent ni le bouc, ni le goudron, comme celui qu'on vend dans le pays, est du meilleur qu'on nous ait servi. Mais quoiqu'on m'eût fait l'insigne honneur de m'offrir le lit réservé au T. R. P. Custode de Terre-Sainte, quand il fait sa visite, je dois l'avouer, le sommeil ne se pressa pas de venir. Je dus ainsi me dire que, quand on se fait Franciscain, on n'a guère l'habitude de se choyer, fût-on parvenu aux premières charges.

IV

VOYAGE AU PAYS DES PHILISTINS

Le lendemain, à quatre heures, nous étions à l'autel demandant à Notre-Seigneur qu'il demeure avec nous et nous préserve des ténèbres envahissantes de l'infidélité. A six heures, nous commençons une course qui ne finit que vers midi à El-Latroun, et que je dus faire presque toute à pied, deux de nos jeunes compagnons, pris d'une assez grave indisposition, ayant un besoin indispensable de nos montures.

La première partie se fit à travers monts, ravins et rochers, dans la solitude, sauf la rencontre d'un berger avec un nombreux troupeau. Ses chèvres aux oreilles tournées en spirale et traînant à terre me firent songer aux brebis de Jacob. Les boucs ont de longues et gracieuses cornes; un pèlerin eut la fantaisie d'en emporter un échantillon avec lui. Il propose un franc au berger, et la tête d'un jeune bouc, tranchée d'un coup de couteau, lui est immédiatement remise.

Sur les neuf heures, nous débouchions, par la vallée du Térébinthe, dans la plaine de Saron. Un chacal (espèce de renard plus brun que les nôtres), étendu sans vie sur notre chemin, et les blés qui commençaient à mûrir me reportèrent aux exploits de Samson en ces parages et aux trois cents renards qui, accouplés par lui, une torche à la queue, mirent le feu aux moissons des ennemis. Pendant deux heures au moins j'eus le temps de me livrer à ces pensées et de dire mon chapelet. Mes compagnons avaient pris les devants sans s'apercevoir de mon absence. J'avais beau jouer des jambes pour les rejoindre ; c'est tout au plus si de temps à autre je pouvais les apercevoir, quand les ondulations du terrain ne les dérobaient pas à mes regards. Je ne me sentais qu'à moitié en sûreté dans cette solitude ; il n'aurait pas fallu s'y hasarder, voilà seulement vingt-cinq ans. Cela me permit d'arrêter ma pensée sur les lieux dont j'apercevais les ruines et ceux qui se trouvaient un peu plus loin. C'était à droite, Aïalon, témoin de la grande victoire de Josué; Beit-Nouba (*Nobé*) où Saül fit tuer Achimélec et quatre-vingts prêtres de sa famille, pour avoir laissé David et sa petite troupe se nourrir des *pains de proposition;* Modin, la patrie du vieux Mathathias et des Machabées; à gauche, Azot avec sa statue de Dagon mutilée devant l'arche captive, Bethsamès et ses habitants punis de leur indiscrète curiosité, Gaza où Samson meurt, en écrasant trois mille Philistins, Ascalon et dix autres endroits célèbres dans l'Écriture.

V

EL·LATROUN

Vers midi, nous arrivons à El-Latroun, le village du bon Larron, Dismas, qui, pour avoir protégé la Sainte Famille à son retour d'É-gypte, aurait mérité qu'à sa dernière heure Jésus lui ouvrît les yeux et lui promît de le faire entrer avec lui dans le paradis. Là nous re-prenions la route ordinaire de Jérusalem à Jaffa.

Mais avant d'aller plus loin, un moment de repos. Nous nous ins-tallons à l'ombre des oliviers qui bordent la route à gauche. Des provisions apportées d'Emmaüs et de l'eau puisée à une source voi-sine dans un vase d'une propreté douteuse, que nous prêtent les indigènes, assaisonnées de gais propos, nous fournissent un repas des plus appétissants. Notre mine, paraît-il, n'avait rien de trop ré-barbatif. Des enfants, d'abord un peu hésitants, puis plus hardis, puis des hommes, à la fin jusqu'à des femmes, un peu en arrière, font cercle autour des franchäouies (Français), acceptent avec empres-sement les restes que nous leur distribuons, mais refusent, comme interdite par leur religion, l'eau-de-vie que nous leur offrons. Nous nous gardons bien d'insister. Il s'agissait de lier conversation, ce n'était pas bien facile, puisqu'ils ne comprenaient pas plus le fran-çais que nous ne comprenions l'arabe. Un curé poitevin eut l'idée de travailler comme à la composition d'un dictionnaire français-arabe. Il leur montrait les objets que nous avions sous les yeux, en les nommant en français : homme, cheval, olivier, tête, barbe, etc. Eux disaient le mot arabe, et avec quel empressement ; c'est à qui par-lera le premier. Pendant une demi-heure, ce travail les intéresse singulièrement, et quand nous nous remettons en chemin, ces

pauvres gens, auxquels on ne parle guère que le bâton à la main,
s'en vont enchantés de la gaieté, de l'affabilité françaises.

VI

PLAINE DE SARON

Dès lors le chemin, légèrement incliné vers la mer, est à peu près
droit et uni. Je fais la première partie jusqu'à Ramleh, monté sur un
âne, avec une rapidité qui bien longtemps m'étonne : quatre lieues
en deux heures. Seul, j'ai beau presser ma bête, employer tous les
arguments en mon pouvoir pour la faire avancer, c'est peine perdue.
Mon petit moukre approche-t-il ; elle va au galop. Je découvre enfin
le secret. Le malheureux voulait être promptement de retour à Jérusalem et prendre de nouveaux pèlerins pour *la Picardie;* muni d'une
longue épingle, il l'enfonçait sans pitié dans les flancs de la pauvre
bête. Vous comprenez l'effet ; malgré la fatigue, il fallait marcher.

VII

RAMLEH

Ramleh (l'ancienne Arimathie), patrie de Nicodème et de Joseph
qui ensevelirent le corps du Sauveur, est une ville de cinq mille habitants, dont quatre cents Grecs, une centaine de Catholiques et
quelques Protestants, le reste est Musulman. Elle a deux écoles tenues, l'une par les Franciscains, l'autre par les Sœurs de Saint-
Joseph de l'Apparition, où l'on admet tous les enfants, quelle que
soit leur religion. Le temps ne me permet de visiter que la dernière,

sur notre route, au nord; j'avais une lettre d'un ami pour madame la Supérieure. Je dus me contenter de jeter un coup d'œil sur le couvent des Franciscains que nous apercevions tout près, à notre droite. J'aurais bien désiré cependant y visiter l'atelier de saint Nicodème, dans l'église qui porte son nom, et l'appartement où s'établit Bonaparte, lors de la campagne de Syrie (1799). Il y a encore, un peu plus au midi, une belle église ogivale à trois nefs, changée en mosquée, et une vieille tour, dite des Quarante-Martyrs, d'où l'œil s'étend à perte de vue dans toutes les directions, depuis les montagnes de Juda jusqu'au fond de la Méditerranée. Mes compagnons, qui ne s'embarquaient que le mercredi, purent demeurer là jusqu'au lendemain. Mais, nos ânes rebroussant chemin, je dus me procurer un moyen de transport pour Jaffa qui était à quatre lieues. Après plusieurs demandes infructueuses, deux dames charitables, du midi de la France, voulurent bien, quoique déjà pas trop à leur aise, se serrer davantage et me faire une petite place à côté d'elles. Aussitôt, notre phaéton se met à fouetter ses mules ; il voulait devancer son plus proche camarade ; ce fut entre eux une rivalité qui nous fit faire le trajet en moins d'une heure et demie. Mais aussi avec un char-à-banc à suspension primitive, et par un chemin raboteux comme celui-là, que de secousses il fallait supporter !

J'avais eu à peine le temps de prendre un peu de pain et de fromage. Pour faire descendre les morceaux, par une chaleur de trente et quelques degrés, mes bonnes voisines m'offrirent bien une bouteille dont elles avaient eu la précaution de se munir. Mais avec une course échevelée comme la nôtre, il fallut renoncer à en faire usage, sous peine de me mettre les lèvres tout en sang (1).

(1) Pour voir Lydda, depuis Diospolis, une ville mahométane de 6,000 âmes, la patrie de saint Georges. si célèbre dans tout l'Orient, le lieu où saint Pierre guérit le paralytique Énée, où il se tint un certain nombre de conciles, il aurait

VIII

JAFFA

Jaffa, l'ancienne Joppé, qui, selon la tradition, serait antérieure au déluge, aurait vu construire l'Arche de Noé, et devrait sa réédification et son nom à Japhet, est peut-être la ville la plus ancienne du monde. Elle a reçu les cèdres du Liban, que le roi Hiram envoyait à Salomon pour la décoration du temple de Jérusalem ; elle a vu le prophète Jonas s'embarquer pour Tharsis ; Judas Machabée exterminer ses habitants, saint Pierre ressusciter Tabithe, et recevoir, dans la vision des animaux purs et impurs, l'ordre d'admettre les Gentils dans l'Église ; elle a vu Godefroy de Bouillon et saint Louis relever ses murailles, Bonaparte ordonner le massacre de ses habitants, et dernièrement (1838) un tremblement de terre la détruire presque entièrement. — C'est une ville de sept mille habitants ; dont mille catholiques, autant de schismatiques et hérétiques de diverses couleurs, quatre cents juifs et quatre mille cinq cents mahométans. Elle a trois écoles, dont une, fondée récemment par les Frères, prend de rapides accroissements. — Ce qui fait la beauté de Jaffa, c'est, du côté de la mer, ses constructions en amphithéâtre qui présentent un aspect fort gracieux, et, par terre, ses immenses jardins, admirablement arrosés, où le palmier, la vigne, l'oranger, la canne à sucre, l'olivier, le bananier, le grenadier, etc., présentent leur luxuriante moisson de feuilles, de fleurs, de parfums et de fruits. La saleté et l'odeur orientales de ses rues et de ses habitants font bien ombre au tableau.

fallu prendre au nord et faire une lieue de plus ; c'était beaucoup pour n'apercevoir que des ruines d'une authenticité fort contestable.

A six heures, nous entrions dans Jaffa.

IX

MŒURS ARABES

On nous mène, au milieu d'une foule d'Arabes qui va grossissant toujours, [à l'hôpital Saint-Louis, desservi par des religieuses françaises. Comme toutes les places pour la nuit sont retenues, nous retournons au couvent des Franciscains, sur le port. A peine notre voiture est-elle arrêtée que toute une nuée d'Arabes s'abat sur nous et se jette sur nos effets sans attendre ni ordre ni permission. Il aurait fallu, pour se préserver de cette invasion, jouer hardiment du bâton ; plus d'un pèlerin l'a fait sans étonner personne ; on est habitué à ce procédé en Orient. Ma meilleure raison pour ne pas les imiter, c'est que j'avais laissé ma canne en France.

Quand mes compagnons de voyage furent descendus, mon petit sac, que l'on avait déposé à Ramleh sur le devant de la voiture, avait disparu. Où le chercher dans cette cohue? J'en avais fait le sacrifice quand, au moment de monter sur *la Guadeloupe*, je le vois arriver, sur le dos d'un Arabe. Si ces drôles ont un penchant irrésistible pour le vol, partout où ils flairent de l'argent, ils se soucient peu de notre linge qui leur serait inutile. Mon gaillard attendait sans doute un bon bakchich pour m'avoir si bien servi. Il fallut rabattre de ses prétentions ; je le payai en raison des inquiétudes qu'il m'avait données. C'est notre homme qui n'était pas content quand je déposai une pièce de 20 centimes dans sa main. Il me la rend en haussant les épaules ; je la reçois sans la moindre difficulté, et je la remets dans mon porte-monnaie. Quand il voit la tournure que prend l'affaire, il devient accommodant, et nous finissons par nous entendre.

Une autre scène plus dramatique et également dans les mœurs du pays, ce sont les violences dont notre conducteur fut, m'a-t-on dit, la victime. On m'avait vu lui mettre une pièce dans la main, pour m'avoir ajouté à son chargement à Ramleh. A peine l'avons-nous quitté qu'il est attaqué, jeté à la renverse. Il serre son argent entre ses dents ; on le foule aux pieds, on le lui arrache et il est emporté tout en sang.

X

ÉGLISE SAINT-PIERRE

Cependant nous étions montés au couvent des Franciscains, tout près de l'ancienne église Saint-Pierre, transformée en mosquée, bâtie sur l'emplacement de la maison de Simon le Corroyeur. C'est là que le chef des Apôtres eut la vision mentionnée plus haut et reçut les envoyés du centurion Cornelius. Les bons Pères auraient eu peine à nous loger. J'aurais été vraiment heureux de passer les deux heures de jour qui nous restaient, à courir dans Jaffa. Mais, au milieu de l'encombrement qui se produisait déjà, j'accédai volontiers à la proposition de m'embarquer le soir même, quoique nous ne dussions partir que le lendemain. Nous allions être enfin délivrés des quémandeurs de bakchich, des Cook, qui nous cherchèrent encore une dernière chicane, même en ce moment (1) ; nous retrouver vraiment chez nous, en famille, à bord de *la Guadeloupe*, et voguer vers la patrie. — L'ascension ne se fit pas sans quelque ballottement ; plus d'un cœur bondit, sur ces légères embarcations qui devaient nous porter à deux ou trois kilomètres : mais en somme, rien de grave. Pour ce qui me concerne, la nuit suivante fut la meilleure que j'eusse passée depuis Paris, et je continuai de bien me reposer et de réparer mes forces jusqu'à Marseille. On leva l'ancre le mardi matin, 30 mai, sur les huit heures.

(1) J'ai appris qu'on les avait remerciés pour les pèlerinages suivants : mes félicitations à nos successeurs ; mais tout le monde s'y attendait.

CHAPITRE XXII

RETOUR EN FRANCE

I

TRAVERSÉE

La traversée fut généralement bonne, malgré le vent que nous avions de bout.

Un soir seulement le capitaine fit plier toutes les voiles et rentrer tous les objets qui étaient à bord, comme à l'approche de la tempête ; nous en fûmes quittes pour la peur. Mais nous restâmes en mer du mardi 30 mai au mercredi 8 juin. Nous abrégeâmes ces longues journées par les exercices de piété, chemin de la Croix, mois de Marie ou du Sacré-Cœur, etc. Dans les intervalles nous conversions avec les amis, avec les officiers et les hommes de l'équipage, nous faisions des dissertations sur les dangers de faire naufrage et les chances de salut ; nous observions les oiseaux de mer qui venaient pousser des cris autour de nous, les tortues, marsouins et autres habitants de l'humide empire, qui nous suivaient en bondissant ; les bâtiments qui sillonnaient la mer dans tous les sens ; les côtes qui se trouvaient sur notre passage. Du jeudi soir au vendredi matin, nous longeons, à une toute petite distance, la côte méridionale de Candie, l'ancienne Crète aux cent villes, le royaume du sage Minos. J'aime mieux songer aux églises qu'y fonda saint Paul, et dont il laissa la conduite à Tite, son disciple.

Cette île a 265 kilomètres de long sur 50 de large et compte une population de trois cent mille habitants, grecs schismatiques, pour la plupart, sous la dépendance des Turcs qui l'ont enlevée aux Vénitiens en 1669. Nous n'apercevons qu'une longue chaîne de calcaire qui borne notre horizon, et sur le versant, quelques constructions dont la blancheur tranche avec la teinte noirâtre des rochers.

Le dimanche matin, nous nous réveillons à l'entrée du détroit de Messine. Le magnifique tableau que présente cette ville, avec ses églises, ses palais, ses villas, disposée en amphithéâtre sur le rivage, éclairée des premiers feux du jour! Nous franchissons, sans l'ombre d'un danger, les fameux écueils de Charybde et de Scylla. Puis voilà les rochers de Lipari, Stromboli, etc., avec leurs pics aigus et leurs volcans aux trois quarts éteints. Il paraît que les ouvriers de Vulcain font leur lundi, ou se sont mis en grève ; à peine aperçoit-on quelques flocons de fumée. — Le lundi soir, nous entrons dans le détroit de Bonifacio, entre la Sardaigne à gauche et la Corse à droite. Le vent se lève, souffle plus fort que d'habitude et comme par saccades. Le capitaine Simon, qui passe par là pour la première fois, n'est pas sans inquiétude. Il se rappelle le sort de *la Sémillante*. Mais avec la Croix qui se dresse sur l'avant de notre navire, nous n'avons rien à craindre ; nuit excellente ; sommeil non interrompu.

La Picardie, qui n'avait quitté Jaffa que le mercredi soir, qui avait eu peine à franchir le détroit de Messine, à cause d'un épais brouillard, et qui était d'un jour en retard sur nous, n'osa pas se hasarder à Bonifacio ; elle dut remonter plus au nord et longer les côtes de Provence. Pour nous, la mer se fait de plus en plus ravissante. Le mercredi 8 mai, avec le lever du soleil nous apercevons les côtes de

France, nous saluons Notre-Dame-de-la-Garde et vers sept heures nous entrons bien joyeux au port de la Joliette.

II

PREMIÈRE COMMUNION A BORD

Mais reprenons quelques faits qui vinrent ajouter leur charme ou leur tristesse à la traversée. Trois des hommes du bord, le contre-maître d'équipage, un matelot et le mousse n'avaient pas fait leur première communion. Le pèlerinage les ayant trouvés bien disposés, ne demandait qu'à exercer sur eux son zèle. La préparation, commencée dès la première partie du voyage, fut reprise à Jaffa. On choisit pour conclure le dimanche 5 juin. Le ciel est splendide, la mer unie comme une glace; les côtes d'Italie et de Sicile, qui se dressent à peu de distance, forment au tableau un encadrement vraiment majestueux. Notre petit sanctuaire, à l'arrière du navire, est orné avec toute l'élégance que permet la situation. En face de l'autel principal, des places sont réservées aux premiers communiants et aux officiers du bord. Tout l'équipage, dans une tenue parfaite, deux cent cinquante prêtres à droite et à gauche, par derrière autant de fidèles sont là qui prient et suivent, d'un regard ému et dans un profond recueillement, la touchante cérémonie. De temps à autre, chant de nos beaux cantiques; au moment de la communion, vibrante allocution du R. P. Em. Bailly; le soir, consécration à la sainte Vierge et rénovation des vœux du baptême, magnifique élan de foi qui à un moment donné soulève tous les pèlerins et les fait renouveler avec nos pieux néophytes des engagements que plusieurs avaient peut-être oubliés; et dites-moi si tous, si nos premiers communiants surtout, n'ont pas dû emporter un souvenir ineffaçable de cette belle journée.

III

DEUILS

Mais le deuil devait suivre de près. Nous avions déjà conduit au cimetière du mont Sion une première victime, M. l'abbé Chambaud. M. l'abbé Rouëche, curé de Chévremont, au territoire de Belfort, avait eu l'imprudence de s'exposer plus d'une fois tête nue au soleil de Palestine. De là une congestion cérébrale qui d'abord conjurée, renouvela ses attaques et l'enleva le lundi soir, malgré les ferventes prières de tout le pèlerinage. Deux de ses paroissiennes qui l'accompagnaient nous ont fait l'éloge de son zèle et de sa charité. Leurs larmes en disaient plus encore que leurs paroles. Six heures après, c'était le tour de l'abbé Viros (vingt-huit ans) curé de Saillans, au diocèse de Bordeaux. Il souffrait depuis trois semaines d'un épuisement qui ne lui avait permis de dire la messe que deux fois à Jérusalem, et qu'il n'avait pas soigné, malgré les instances de ses amis.

A bord de *la Picardie*, c'était l'abbé Gilbert, vicaire de Montluçon, au diocèse de Moulins, notre compagnon sur *la Guadeloupe*, durant la première traversée. Il avait voulu revenir, lui aussi, malgré son extrême faiblesse, comptant sur l'air du pays pour se remettre. Le trajet de Jérusalem à Jaffa, même en carrosse, avait aggravé son état. Trois heures après l'embarquement une crise violente l'emportait ; on n'eut que le temps de lui donner l'absolution. La cinquième victime fut comme offerte par les directeurs du pèlerinage. Le frère Simon, convers des Augustins de l'Assomption, le serviteur intime du T. R. P. Picard, quoique fort et vigoureux en apparence, était atteint depuis longtemps de la poitrine. Il avait accepté son sacrifice à l'avance, regardant comme un grand bonheur d'offrir sa vie en pareille circonstance. Il mourut, comme tous ses compagnons du reste, dans les sentiments de la plus admirable piété, et c'était pour nous une grande consolation (1).

IV

SÉPULTURE EN MER

Si une mort et une sépulture ont toujours et partout quelque chose de lugubre, que dire quand c'est en pleine mer? Il faut faire disparaître immédiatement le cadavre; à peine lui laisse-t-on le temps de froidir : les règlements du bord sont formels et rigoureux à cet égard. Puis ni croix qui invite à l'espérance, ni cimetière, où parents et amis viennent pleurer et prier.

Là, point de tombeau où l'on puisse retrouver vos restes : vous êtes abandonné perdu dans l'immensité des flots, livré à la voracité des monstres marins qui attendent leur pâture. Après l'office des morts récité en commun, on apporte le cadavre cousu dans un linceul, recouvert du drapeau de la patrie en guise de drap mortuaire. Le directeur du pèlerinage chante la messe, prononce quelques paroles d'éloge et de regret, fait l'absoute et bénit les flots qui vont vous servir de sépulture. Au dernier moment le navire s'arrête. Le corps, étendu sur une planche, un boulet aux pieds, est passé par-dessus les bords, descendu peu à peu au moyen d'un cordage et va s'enfoncer

---

(1) On s'étonnera peut-être du nombre de nos morts, sur mille pèlerins, six en comptant l'abbé Vincent, curé d'Aboncourt, diocèse de Besançon, mort à Marseille, huit jours après notre retour. C'est peu en réalité, après un pareil voyage, et les fatigues qui en sont inséparables. En 1863, vingt pèlerins partaient de Marseille au mois d'août, pour la même excursion, dans des conditions qui semblaient bien plus favorables. Il en resta cinq en chemin, et combien de maladies des plus graves? Notons que *la Picardie*, moins bien aménagée que *la Guadeloupe*, n'a eu réellement qu'une victime.

dans les abîmes. Quand on entend le bruit de sa chute à la surface de l'eau, c'est dans toute l'assistance un saisissement indéfinissable. J'en puis parler pertinemment; j'étais tout à côté de nos chers défunts, quand on leur a rendu ce dernier devoir. Puis le navire reprend sa marche comme si de rien n'était.

V

A MARSEILLE

Ces coups plusieurs fois répétés nous avaient fait craindre que le conseil de santé ne nous obligeât à faire quelques jours de quarantaine devant Marseille. On eut le bon esprit, comme le fait remarquer un de mes compagnons, de trouver que nous avions tous une mine tout à fait rassurante, même avec notre barbe de six semaines. De fait, il n'y avait absolument rien de contagieux dans notre état. Aussi, après l'échange des formalités ordinaires, on nous permettait de débarquer à onze heures (mercredi 7 juin). Bon nombre de pèlerins montaient immédiatement à Notre-Dame-de-la-Garde pour la remercier de sa protection, puis se réunissaient à la *Major* où M. l'abbé Payan d'Augery, vicaire général, leur souhaitait la bienvenue au nom de Mgr Robert. Le lendemain les pèlerins de *la Picardie* opéraient la même ascension malgré le mistral le mieux accentué. Pour moi, je remettais à faire mon action de grâces à N.-D.-des-Victoires.

Je me disposais à partir pour le Refuge, lorsque je reconnais, à bord même, un membre des comités catholiques, M. G., auquel, il y avait quinze ans, j'avais fait faire sa première communion. Le cher jeune homme que je n'avais pu voir à mon premier passage, avait été cependant informé de ma présence. Il accourait m'offrir la plus gracieuse hospitalité, et se mettre à ma disposition pour les courses que je pourrais avoir à faire. Malgré le plaisir de le retrouver, après une séparation de neuf ans, et tout ce qu'il y avait d'aimable dans cette invitation, je ne pouvais accepter toutes ses offres *pour le moment*. On m'attendait avec impatience à mes anciennes résidences : au Refuge, à l'Œuvre de la Jeunesse. Je vais donc porter immédiatement des récits et des souvenirs, croix, chapelets, médailles à nos chères sœurs et à leurs enfants. Comme deux crucifix venus directement du Calvaire sont bien accueillis par deux pauvres malades étendues depuis de longs mois sur un autre calvaire ! Et comme les trente-six heures que j'ai pu passer au milieu de ces vieilles connaissances se sont rapidement écoulées !

<h1 style="text-align:center">VI</h1>

DERNIÈRE RÉUNION A LA MAJOR

Le lendemain jeudi, à quatre heures, tous les pèlerins se trouvent réunis à la *Major*. Le R. P. Bailly raconte la traversée de *la Guade- loupe* ; le T. R. P. Picard résume les différentes épreuves qu'a dû subir l'œuvre du pèlerinage, avant, pendant la traversée et en Terre-Sainte, et rend grâce à Dieu du plein succès qui a couronné tant d'efforts. « A côté des encouragements les plus précieux, et surtout ceux du Souverain Pontife, il y a eu des oppositions d'une violence extrême ; au moment où l'on s'embarquait à Marseille, des dépêches de l'Orient nous arrivaient conçues en ces termes : Vous courez à un désastre certain ; vous en avez toute la responsabilité devant Dieu ; l'ordre est donné à Caïffa de ne pas vous laisser descendre à terre. A Naza- reth et ailleurs, au milieu des embarras inévitables que soulevait la présence d'un millier de pèlerins, des personnes graves pourtant, qui ne tenaient aucun compte de la droiture des intentions, ont écrit des lettres qui contenaient les injures les plus grossières. A Jérusalem, on affirmait, jusqu'au dernier moment, qu'un tiers des pèlerins de la Samarie resteraient en chemin ; nous avons tenu bon, envers et contre tout, Dieu soit béni de nous avoir assistés ! » Et bénis soient aussi ceux qui, au prix de tant d'ennuis, nous ont procuré l'inappréciable bonheur de visiter les lieux sanctifiés par la présence du Sauveur !

VII

ADRESSE AU SOUVERAIN PONTIFE, FAVEURS SPIRITUELLES

Une adresse au souverain pontife, rédigée par M. de Belcastel, où l'on disait ce que nous avions vu, fait, demandé pour l'Église et pour son chef, nous attendait à la sacristie. Chacun s'empresse d'y mettre son nom ; c'est comme la clôture du grand acte de foi et de pénitence que nous venions d'accomplir. En même temps le R. P. Picard envoyait à Rome un compte rendu détaillé des divers incidents du voyage. « Il disait l'esprit de foi et de piété qui avait présidé à tous nos exercices. Sa Sainteté Léon XIII y répondait en exprimant sa joie, en félicitant et en bénissant avec effusion de cœur le directeur et les pèlerins. » Et pour que sa bénédiction pût s'étendre plus loin, il accordait à tous les prêtres qui avaient fait partie du pèlerinage, de donner en son nom une bénédiction solennelle avec indulgence plénière aux paroisses, communautés et œuvres pieuses auxquelles ils étaient attachés.

Ces faveurs extraordinaires, comme celles que Léon XIII avait déjà accordées, au début du pèlerinage, n'ont surpris que les gens sans foi et les esprits superficiels. Le pasteur suprême et le guide infaillible de l'Église a compté nos sacrifices, nos prières, nos

aumônes, nos mortifications, nos actes de foi sous les yeux des
Infidèles ; il a vu là un réveil de la piété, une protestation énergique
contre l'indifférence et la mollesse qui nous envahit, une prédication
plus puissante que les paroles et un moyen efficace d'en appeler à la
miséricorde divine. Il a voulu encourager cette croisade toute pacifique et renouveler sous une forme différente cet élan qui autrefois
jeta l'Europe chrétienne sur l'Orient afin de nous préserver de la
barbarie.

VIII

UN RÉSULTAT DU PÈLERINAGE

Au point de vue patriotique, nous, Français, comme nous étions
fiers et heureux des attentions que l'on avait pour nous, des honneurs
rendus en nos personnes à notre chère patrie ! On avait dit dans
l'Orient : la France n'est plus chrétienne ; c'est un pays sans religion,
c'est-à-dire souverainement méprisable. Le Russe schismatique et
l'Anglais protestant sont désormais les seuls représentants du Christianisme et de l'Occident. Notre présence et celle de nos frères auxquels
nous avons ouvert le chemin, a répondu : La France est toujours la
nation chrétienne par excellence, généreuse, charitable, dévouée à
tous les sacrifices et à toutes les bonnes œuvres. Les établissements
catholiques ont été encouragés, le prestige de la France relevé aux
yeux des schismatiques, des juifs et des mahométans.

IX

DERNIERS INCIDENTS

J'aurais bien encore à vous dire les quelques incidents que présenta notre retour ; ce vicaire d'Abbeville, par exemple, laissé à Lyon pour avoir voulu visiter N.-D.-de-Fourvière, malgré nos réclamations ; la manière solennelle dont quelques-uns d'entre nous ont été reçus dans leurs paroisses, avec croix et bannières, au son de toutes les cloches, comme les pèlerins du moyen âge ; l'avidité, au moins la satisfaction avec laquelle on a partout accueilli nos *souvenirs* et nos récits ; la conclusion du pèlerinage à Rome même, aux pieds du Saint-Père. Il y aurait encore abondante matière à éd'fication. Mais ce récit s'est déjà bien longtemps prolongé, trop longtemps peut-être pour plusieurs. Dans tous les cas, s'il a pu vous intéresser quelquefois, s'il a pu vous suggérer quelques bons sentiments, je me crois suffisamment dédommagé. Veuillez, ami lecteur, ne pas m'oublier auprès du bon Maître et obtenir que je ne laisse pas sans les faire fructifier toutes les grâces attachées à la visite et aux souvenirs des Saints Lieux.

CHAPITRE XXIII [1]

LES PÈLERINS EN ITALIE

I

VOYAGE, TURIN, MILAN, BOLOGNE, ASSISE

Il était convenu que les grandes croix d'olivier arborées sur les deux vaisseaux pendant la traversée et portées triomphalement dans *la Voie Douloureuse*, seraient remises au Saint-Père avec les noms de tous les pèlerins et des bienfaiteurs du pèlerinage. Ce qui ne put s'exécuter en revenant de la Terre-Sainte fut remis à l'automne. Les représentants du pèlerinage, au nombre de plus de trois cents, s'étaient donné rendez-vous autour du tombeau de saint François, dans l'octave du septième centenaire de sa mort. Le 9 octobre ils étaient à Assise ; le 10 au soir ils arrivaient à Rome et le 15 ils étaient reçus en audience solennelle par le Souverain Pontife.

Tout ce voyage, à l'aller et au retour, ne fut qu'une longue fête. A Turin, on vénéra le *Saint-Suaire* et l'on visita l'orphelinat de dom Bosco. C'est un homme bien extraordinaire que dom Bosco. Traité

(1) La relation qu'on vient de lire était imprimée quand on m'a engagé à y joindre quelques développements, quelques épisodes qui se rattachent assez étroitement à mon récit et qui intéresseront, je crois, la curiosité et la piété des fidèles.

d'insensé dans les débuts de sa vie tout apostolique, il a ouvert la voie du salut à plus de cent cinquante mille enfants abandonnés ; les plus déshérités de la nature, les bandits du jeune âge ont toujours eu ses faveurs, et dans le nombre il a su distinguer jusqu'à vingt mille vocations sacerdotales ; il est à la tête d'une multitude d'orphelinats disséminés en Europe et en Amérique ; toute son existence n'est qu'un tissu de prodiges et d'œuvres surnaturelles. — A Gênes, visite au chef de saint Jean-Baptiste et au *Sacro Cattino*, le plat qui l'a porté. — Milan est embaumé des souvenirs de saint Gervais et de saint Protais, de saint Ambroise, de saint Augustin, de saint Charles Borromée. — A Bologne, on peut contempler le corps encore flexible de sainte Catherine assis sur un trône, noirci par un incendie qui ne l'a point consumé, les lèvres et le menton de la blancheur du lait depuis que dans une apparition de la nuit de Noël 1445, ils ont touché au visage de l'Enfant-Jésus. — A Assise, que de trésors ! La Portioncule, la chambre de saint François, l'étable où il est né, le rosier de sainte Claire, le voile de la Vierge. L'archevêque de Pérouse vint saluer les pèlerins ; il y eut des communions nombreuses, de très belles processions. — Lorette et la *Santa Casa* réveillèrent toutes les émotions de Nazareth.

II

SPOLÈTE

De Spolète un pèlerin écrit :

Nos chers compagnons sont en marche vers Lorette. Ayant eu le bonheur de visiter déjà ce sanctuaire, je fais halte à Spolète, ancienne capitale des Etrusques, moins célèbre par ses souvenirs historiques que par la gloire d'avoir eu pendant sept ans pour archevêque l'im-

mortel Pie IX. Le souvenir de ses vertus et de sa merveilleuse charité
y est toujours vivant. J'ai visité sa chambre comme on visite la demeure des Saints. Par vénération pour sa mémoire, ses successeurs
ne l'ont pas habitée. Aussi lorsque, comme pontife et roi, Pie IX fit
la visite de Spolète, où il fut reçu avec un enthousiasme indescrip-
tible, il la trouva intacte, n'ayant pour ornement de plus que son
premier portrait que j'ai vu dans la galerie de l'archevêché et où,
sous sa figure de trente-deux ans, rayonne déjà son cœur et son génie.

Son saint épiscopat a porté visiblement la bénédiction dans cet
antique et célèbre diocèse ; trois grands faits qui tiennent du prodige
s'y sont accomplis ; j'ai eu le bonheur de les constater de mes propres
yeux :

1° L'apparition miraculeuse de la sainte Vierge à un petit enfant
de cinq ans, nommé Henri, actuellement prêtre et religieux; apparition prouvée par de nombreux et grands miracles dont j'ai vu les
ex-voto, miracles officiellement constatés par l'autorité épiscopale
qui, grâce au perpétuel concours des pèlerins, a pu faire construire
sur le lieu même, dans la campagne de Spolète, une splendide église
sous le titre : *A Marie, secours des Chrétiens;*

2° La glorieuse canonisation de sainte Claire de Montefalco, dont
le corps, depuis plus de cinq cents ans, est dans un état inouï de
conservation; c'est le corps saint le mieux conservé qu'il y ait sur
la terre : même blancheur de traits, même suavité d'expression dans
la figure. Les religieuses augustiniennes de son couvent m'ont montré
séparément le cœur de la sainte; il est aussi admirablement conservé que la figure; il est d'un rouge incarnat; il s'ouvre en deux
parts comme un livre, et contient, parfaitement distincts et parfaitement visibles, les instruments de la Passion entourant une croix
sur laquelle est parfaitement dessiné le corps du Christ; cette croix
est à peu près grande d'un pouce. Les bonnes religieuses m'ont

montré aussi, dans un reliquaire de cristal, les *trois petites boules* plus dures que le diamant, trouvées près de son cœur comme témoignage miraculeux de son immense amour pour la sainte Trinité. Ici, le miracle est permanent : une de ces boules, mise dans une balance, pèse autant que les trois réunies, et celles-ci pas plus qu'une seule;

3° Le troisième fait merveilleux vient de s'accomplir. Je le tiens de l'archevêque ; j'ai pu voir de mes propres yeux et recueillir moi-même les témoignages. Voici le fait dans la plus exacte vérité :

A deux lieues de Spolète, sur la paroisse de Castello, et dans une propriété du député Fratellini, se trouve un petit atelier. Or, il y a près d'un mois, le 20 septembre dernier, jour anniversaire de l'entrée des Piémontais à Rome, des flammes et des étincelles sortirent de la muraille de l'atelier, à l'intérieur, à la hauteur de deux mètres. Comme c'était au milieu du jour et que le soleil donnait sur la muraille, on fut bien un peu étonné, mais on ne s'y arrêta pas beaucoup. Quinze jours après, le même fait se reproduit; on n'y attacha pas plus d'importance. Enfin le mercredi 18 octobre (avant-hier), le même prodige se renouvelle, mais avec des circonstances particulières ; c'est vers cinq heures du soir et sept fois de suite; et les flammes de plus en plus éblouissantes et de diverses couleurs montent jusqu'au plafond. Tous les spectateurs, et ils étaient nombreux, et avec eux le député Fratellini, sont éblouis et atterrés : ils me l'ont affirmé eux-mêmes. On remet cependant au lendemain pour percer le mur et chercher la raison du prodige. A huit heures, un maçon est appelé ; armé de son marteau, il frappe à l'endroit d'où étaient sorties les flammes, et on trouve, dans un vide pratiqué au milieu du mur, enveloppé dans un voile de calice, un magnifique tableau sur toile de Jésus-Christ en croix, avec la Vierge d'un côté et saint Jean de l'autre; de la grandeur d'un mètre environ, avec ces mots parfaitement écrits en italien :

« Cette image miraculeuse que possédait la famille Orsini... a été placée ici en 1793, pour être sauvée. »

L'archevêque de Spolète s'est rendu lui-même sur les lieux et s'occupe du procès-verbal.

N'y a-t-il pas quelque chose de frappant dans cette image du Christ, disparaissant en 1793, quand les Français entrent en Italie pour insulter la Croix et la Papauté, et reparaissant au milieu des flammes lumineuses, en 1882, quand les Français reviennent à Rome pour honorer le chef suprême de l'Église et installer la Croix en triomphe au Vatican?...

III

A ROME

A Rome, le temps ne fut pas perdu, les occupations devinrent multiples et variées : visiter le tombeau de sainte Monique et la madone *del Parto* dans l'église de Saint-Augustin ; vénérer la Sainte-Crèche à Sainte-Marie-Majeure, la colonne de la Flagellation venue de la maison de Caïphe à Sainte-Praxède, plusieurs instruments de la Passion à Sainte-Croix de Jérusalem, la lance et le voile de Véronique (1) à Saint-Pierre du Vatican, la *Scala Santa* de Saint-Jean-de-Latran, la *Scala Santa* surtout, cette relique de Jérusalem, qui, selon la pensée d'un de nos excellents confrères (2), servit au dernier pèle-

____

(1) La maison de Véronique (VIe Station) vient d'être achetée 60,000 francs par les Grecs catholiques (juin 1883). Les musulmans en ont fortement exagéré le prix, parce que, d'après eux, ce sanctuaire recèle la sépulture d'un Santon (grand personnage de l'Islam).

(2) M. l'abbé Mourot, *La Terre-Sainte et le pèlerinage de pénitence.*

Indépendamment des articles nombreux suscités par le grand pèlerinage soit

rinage du Christ avant d'aller au calvaire, et au dernier pèlerinage
de Pie IX avant d'être enfermé au Vatican par la Révolution
triomphante. L'ascension de l'escalier du Prétoire nous est recom-
mandée par le testament de Pie IX : « Allez à la *Scala Santa*, avait-
il dit un jour au directeur du pèlerinage français, et montez-la en
mon nom avec vos pèlerins, puisque je ne puis le faire moi-même. »

Le 14 octobre les pèlerins présents à Rome, quatre cents environ,
étaient réunis dans la basilique de Saint-Pierre, et le père Marie-
Antoine chantait devant eux dans un discours, disons mieux, dans
un poème à l'honneur de Dieu et de la Croix, les merveilles que Dieu
a opérées par son Eglise et par la France, et ce que les pèlerins
doivent s'efforcer d'opérer eux-mêmes dans le même but, au prix de
tous les sacrifices.

IV

LÉON XIII, ADRESSE DES PÈLERINS

Après ce magnifique discours, l'enthousiasme était à son comble.
Il ne fallait plus que voir le pape.

Le lendemain 15 octobre, troisième centenaire de la mort de
sainte Thérèse, les pèlerins, munis de leurs cartes, la croix rouge
sur la poitrine, étaient introduits dans la grande salle ducale splen-

dans les journaux, soit dans les revues catholiques, une effervescence d'ou-
vrages spéciaux a surgi presque subitement. Je signalerai :
Pèlerinage populaire de pénitence aux Saints Lieux, par M. l'abbé Toupin;
Pèlerinage de Jérusalem (1882); *Notes de voyage, impressions et souvenirs*,
par M. l'abbé Roux ; *Sentiments inspirés par le pèlerinage de pénitence à
Jérusalem*, par Mme la marquise de Villeneuve-Arifat; la *Croisade de la pénitence*, par la rédaction du *Pèlerin ;* le *Pèlerinage de pénitence à Jérusalem*,
discours de M. de l'Epinois.

didement décorée. Les croix des deux navires, hautes de sept mètres, faites du bois d'un olivier gigantesque fourni par les Sœurs de l'Assomption de Nice, avaient été préalablement dressées des deux côtés du trône pontifical. Dans le bas de chacune d'elles, on avait scellé des tablettes de plomb contenant les noms des pèlerins et des bienfaiteurs du pèlerinage.

A midi, le Souverain Pontife fait son entrée solennelle entouré de ses gardes du corps et d'une escorte de dix-huit cardinaux. Il promène sur l'assistance un regard plein de douceur et de majesté, puis il prend place sur son trône.

Je donne la magnifique adresse lue par le P. Picard et le remarquable discours de Sa Sainteté Léon XIII. Ces deux documents compléteront à merveille notre récit du pèlerinage de pénitence de France à Jérusalem.

Le P. Picard a parlé en ces termes :

« En nous bénissant l'an dernier, Votre Sainteté donnait comme patron à nos pèlerinages le pèlerin Benoit-Joseph Labre et traçait le sillon lumineux qui devait nous conduire à Jérusalem.

« L'entreprise était réputée impossible, mais qu'y a-t-il d'impossible aux enfants de l'Église, lorsqu'ils restent fidèles à l'esprit de leur Père?

« Nous primes donc notre course à travers cette Méditerranée, tant de fois sillonnée par les Apôtres, et nous revenons aujourd'hui déposer au Vatican ces croix glorieuses, témoins de nos sacrifices et de nos joies.

« Ce sont ces croix, symboles de toute lumière, qui nous ont conduits à Jérusalem, comme l'étoile des mages.

« Nous les avons chargées sur nos épaules, nous disputant l'honneur de les porter au Calvaire, au milieu des Infidèles surpris d'un spectacle nouveau et pleurant une fois avec nous sur la Voie Douloureuse.

« A la base de ces croix, nous avons caché dans l'humilité les milliers de noms qui représentent les innombrables communions, messes, jeûnes, chemins de Croix, rosaires et sacrifices de toutes sortes accomplis en union avec le pèlerinage.

« Devant ces croix bénies, nous avons fait le serment d'être fidèles jusqu'à la mort au Vicaire de Jésus-Christ ; ce serment solennel, nous le renouvelons aujourd'hui en votre présence, et, faudrait-il verser notre sang, nous y serons fidèles.

« Elles sont donc précieuses pour nous, ces croix d'olivier, symboles de la paix ; puissent-elles se présenter ici comme le prélude du triomphe ! Puissent-elles, après avoir eu le bonheur de reposer huit jours à Jérusalem au tombeau du Sauveur, avoir l'honneur de se dresser bientôt à Rome dans l'enceinte des plaisirs et des spectacles sanglants du paganisme, au Colisée rendu à la Croix.

« Nos mains ne suffisaient pas à porter ici ces croix sanctifiées, il fallait à cette œuvre les mains cicatrisées de François.

« Les fils de saint François nous ont accueillis là-bas sur les traces sanglantes et glorieuses de l'Homme-Dieu, qu'ils gardent depuis des siècles avec une invincible constance ; ils nous accompagnent ici pour remercier Votre Sainteté d'avoir élevé si haut leur incomparable patriarche, de leur avoir donné cette admirable encyclique, où les mêmes lèvres qui préconisaient naguère l'Ange de l'École, célèbrent aujourd'hui le prince de la Pauvreté.

« Le trône de Pierre porte toujours ces deux grandes forces du Christ : la force de la doctrine qui s'impose avec une infaillible autorité, et la force de l'exemple qui attire avec une inéluctable douceur l'éclat de la science et la toute-puissance de la sainteté.

« Ces deux sœurs invincibles reposent comme en leur centre lumineux sur la Croix du Sauveur. Aussi la croix ne fera-t-elle jamais défaut aux successeurs de Pierre.

« La Croix ! Elle ne manque pas aujourd'hui à Votre Sainteté. Croix douloureuse qui tient captif et dépouillé de ses domaines le Père commun des fidèles. Croix plus douloureuse encore de la haine qui poursuit l'innocence de l'enfant. Croix menaçante de la laïcisation universelle. Le puissant ministre d'Assuérus avait aussi préparé une grande croix pour y faire souffrir celui qui avait la garde de la reine Esther, cette douce figure de Marie et de l'Église : *Jussit excelsam parari crucem...* Mais bientôt, sur l'ordre du roi, le persécuteur Aman était attaché lui-même sur cette croix qui devenait pour le peuple de Dieu l'instrument de salut. *Et ipsum jussit affigi cruci.*

« Aujourd'hui encore, les puissants du monde ont dressé une croix gigantesque au gardien de cette épouse du Roi des rois qui est l'Église. Ils se croient assurés de la victoire et s'exaltent dans leur orgueil. Ils se trompent. Par leurs prières, par leurs larmes, par leurs sacrifices, tous les chrétiens leur crient, nous leur crions tous : Cessez votre labeur ingrat, car cette croix que vous élevez pour y clouer le Pontife sera votre gibet.

« Depuis la mort du Sauveur, la croix de la victime est et sera toujours l'instrument de son triomphe.

Ad multos annos
Vive Léon XIII! »

PLACE SAINT-PIERRE.

V

RÉPONSE DU PAPE.

Le Saint Père a répondu en français :

« Très chers fils,

« Soyez les bienvenus, très chers fils! La France vous envoie à Nous cette année encore, elle aime ainsi à Nous donner un nouveau témoignage de son filial attachement. Soyez donc les bienvenus. Nous le répétons avec insistance pour vous exprimer la joie que Nous éprouvons de vous revoir.

« Animés d'un sentiment de foi sincère et pénétrés de la nécessité d'apaiser la justice de Dieu et de la rendre propice à votre pays si rudement éprouvé, vous avez entrepris en grand nombre, et dans un esprit de pénitence et de réparation, le grand pèlerinage de Jérusalem. Nous vous félicitons de l'avoir heureusement accompli à l'ombre de la Croix. Ce même esprit d'expiation a guidé vos pas vers les sanctuaires d'Italie, et après vous être agenouillés sur le tombeau de l'humble pénitent d'Assise, c'est ici que vous êtes venus pour mettre à Rome le dernier sceau à votre voyage édifiant.

« Nous décernons de grand cœur, très chers fils, nos éloges bien mérités à la pensée qui a présidé à votre noble entreprise, et Nous voyons avec une satisfaction toute particulière que vous avez joint au pèlerinage des Lieux-Saints la visite de la Rome pontificale et du Vicaire de Jésus-Christ.

« En vous inclinant sur cette terre sacrée de Palestine, où se sont accomplis les ineffables mystères de la Rédemption, vous avez sans doute médité, au milieu des larmes, sur l'ingratitude des hommes qui avaient préparé le Calvaire au Fils de Dieu, descendu du ciel pour les combler de ses bienfaits et leur apporter le salut. Eh bien ! l'Église militante, qui reproduit en ce monde l'image de la vie mortelle du Sauveur, devait s'attendre, elle aussi, à être traitée par les hommes comme le fut son divin fondateur.

« Ne la voyons-nous pas, en effet, incessamment en butte au mépris, aux persécutions, aux haines des impies ? Or, à Celui qui, par la volonté du Très-Haut, tient sur la terre la redoutable charge de chef suprême de l'Église, était-il possible que ne fût pas réservée, à toute époque, une part assez large dans ses poignantes douleurs ?

« Toutefois, fils chéris, ces douleurs semblent avoir dépassé, de nos jours, la mesure ordinaire, surtout depuis que l'impiété a violemment établi son siège à Rome. La souveraineté reconnue encore au Pape rappelle la pourpre et le sceptre de Notre-Seigneur au prétoire. Les calomnies, les insultes, les outrages dont il est abreuvé à tout instant réveillent le souvenir des humiliations infligées au Fils de Dieu.

« Le Pontife suprême, privé de liberté, se trouve à la merci de pouvoirs qui lui sont hostiles, comme le fut jadis son divin Maître.

« En poursuivant cette douloureuse comparaison, il nous paraît que Nous voyons en vous, très chers fils, les représentants des disciples fidèles et des courageuses femmes qui n'ont jamais voulu se séparer du Sauveur : comme eux vous partagez nos peines et vous vous efforcez de Nous en alléger le poids. Cette constance, cette fidélité, ce dévouement sincère, dont vous Nous donnez tant de preuves, Nous les louons hautement, Nous en sommes reconnaissants et Nous vous encourageons à persévérer dans ces beaux sentiments de piété filiale.

« Et puisque Nous avons aujourd'hui la consolation de vous adresser la parole, reportant notre pensée vers la France, Nous vous répétons, d'après la même comparaison, les paroles mêmes que Jésus-

Christ disait aux femmes pieuses qui le suivaient au Calvaire : *Filiæ Jerusalem, super vos ipsas flete et super filios vestros.* « Filles de Jérusalem, pleurez sur vous-mêmes et sur vos enfants. » On frémit, en effet, à la vue des efforts que les sectes impies font à présent pour corrompre la France et la dépouiller de son glorieux caractère de nation catholique ; on est épouvanté à la vue de là guerre qu'elles y ont déclarée à la religion et à Dieu même.

« Dans ces moments d'une gravité incontestable et en présence de tels dangers, un impérieux devoir vous incombe, très chers fils, celui de veiller au salut de votre patrie et de redoubler de zèle et d'activité pour la défense des intérêts religieux si menacés. Mais pour que cette défense soit efficace, il faut avant tout l'union et l'accord fraternel de tous les bons catholiques ; il faut que les enfants fidèles de l'Église sachent imposer silence aux dissentiments des opinions humaines qui souvent les divisent. Il faut qu'ils apprennent à résister avec fermeté et avec ensemble au mal qui envahit la société tout entière. Il faut qu'ils n'oublient jamais que les discordes entre frères affaiblissent les résistances les plus légitimes et fortifient les ennemis de la vérité et de la justice. Et comme il s'agit ici d'un combat essentiellement religieux et moral, il est de nécessité absolue qu'il se livre sous la conduite et sous la direction des évêques établis par l'Esprit-Saint, pasteur des fidèles, et qui, unis avec Nous, sont leurs guides spirituels.

« Nous vous exhortons donc à vous montrer toujours dociles à leur voix et à les seconder en tout ce qu'ils entreprennent pour la défense de la religion et pour le salut de vos âmes. Cette concorde et cette union resserrant mieux vos rangs, vous donneront la victoire et, Dieu aidant, sauveront la France, et Nous verrons avec joie et bonheur se renouveler les grandes œuvres qui ont illustré votre nation à travers les siècles. Nous désirons que nos paroles soient entendues par tous les catholiques de France et reçues avec la soumission filiale dont vous êtes animés vous-mêmes.

« En attendant, Nous implorons du Très-Haut sur la France l'abondance des faveurs célestes et, comme témoignage de Notre affection paternelle, Nous vous accordons, à vous ici présents et à vos familles, la bénédiction apostolique (1). »

(1) Ce chapitre est extrait en grande partie du *Pèlerinage* de M. l'abbé Lian, curé d'Aignan.

CHAPITRE XXIV

LA SANTA CASA

(MAISON OU VÉCURENT JÉSUS, MARIE ET JOSEPH)

I

A NAZARETH

Quarante ans après la mort de Jésus-Christ, la Judée envahie par
les Romains, devint le théâtre de la guerre la plus désastreuse.
Nazareth subit le sort des autres villes et fut tellement dévastée
qu'au temps de saint Jérôme, ce n'était plus qu'une simple bourgade.
Cependant la piété des fidèles conserva le souvenir de la demeure
sacrée où s'était opéré le mystère de l'Incarnation. Sainte Hélène,
mère de l'empereur Constantin, non contente de vénérer cet auguste
sanctuaire, le fit débarrasser des ruines qui le couvraient, en le
conservant intact, et le renferma dans une magnifique église sur le
frontispice de laquelle on grava cette courte inscription :

« C'est ici le sanctuaire où a été jeté le premier fondement du
salut des hommes. »

Depuis cette époque jusque vers la fin du xiii⁰ siècle, l'histoire
fait mention d'une foule de saints et illustres personnages qui entreprennent des pèlerinages au sanctuaire de Nazareth. Je me contente
de nommer, au v⁰ siècle, sainte Paule et sainte Eustochie, sa fille, si

connues dans l'histoire de saint Jérôme ; au viie siècle, saint Jean Damascène ; au xiie siècle, le fameux Tancrède , et au xiiie siècle saint François d'Assise, et le cardinal Jacques de Vitry, patriarche de Jérusalem. Tous ces personnages supposent visiter l'*antique demeure où l'ange Gabriel salua Marie et lui apporta l'heureuse nouvelle.* Le jour de l'Anonciation 1252, le roi saint Louis reçut avec la communion des consolations extraordinaires dans *la chambre sacrée de la mère de Dieu.* Ce sont les paroles de son historien.

Par ces hommages extraordinaires la Providence semble avoir voulu fixer l'attention des Fidèles sur les prodiges qui allaient bientôt s'opérer.

II

LA SANTA CASA A TERSATZ

Après la prise de Ptolémaïs (1291), les Saints Lieux sont partout envahis, exposés au pillage, aux profanations des Infidèles. Déjà la magnifique église qui renferme la sainte maison de Marie a été renversée. Mais Dieu voulut conserver le sanctuaire lui-même à la piété des chrétiens. Le 10 mai, sous le pontificat de Nicolas IV, et le règne de Rodolphe de Hapsbourg, quelques habitants de Rauniza, entre Fiume et Tersatz, en Dalmatie, aperçoivent avec étonnement, au lever de l'aurore, un nouvel édifice dans un lieu où, jusque-là, il n'y avait ni maison ni cabane. Le bruit du prodige est bientôt répandu ; on accourt, on examine, on admire le bâtiment mystérieux, construit de petites pierres rouges et carrées, liées ensemble par du ciment ; on s'étonne de la singularité de sa structure, de son air d'antiquité, de sa forme orientale ; on ne peut surtout expliquer comment il se tient debout, posé sur la terre mouvante , un peu incliné, sans aucun fondement.

Mais la surprise augmente quand on pénètre dans l'intérieur. La chambre formait un carré oblong. Le plafond, surmonté d'un petit clocher, était de bois, peint en couleur d'azur parsemé d'étoiles dorées. Les murs, épais d'une coudée, étaient recouverts d'un enduit où l'on voyait en peinture les principaux faits du mystère de l'Incar-nation. Une porte assez large ouverte dans une des parties latérales, donnait entrée dans ce mystérieux séjour. A droite s'ouvrait une étroite et unique fenêtre. En face s'élevait un autel construit en pierres fortes et carrées, que dominait une croix grecque antique, ornée du crucifix peint sur une toile collée au bois, où se lisait le titre : Jésus de Nazareth, roi des Juifs.

Près de l'autel on apercevait une armoire d'une grande simplicité, destinée à recevoir les ustensiles nécessaires à un pauvre ménage ; elle renfermait quelques petits vases semblables à ceux| dont se servent les mères pour donner la nourriture à leurs enfants. A gauche, une espèce de cheminée, ou de foyer surmonté d'une niche pré-cieuse où est placée une statue de cèdre représentant Marie debout, portant l'enfant Jésus dans ses bras. Les visages étaient peints d'une espèce de couleur semblable à l'argent, mais noircis par le temps et par la fumée. La statue de la Vierge portait une couronne de perles, et ses cheveux, comme ceux de son fils, partagés à la nazaréenne, flottaient sur ses épaules. Son corps était vêtu d'une robe dorée qui, soutenue par une large ceinture, tombait flottante jusqu'à ses pieds. L'enfant Jésus, d'une taille plus grande que les enfants ordinaires, avec un visage où respirait une divine majesté, levait les premiers doigts de la main droite, comme pour donner la bénédiction, et de la gauche, soutenait un globe, symbole de son pouvoir souverain. L'image de Marie était couverte d'un manteau de laine rouge, qui se conserve encore aujourd'hui sans altération (1).

La stupeur était générale ; on se demandait inutilement d'où pouvait venir ce singulier sanctuaire, lorsque parut au milieu de la foule l'évêque Alexandre de Tersatz. Ce prélat, gravement malade et presque sans espoir de guérison, avait vu, la nuit précédente, Marie lui apparaître au milieu d'un chœur d'esprits bienheureux et lui annoncer que la maison apportée récemment en Dalmatie était la maison même *où le Verbe s'est fait chair*. En témoignage de la vérité de sa parole, Elle lui rendit à l'instant même la plus parfaite santé, et il put aller remercier publiquement sa bienfaitrice dans son sanctuaire.

Une preuve si éclatante de la verité du fait n'empêcha pas les autorités d'en constater l'authenticité. Nicolas Frangipani, seigneur de Tersatz et gouverneur de Dalmatie, informé de cette nouvelle, quitte l'armée de l'empereur Rodolphe, désigne quatre personnes distinguées par leur probité et leur intelligence, et parmi elles l'évêque Alexandre, pour aller examiner à Nazareth toutes les circonstances du prodige. Avant de partir, les commissaires prennent les mesures exactes de la maison et observent dans le plus grand détail toutes les particularités de sa structure.

Arrivés à Nazareth ils constatent que la maison de la Sainte Vierge a disparu au moment où l'apparition a eu lieu à Tersatz ; elle a été détachée de ses bases qui existent encore ; nulle différence entre la nature des pierres restées dans les fondements et celles du saint édifice ; conformité parfaite dans les mesures pour la longueur et la largeur du bâtiment et l'épaisseur des murailles. Leur témoignage

---

(1) J'ai donné cette description un peu détaillée, empruntée à M. Caillaud (Paris 1843), parce que telle est encore la disposition actuelle de la Santa Casa sauf une seconde porte ouverte en face de la première, et l'autel placé à gauche, devant le foyer.

est rédigé par écrit, confirmé par serment, authentiqué selon les formes voulues par la loi. Plus de doute, plus d'incertitude. La dévotion prend un rapide essor, les peuples accourent de toutes parts ; mais la joie des habitants ne devait pas être de longue durée. Il ne leur resta bientôt que la consolation d'élever sur l'emplacement de la Sainte Maison, et avec les mêmes dimensions, une petite chapelle, avec cette inscription : Lieu de la Sainte Maison, honorée maintenant à Lorette.

III

LA SANTA CASA EN ITALIE, LORETTE

Le 10 décembre 1294, la Sainte Maison était transportée au territoire de Recanati, près d'Ancône, dans une *forêt de lauriers*, d'où vient probablement le nom de Notre-Dame-de-Lorette. Des bergers qui veillaient à la garde de leurs troupeaux aperçurent les premiers une maison environnée d'une splendeur céleste, soutenue par la main des anges et transportée à travers l'espace. Les arbres s'inclinaient sur son passage, et « on les voit encore aujourd'hui, dit un auteur contemporain, penchés et recourbés, comme en signe de vénération. » La nouvelle qui s'en répandit, les miracles qui suivirent et des révélations faites en particulier à saint Nicolas de Tolentino amenèrent un concours de peuples semblable à celui qui s'était fait en Dalmatie, mais provoquèrent en même temps la cupidité et le brigandage. Les pieux visiteurs ne pouvaient traverser la forêt sans s'exposer à tomber entre les mains des voleurs. Marie devait veiller à la sûreté des Fidèles et à l'honneur de son sanctuaire.

Le 9 septembre 1295, la Sainte Maison est transportée un mille plus loin (environ 1,500 mètres), sur une colline située auprès du grand chemin de Recanati, appartenant à Étienne et à Siméon Rainaldi d'Antici. Mais comme les deux frères, unis jusque-là, se disputaient les riches offrandes des pèlerins, la sainte chapelle fut transportée une quatrième fois et placée sur une colline plus élevée, à l'endroit où on la voit aujourd'hui. Dès lors les témoignages les plus authentiques de son histoire augmentèrent de jour en jour la célébrité de ce saint lieu. Suivant les recommandations du pape Boniface VIII (1296), l'évêque de Recanati envoie une députation de seize notables de la province à Tersatz et à Nazareth, pour s'assurer de l'identité du sanctuaire. Vers 1530 c'est Clément VII qui confie la même mission à plusieurs de ses camériers les plus éclairés ; et, à chaque fois, il est établi avec une nouvelle évidence, s'il est possible, que les dimensions de la *Santa Casa* sont absolument celles des fondements restés à Nazareth ; que les pierres de couleur rougeâtre, traversées par des veines jaunes, assez semblables à la brique dont sont faites les murailles de la *Santa Casa*, sont communes à Nazareth et ne se trouvent en aucune carrière d'Italie ; qu'il y a accord parfait entre le temps de la disparition de Nazareth et celui de l'apparition en Dalmatie et à Lorette.

Le P. Riera ajoute le fait suivant : Les habitants de Recanati, craignant qu'une construction aussi fragile (14 pouces d'épaisseur), reposant sans fondement sur un sol irrégulier et mouvant (le roc est à 8 pieds plus bas), et exposée aux violences de la tempête, ne vint à s'écrouler, l'entourèrent, pour la soutenir, d'une muraille de brique absolument adhérente, et firent peindre sur cette muraille les principales circonstances de la merveilleuse translation. Mais quand l'ouvrage fut terminé, on trouva la nouvelle construction assez éloignée de l'ancienne pour qu'un enfant put facilement passer entre les deux, un flambeau à la main : preuve que Marie veillait à

la conservation de sa demeure et n'avait pas besoin d'un appui
étranger.

IV

FAVEURS PONTIFICALES, LES PRINCES, LES POPULATIONS

Aussi les Souverains Pontifes et, en particulier Léon X, Sixte V et
le savant Benoit XIV, après avoir constaté la réalité de cette translation, et les miracles éclatants opérés à Lorette, accordèrent des
faveurs sans nombre à l'illustre sanctuaire, l'enfermèrent dans une
splendide basilique de marbre, et permirent de faire l'office de cette
translation.

La dévotion, les présents des princes et des peuples allèrent toujours croissant. Pour se faire une idée de leur richesse et de leur
magnificence, il suffira de citer le fait suivant: Le roi Louis XIII, à
l'occasion de la naissance de son fils qui fut Louis XIV, offrit, comme
marque de sa reconnaissance envers Marie, deux couronnes d'or
chargées des pierres les plus précieuses ; un enfant d'or du poids de
24 livres et un ange d'argent qui présentait l'enfant à Marie, du poids
de 350 livres. Les offrandes des pèlerins formaient chaque année un
revenu de 60 à 100,000 francs.

Le concours des Fidèles ne fait qu'augmenter avec la facilité des
communications. Mais un fait intéressant à signaler, c'est l'affluence
des populations romagnoles et calabraises pendant le mois d'octobre.
Les pèlerins se mettent en route de dix, vingt, quarante lieues, les
jeudi, vendredi et samedi ; ce sont des familles entières, avec leurs
provisions, portées sur un modeste véhicule ; elles passent la journée
du dimanche au pied de Marie, assiègent les tribunaux de la péni-

tence et la table eucharistique et s'en retournent heureuses et forti-
fiées. Jamais je n'oublierai cette foule qui permet à peine de se mou-
voir dans les rues et surtont dans le sanctuaire, ni ces longues files
de voitures, des deux côtés des chemins qui arrivent à Lorette.

V

ÉTAT ACTUEL

La *Santa Casa* est placée sous le dôme de la basilique, au centre
de la croix dont le plan de l'église présente l'aspect. C'est un carré
long de 29 pieds, 8 pouces (9 mètres 3/4), large de 12 pieds, 8 pouces
et haut de 15 pieds, 5 pouces (4 m. 508 mill.) disposé dans le sens
de la longueur de l'église. Les murs un peu inclinés, mal alignés, et
épais seulement de 14 pouces reposent sans fondements et sans appui
sur un terrain mouvant et inégal. En dehors, à un pied de distance,
sont de magnifiques reliefs en marbre blanc. Ce qu'il y a de plus
vénérable dans ce sanctuaire, avec ses murailles, c'est l'ancien autel
de pierre, élevé, croit-on, par les Apôtres et recouvert d'un autel
de marbre où l'on dit actuellement la messe ; c'est, derrière l'autel,
la *sainte Camine* (saint foyer), sans conduit pour la fumée, comme
en Orient, qui fut à l'usage de la sainte Famille, et, à côté, les deux
tasses de terre, qu'on croit lui avoir également servi ; c'est la statue
de bois de cèdre, faite, croit-on, par saint Luc, et apportée de Nazareth comme la Sainte Maison et l'autel de pierre.

Le plafond, autrefois uni et constellé d'or, a été remplacé, sous le
pape Paul III (xvie siècle), par une élégante voûte, supportée par des
colonnes en volutes, découpée en petits carrés, parsemée d'étoiles
d'or et percée au milieu, d'une ouverture ovale qui permet à l'air de

se renouveler. Les murs sont recouverts de peintures fort anciennes qui représentent la sainte Vierge ou d'autres Saints.

Cet édifice n'est autre qu'un des appartements occupés par la Sainte Famille à Nazareth ; c'est la construction extérieure à la grotte souterraine de l'Incarnation ; c'est l'appartement où l'ange apparut à Marie et lui annonça le grand mystère. Les sentiments qu'on éprouve en visitant ce sanctuaire, en y offrant le saint sacrifice, sont les mêmes qu'à Nazareth. Ils sont inspirés par les souvenirs de l'Incarnation, de Jésus, Marie et Joseph.

CHAPITRE XXV

ÉTAT MORAL ET RELIGIEUX DE JÉRUSALEM. — LES MAHOMÉTANS.

I

LES TURCS

Malgré ce qui a été dit précédemment du Mahométisme et des différentes sectes chrétiennes, il est à propos d'ajouter ici quelques détails, pour en donner une idée plus complète.

Le Mahométisme (ou Islamisme, *foi, soumission*) tient le premier rang en Palestine et par le nombre et par la puissance de ses sectateurs. A Jérusalem il n'y en a cependant qu'environ huit mille: un millier de Turcs, qui appartiennent presque tous à l'armée et à l'administration, et sept mille Arabes, qui constituent le fond de la population. Les Turcs sont plutôt regardés comme des étrangers et des usurpateurs que comme des conquérants dont on reconnaît l'autorité.

Avec nos préjugés d'enfance, nous nous figurons de loin les Turcs comme des êtres féroces : de près ils nous ont paru, et ils sont actuellement, dit-on, les plus doux et les plus pacifiques des hommes, excepté quand la guerre ou les luttes religieuses viennent exciter leur fanatisme.

Les Turcs ont à leur tête, à Jérusalem, un *mouckir* ou gouverneur (nous disons un pacha), entre les mains duquel est réunie l'autorité militaire et l'autorité civile.

II

MAHOMET

L'Islamisme ou religion mahométane fut fondé par Mahomet qui naquit à la Mecque en 570. L'ignorance de Mahomet n'est pas douteuse ; il s'appelle lui-même *le prophète illettré ;* il a défendu à ses sectateurs d'étudier les fondements de sa doctrine, et son grand argument pour faire des prosélytes était le sabre avec ce court raisonnement : *Crois* ou *meurs.* — La corruption de ses mœurs n'est pas moins prouvée. Non content d'avoir plusieurs femmes, il enlevait celles d'autrui, sans aucune considération de parenté ni de décence publique. Pour peu qu'on ait lu son histoire, on ne peut voir en lui qu'un homme rusé, hypocrite, violent, vindicatif, ambitieux, ne reculant devant aucun moyen, aucun crime pour arriver à ses fins.

III

LE CORAN ET SA DOCTRINE

Le Mahométisme n'a pas de symbole bien précis. Le Coran, qui contient le fond de sa doctrine, est un mélange de vérités chrétiennes et de traditions orientales. C'est une composition sans ordre, pleine de sentences, de redites, de contradictions, de fables, d'anachronismes, d'erreurs de toutes sortes. L'article fondamental est renfermé dans la formule : « Dieu seul est Dieu, et Mahomet est son prophète. » Il a conservé avec cela, mêlécs à des fables ridicules, quelques vérités : l'immortalité de l'âme, le jugement dernier, les récompenses et les châtiments de la vie future, la croyance aux anges, aux démons, à la prière pour les morts, etc.

Il nous montre la volonté de Dieu planant immuable au-dessus des hommes. Tout ce qui arrive est *écrit*, fixé à l'avance, *c'est la destinée*, le fatalisme le plus absolu.

Le Coran reconnaît aussi l'origine divine de l'Ancien et du Nouveau Testament. Il reconnaît Abraham comme le père des *Croyants ;* David, Salomon, Jésus surtout, comme de grands prophètes, et vénère *Madame Marie, l'excellente vierge Marie*, comme exempte du péché originel.

IV

PRATIQUES RELIGIEUSES. — MINISTRES ET CÉRÉMONIES

Les pratiques du Coran sont en partie puisées dans la religion judaïque, en partie empruntées aux usages des patriarches, dont descendent les Arabes, par Ismaël, Ammon, les fils de Céthura. Ce sont la circoncision, les ablutions, l'abstinence de vin et de certaines viandes, l'aumône du deux et demi pour cent, le jeûne du rhamadan, la sanctification du vendredi, le pèlerinage à la Mecque, et la prière cinq fois tous les jours, le visage tourné vers la Mecque.

La prière est annoncée du haut des minarets par les *muezzins*, au chant varié de ces paroles : « Il n'y a que Dieu qui soit Dieu, et Mahomet est son prophète. » Pour faire sa prière, le mahométan se met sur un tapis, une natte, un habit étendu par terre ; il procède aux ablutions avec de l'eau, quand il en a, du sable, une substance sèche pulvérisée. Puis il se tourne vers la Mecque, élève les mains, les doigts entr'ouverts ; et mettant les pouces à la partie inférieure des oreilles, il dit: « Allah est très grand. » Ensuite il porte les mains sur le ventre, la droite sur la gauche ; les yeux fixés sur la place qu'il doit toucher en se prosternant. Enfin il doit éviter de bailler en priant, pour ne pas laisser au démon le moyen de s'introduire dans son corps.

Bon nombre de mahométans portent sur eux des espèces de chapelets à cent grains. Les quatre-vingt dix-neuf petits représentent les attributs divins ; le centième, qui est plus gros, représente le nom de Dieu (*Allah*). Toutes les fois qu'ils roulent ce chapelet dans leurs mains, ils croient proclamer les attributs et le nom de Dieu.

L'abstinence du vin est encore communément observée par les Arabes et les gens du peuple ; mais les Turcs, au moins ceux qui ont été en relation avec l'Europe, ne s'en préoccupent plus guère, loin des yeux du public. — Le commencement et la fin du jeûne sont annoncés dans les villes par un coup de canon, au lever et au coucher du soleil. Entre ces deux limites, toute alimentation est sévèrement interdite. Mais on prend ses précautions auparavant et après on se dédommage. — Le pèlerinage de la Mecque donne droit à une foule de privilèges, et spécialement à la vénération publique pour toute la vie. — Rarement un Arabe s'abstient de la prière aux heures prescrites ; le respect humain ne lui est guère connu. On a vu sous ce rapport Abd-El-Kader donner un bel exemple en 1852. Il venait d'être introduit dans le grand salon d'attente au palais de Saint-Cloud, pour rendre visite au prince président, Louis-Napoléon. La pendule ayant sonné une heure consacrée à la prière, il interrompt une conversation animée, s'excuse auprès du ministre et du général qui lui tenaient compagnie, étend à terre son burnous sur lequel il se met à genoux, et, sa prière terminée, reprend la conversation avec simplicité et sans affectation.

La religion, comme la loi civile et pénale (car on ne sépare pas ces choses en Orient), est gardée, expliquée et appliquée par le corps des *oulemas* ou lettrés. Les *imans* sont les ministres du *culte;* les *muftis*, les docteurs de la loi ; et les *cadis* rendent la justice. — Le mahométisme a aussi ses moines, les *derviches* et les *santons* qui font le vœu de pauvreté et de chasteté, mais ne s'inquiètent guère de l'observer. Les derviches *tourneurs* accomplissent des danses religieuses au son de la flûte et du tambourin. Les *hurleurs*, indépendamment de la danse et des contorsions qui l'accompagnent, prononcent à chaque mouvement du corps le cri : *ya hou!* ô lui! Ce cri, d'abord assez modéré, devient rapide, haletant, frénétique. Peu à peu le vertige s'empare des hurleurs, ils tombent dans un véritable délire, s'agitent jusqu'à l'entier épuisement de leurs forces; écumants, les yeux hagards, ils finissent par s'affaisser sur eux-mêmes dans les convulsions d'une épilepsie extatique. Il n'en faut pas davantage pour conquérir l'admiration du peuple.

Les *santons*, autre espèce de charlatans, vivent dans l'isolement et le vagabondage. Ils simulent la folie qui est sacrée en Orient, querellent, insultent les gens qu'ils rencontrent et se font livrer, sans autre raison que leur caprice, tout ce qui leur plaît.

Les marches nuptiales se font ordinairement la nuit, à la lueur des torches, avec un vacarme étourdissant. Les époux parcourent les rues en faisant porter avec ostentation devant eux les cadeaux, ainsi que les meubles qu'ils ont achetés ou empruntés pour la circonstance.

Chez les musulmans l'embonpoint est un grand honneur, c'est un peu la marque de la beauté, aussi n'est-il pas rare de voir des mères empâter leurs filles avec de la farine de riz ou de semoule, et les forcer à manger, comme on ferait du gibier de basse-cour. Il y a des officiers turcs qui se font des ventres postiches, pour en étaler les grâces sur le devant de leurs selles.

La barbe n'est pas en moindre considération ; fût-elle hérissée comme les buissons de nos forêts, pourvu qu'elle soit épaisse, c'est, disent les Arabes, une perfection de la nature humaine, une faveur divine que l'on ne doit pas déshonorer par une conduite vicieuse ; un homme sans barbe est digne d'un souverain mépris.

V

COTÉ MORAL ET SOCIAL DU MAHOMÉTISME

Mahomet n'a vu dans la religion que des rapports d'adoration et de prière avec Dieu.

On n'y trouve rien qui suppose une connaissance intime de tous nos besoins, du rôle de la femme dans la famille et dans la société ; rien qui tende au bien général de l'humanité. Il permet le parjure, la vengeance, la peine du talion. Comme son auteur avait suivi la pente de ses passions effrénées, il n'a garde de vouloir les réprimer en autrui. Il avilit complètement la femme en permettant la polygamie à ses adeptes et en leur donnant droit de vie et de mort sur les malheureuses qui peuplent les harems. La femme, reléguée dans un coin de la maison, inaccessible à tout regard étranger, entretenue à dessein dans l'ignorance et la corruption, est pour le musulman l'objet du plus profond mépris. « Il y a trois êtres, dit un proverbe arabe, dont on doit redouter la rencontre : le chameau, l'âne et la femme. »

L'infanticide est un crime d'autant plus fréquent parmi les mahométans qu'il demeure impuni. Là où le mariage n'existe pas, il ne

peut y avoir d'affection ni conjugale, ni paternelle, ni même maternelle. Comment après cela s'étonner que les musulmans soient attachés à une religion qui flatte si bassement leurs instincts mauvais ;
qu'il soit si difficile d'amener à la pureté chrétienne des malheureux qui
ont grandi dans la sensualité tolérée par le Coran? Aussi la conversion d'un mahométan est-elle chose bien rare. Il y a une chose cependant qui doit étonner, qui devrait humilier bien des chrétiens ;
c'est qu'avec de pareils principes les musulmans ne se permettent rien
extérieurement dans leurs paroles ni dans leurs manières qui puisse
blesser la plus sévère décence, du moins si j'en juge par mes yeux.

Inutile de rappeler ici ce qui a été dit précédemment de l'audace,
de la malpropreté, du sans-gêne des innombrables mendiants qui
vous assiègent, de quelques côtés que vous portiez vos pas.

VI

LES JUIFS

Les Juifs, au nombre de dix à quinze mille, forment une population
flottante, qui se renouvelle rapidement, parce qu'ils accourent, souvent avancés en âge, de tous les coins du globe, pour baiser les fondements du temple et être ensevelis dans la vallée de Josaphat. Ils
présentent l'aspect le plus bizarre avec leurs cheveux hérissés, les
costumes les plus variés, leur peau jaune et huileuse, et leurs yeux
rouges et éraillés. Ils sont entassés pêle-mêle, dans un espace étroit
et malpropre, entre le Moriah et le mont Sion, objets de défiance et
d'antipathie pour le reste des habitants. Si, depuis quelques années,
ils trouvent plus de tolérance, c'est grâce surtout à la charité du patriarche latin. On peut distinguer plusieurs sectes dont les princi-

pales sont celles des Espagnols, des Polonais et Allemands et enfin des Kéraïtes ou protestants. — Ils sont administrés par un grand rabbin et un conseil de six membres, dont trois rabbins et trois laïcs.

MM. de Rothschild et Montefiore, pour relever leurs coréligionnaires de leur abaissement, leur ont bâti deux magnifiques hospices, et chaque jour, d'abondants secours leur parviennent d'Europe, mais sans pouvoir les tirer de la misère. Ils ont bon nombre de synagogues où ils conservent la Bible avec un grand respect, entretenant des lampes allumées devant les armoires qui la renferment.

CHAPITRE XXVI

SECTES CHRÉTIENNES DISSIDENTES [1]

Tout ce qui porte le nom de chrétien a tenu à se grouper autour du Calvaire, du Saint-Sépulcre, et de tant de sanctuaires vénérables où Jésus a voulu souffrir et être glorifié pour notre salut. On s'y dispute la prééminence avec acharnement, parce qu'elle semble promettre dans un avenir plus ou moins éloigné une immense autorité sur l'Orient; on y attache une grande importance à la possession du moindre coin de terre.

Les sectes non catholiques peuvent se ramener à trois groupes principaux: 1° Les Eutychéens ou monophysites; 2° Les Grecs *non unis*, ou disciples de Photius; 3° Les protestants.

I

EUTYCHÉENS

Les sectateurs d'Eutychès condamnés comme hérétiques par le concile de Chalcédoine (451) rejettent : 1° la suprématie du pape;

[1] Pour éviter le nom malsonnant d'hérétique et maintenir la bonne harmonie, on appelle ordinairement les membres des différentes sectes hétérodoxes les frères *non unis*.

2° les deux natures en Jésus-Christ; ils ne reconnaissent que la nature divine; 3° La procession du Saint-Esprit *ex patre*.

Ils se subdivisent en trois sectes principales : 1° Les Syriens *non unis*, qui, par une contradiction singulière, en niant les deux natures, admettent, avec Nestorius, deux personnes en Jésus-Christ. Ils s'appellent encore *Jacobites*, du nom du moine Jacques, leur père. Ils sont peu nombreux et habitent sur le Sion, sur l'emplacement de la maison de Marie, mère de Jean ;

2° Les Abyssiniens et les Cophtes, également peu nombreux; de couleur noire et originaires d'Afrique. Ils habitent le même couvent au-dessus de la chapelle de la Sainte-Croix. Ils sont bons et pacifiques et il n'est pas rare de les voir revenir à la vraie foi;

3° Les plus riches et les plus nombreux des Eutychéens sont les Arméniens *non unis*. Ils sont de sept à huit cents, gouvernés par un patriarche et des évêques qui doivent leur élection au suffrage universel.

Le clergé inférieur comprend : 1° Les moines, peu instruits, voués au célibat et appliqués à la lecture des livres liturgiques; 2° le clergé séculier qui se compose des simples prêtres ordinairement mariés, pauvres et ignorants, et des docteurs qui sont plus instruits et doivent garder le célibat. C'est parmi eux que l'on prend les évêques, qui ne doivent pas être mariés. Leur liturgie remonte à saint Chrysostome.

La résidence de leur patriarche est sur le Sion, dans un magnifique couvent que les rois d'Espagne avaient fait bâtir pour les Franciscains. Ce n'est qu'assez récemment que leur patriarche arracha, par un singulier stratagème, la permission de célébrer au Saint-Sépulcre. Il feignit de se faire catholique, et quand il eut obtenu une partie de la grande coupole pour y célébrer l'office arménien, il retourna au schisme.

II

GRECS NON UNIS OU PHOTIENS

Quoique le schisme de Constantinople préparé par Photius (857) ait été consommé en 1062 par Michel Cérulaire, les Grecs de Jérusalem sont restés unis à Rome jusqu'au concile de Trente (1563). — Leurs principales erreurs consistent à rejeter l'autorité du pape, la prière pour les âmes du purgatoire et le *filioque* du symbole, prétendant que le Saint-Esprit ne procède que du Père.

Le patriarche reçoit l'investiture du sultan moyennant un bakchich de cent mille francs ; puis il vend les évêchés pour une somme qui varie de quinze à vingt mille francs. Les évêques vendent à leur tour l'ordination au clergé composé de prêtres mariés et de moines, et les prêtres vendent également les sacrements et les plus belles places dans le paradis qui sont cotées cher. C'est le commerce de Simon le Magicien sur toute la ligne.

Les Grecs sont environ trois mille à Jérusalem. On connaît leur mauvaise foi, leur habileté à saisir toutes les occasions de susciter des affaires aux Catholiques, de leur enlever leurs sanctuaires et leurs droits, grâce à leur richesse et à l'appui de la Russie.

Le clergé grec de Jérusalem se compose du patriarche, de six évêques et d'une soixantaine de moines répartis en divers couvents où ils reçoivent chaque année des milliers de pèlerins venus surtout de la Russie.

III

LE FEU SACRÉ DES GRECS

On connaît la cérémonie du *feu nouveau* que le prêtre catholique
fait jaillir d'un caillou le Samedi Saint, pour figurer Jésus-Christ
lumière du monde, sortant ressuscité des ténèbres du tombeau. Mais
voici la contrefaçon, telle à peu près que la raconte un témoin oculaire, le P. de Damas. Le Vendredi Saint, l'office terminé, on ouvre
les portes de l'église. Les Arméniens, les Grecs et les Russes s'y pré-
cipitent en foule, apportant leur petit mobilier, car il s'agit d'y passer vingt-quatre heures. Les hommes sont chargés de matelas, de
nattes, de couvertures roulées dans des tapis; les femmes, leurs
enfants dans les bras, portent des vases de terre avec de l'eau,
quelques olives, des galettes, du lait caillé. Tout ce monde envahit
l'église en un clin d'œil. La rotonde remplie, on se réfugie dans le
chœur des Grecs, dans les bas-côtés, sur les rayons des grandes
armoires qui garnissent les bas-côtés.

Placés sur les hautes tribunes qui courent sous la grande coupole, nous y étions merveilleusement pour voir sans y être foulés.
Une multitude immense jonchait l'église. On était si pressé qu'un
individu ne pouvait se remuer sans agiter la masse entière. Un
homme venait-il à se tourner ou à faire un mouvement quelconque,
c'était comme une ondulation des flots de la mer. D'en haut, nous
ne voyions que des têtes ; et comme toutes étaient couvertes de
l'inévitable tarbouch (espèce de cône tronqué), nous voyions les agita-
tions de ces flots rouges qui ne ressemblaient à rien de connu. Au
milieu de la foule, deux lignes de soldats turcs protégeaient un chemin circulaire pour la procession des évêques. A tout moment, je

m'imaginais que la foule compacte allait crever les haies et envahir l'espace réservé. Rien de semblable n'eut lieu. Il est vrai que les officiers avaient pris le bon moyen pour calmer les ardeurs inconsidérées : armés d'un fort nerf de bœuf, appelé *courbach*, ils surveillaient de près, et lorsque le mouvement ou les cris devenaient trop forts, ils frappaient impitoyablement sur les têtes. Chacun alors de chercher à s'abriter sc as l'épaule de son voisin ; il y avait éclipse de bonnets rouges, on faisait le mort et l'ordre se rétablissait. Les premières leçons vigoureusement données firent effet, en sorte que, vers la fin, il suffisait qu'un officier promenât son courbach sur les têtes pour rappeler à l'ordre.

. Cependant l'archevêque grec de Pétra, qui est en possession du droit de faire le miracle du feu nouveau, allumé miraculeusement par le Seigneur, et que l'on appelle pour cela l'*évêque du feu*, le patriarche arménien, le patriarche syrien sortirent de la basilique des Grecs, et commencèrent une procession préparatoire le long de la ligne circulaire protégée par les soldats. Ensuite ils s'enfermèrent mystérieusement dans le Saint-Sépulcre. Dire ce qu'il y eut alors de frénésie dans la multitude immense serait impossible. C'étaient des cris, des trépignements sans fin. Des hommes montaient les uns sur les autres et formaient des pyramides humaines. Au haut de la pyramide, un exalté battait le briquet, allumait une petite bougie, et criait par dérision : « Voilà le feu des Catholiques. » Il faisait allusion au prétendu miracle, dont les schismatiques seraient en possession, de recevoir leur feu sacré directement du ciel. On chantait des paroles qui respiraient la haine contre les Juifs déicides et exaltaient les Chrétiens. Chacun tenait en main une petite bougie. Tous la levaient en l'air, car c'est un grand privilège parmi eux d'être des premiers à recevoir le feu ; on le croit sans doute plus pur.

Tout à coup la petite porte du Saint-Sépulcre s'ouvrit. Couvert d'une simple chemise blanche, comme un homme qui ne peut supporter les ardeurs célestes, l'archevêque de Pétra s'élance, un cierge allumé dans la main. En même temps, par deux lucarnes pratiquées dans la chapelle de l'Ange, deux cierges présentent leurs flammes. Des hourras frénétiques se font entendre. On se presse, on se pousse ; tout le monde veut allumer sa bougie. Bientôt l'église vue d'en haut ressemble à une mer de feu. Chacun promène sa bougie autour de ses cheveux, de sa barbe, de toutes les parties de son corps. Les femmes la font passer jusque sous leurs vêtements. C'est une manière de se purifier. Pendant ce temps-là l'évêque du *feu* et les autres, revêtus de magnifiques ornements sacerdotaux, recommencent leur procession circulaire pour retourner à la chapelle des Grecs. Enfin un officier turc donne le signal ; on éteint les cierges ; les portes s'ouvrent ; la multitude s'écoule, et tout rentre dans le silence.

Le P. de Géramb ajoute au récit de cette cérémonie, dont il avait été le témoin, une circonstance piquante. Ce jour-là, le gouverneur de Jérusalem, accompagné de ses principaux officiers, assistait à l'office ; c'est un droit qui lui est réservé ; il s'y montre même, quand il lui plaît, avec les femmes de son harem. Il était venu pour voir les différentes cérémonies, celle, entre autres, de la distribution du feu des Grecs. Chose remarquable, l'opération ne commence jamais, lorsqu'il est présent, qu'il n'en ait donné le signal. Dès qu'il eut parlé, le ciel obéit, et il fut visible que pour envoyer le feu sacré *aux objets de sa dilection* (les Grecs), Dieu avait eu la bonté d'attendre qu'un Turc eût donné la permission. Témoin de ces ridicules supercheries, des vociférations et du vacarme au milieu desquels elles réussissent, je suis forcé d'avouer que quelque chose me parut véritablement *prodigieux*, ce fut l'inconcevable stupidité de ceux qui en furent les dupes.

Lorsqu'un Grec a eu le bonheur d'assister à cette cérémonie, ses fêtes de Pâques sont terminées. Le dimanche lui-même, le grand jour que le Seigneur a fait, ne l'arrête pas. Aussi ne trouve-t-on, en sortant dans les rues que chameaux couchés, bagages amoncelés. On fait des ballots, on charge et on part ; sur les minuit, la ville tout à l'heure si vivante, si agitée est presque veuve de ses habitants de quelques jours.

Jadis les plus dévots pèlerins transportaient jusque chez eux le feu sacré, de chandelle en chandelle, sans le laisser s'éteindre, ce qui était un succès flatteur et une bénédiction. Mais, depuis plusieurs années, les capitaines de paquebots n'admettent plus à bord ces bougies allumées, même dans une lanterne.

IV

LES PROTESTANTS

Les protestants, avec leur absence de toute tradition, leur culte glacial et sans appareil extérieur, n'ont aucune chance de faire des prosélytes en Orient, où il faut surtout parler aux sens et à l'imagination. Tout au plus peuvent-ils amener quelques familles nécessiteuses, grecques ou juives, à fréquenter le temple, aussi longtemps qu'elles sont dans un besoin pressant. Il n'y a en réalité de vrais protestants à Jérusalem que le personnel des consulats de Prusse et d'Angleterre. Il n'est pas moins fâcheux de voir tous ces riches établissements, élevés par l'hérésie, ces écoles nombreuses qui sont comme un appel à l'apostasie, une provocation adressée à des consciences déjà si peu fermes dans le devoir. Un des côtés malheureux du caractère oriental, c'est, avec la mollesse, la soif de l'or et des jouissances, l'absence de toute conviction profonde, la facilité à changer de religion suivant les circonstances. Que de conversions sur lesquelles on comptait et qui duraient aussi longtemps que le mécontentement contre le pope (1). — Ce n'est qu'en 1840 que la Prusse et l'Angleterre, malgré leur désaccord en fait de doctrine, se sont entendues pour envoyer en commun, en qualité d'évêque protestant, un ancien juif du nom de Gobat. Il y avait dans ce fait, sans qu'on y ait songé sans doute, de quoi rendre sensible l'absence de foi et d'unité qui caractérise le protestantisme ; et l'emplacement du palais d'Hérode, choisi pour y bâtir l'église du nouveau culte, montrait combien les nouveaux venus attachaient peu d'importance aux souvenirs de Jésus-Christ.

(1) Prêtre Grec.

CHAPITRE XXVII

L'ÉGLISE ET LA FRANCE A JÉRUSALEM OU ETABLISSEMENTS ET ŒUVRES CATHOLIQUES

I

LES FRANCISCAINS (1)

Avant les Croisades, le Catholicisme suit, à Jérusalem, le sort de l'Église d'Orient. Après la prise de Ptolémaïs et la chute du royaume latin, les membres du clergé qui ne se sont pas soustraits par la fuite à la rage des Mahométans sont presque tous massacrés. Toute trace d'organisation ecclésiastique disparaît.

Les enfants de saint François, venus en Terre-Sainte à la suite de leur bienheureux père (1219), subissent le sort commun. En 1342, ils sont constitués gardiens des Saints-Lieux par le pape français Clément V ; et grâce aux libéralités du roi Robert et de la reine Sanche

---

(1) Saint François d'Assise a fondé trois ordres religieux qui ont fourni plusieurs millions de serviteurs à l'Église. Le nombre des religieux du premier ordre s'élevait à près de trois cent mille (trois cent mille) au siècle dernier.

Le premier ordre se subdivise en trois branches principales.

1° Les conventuels, qui sont l'ordre primitif, mitigé, selon l'esprit du frère Elie. Ils ont leur général spécial, résidant à Rome, aux Saints-Apôtres.

2° Les observants réformés, avec un général résidant à l'Ara-Cœli, ayant une juridiction d'*honneur* sur tout l'ordre. Ils se subdivisent : 1° en Cordeliers,

de Sicile, ils s'établissent sur le mont Sion, près du Cénacle. Quelques
années plus tard, les quinze religieux qui composent la communauté sont massacrés. Il serait trop long d'énumérer ici toutes les
vexations qu'ils eurent à subir de la part des schismatiques et des
musulmans, malgré les lettres des sultans et l'intervention des princes
chrétiens. Dans l'espace de six siècles, plus de huit mille d'entre eux
tombent victimes de la peste, ou sous le cimeterre des infidèles. Mais
ils ne perdent pas courage, et leur persévérance finit par triompher.

En 1549, ils sont chassés du Cénacle, sous prétexte que leur couvent pourrait servir de citadelle aux princes chrétiens et que des
chiens, comme on appelle quiconque n'est pas mahométan, ne devaient pas rester en possession du tombeau de David. Dix ans plus
tard ils achètent aux Géorgiens un couvent situé à l'angle nord-ouest
de Jérusalem, lui donnent le nom de Saint-Sauveur, en mémoire de
leur délivrance, et en font une vraie forteresse, un asile pour la population catholique et même pour tous les opprimés.

Saint-Sauveur n'est pas seulement un vaste couvent où résident
le révérendissime père Custode des Saints-Lieux, son vicaire et un
grand nombre de religieux (1), c'est aussi le centre des missions

Observantins, ou stricte observance ; 2° en Récollets ou très stricte observance ;
3° en Alcantarins ; 4° Bonaventurins.

3° Les Capucins, dont le général est à l'Immaculée-Conception, ou couvent
Barberini à Rome.

Le deuxième ordre, ou Clarisses, se subdivise en Colettines, Urbanistes et Ca-
pucines.

Le troisième ordre (Tiers-Ordre) se subdivise en Tiers-Ordre régulier et
Tiers-Ordre séculier ; chacun contient des hommes et des femmes.

Les pères de Terre-Sainte se rattachent à l'étroite observance du premier
ordre.

(1) La première dignité de l'ordre franciscain en Orient est celle du révérendissime P. Custode ; la seconde, celle du très révérend P. Vicaire ; la
troisième, celle du révérend P. Procureur. Ordinairement le premier est un
Italien ; le second, un Français ; le troisième, un Espagnol.

catholiques de la Syrie, de Chypre et de la Basse-Égypte, comme des œuvres les plus diverses. Les religieux et leurs élèves sont imprimeurs, médecins, cordonniers, tailleurs, teinturiers, fabricants de chapelets, d'ornements d'église, maîtres d'école, etc. etc. Le peu d'argent qu'ils peuvent recueillir se change en pain, en habits, en solde de loyer pour les pauvres, en remèdes pour les malades, etc.

Tout près de Saint-Sauveur s'élève la Casa-Nova (Nouvelle maison), vaste hôtellerie, des mieux situées et des mieux tenues. Du haut de sa terrasse on a une fort belle vue d'ensemble sur tout Jérusalem. Les Franciscains y hébergent généreusement quiconque vient leur demander l'hospitalité et se contentent de ce qu'on leur offre volontairement, dut-on ne les payer qu'en plaisanteries de mauvais goût, ou se vanter, comme d'une prodigalité ruineuse, de leur avoir versé un franc par jour, quand on a vécu en grand seigneur, et qu'on s'est fait appeler l'*émir des Francs*.

Les PP. de Terre-Sainte ont encore un troisième établissement contigu au Saint-Sépulcre, où ils veillent près du tombeau de Notre-Seigneur. Leur école apostolique est à Saint-Jean dans la montagne ; leur noviciat, à Bethléhem et leur théologie, au couvent de Saint-Sauveur.

Ils sont employés les uns à la garde des sanctuaires ; les autres au ministère paroissial et aux missions. Ils ont un personnel d'environ trois cent cinquante religieux, répartis dans la Palestine, la Syrie, la Basse-Égypte et l'île de Chypre. Ils occupent quarante-six couvents, desservent une cinquantaine de paroisses et quarante-quatre sanctuaires. Les principaux sont à Jérusalem, Bethléem, Saint-Jean, Emmaüs, Jaffa, Nazareth, le Thabor, Tibériade, etc. Toutes ces œuvres réclament d'immenses dépenses, aggravées encore par la nécessité de subvenir aux besoins d'une population très pauvre, chargée d'impôts, sans industrie et malheureusement sans activité.

A chaque instant ce sont de la part des Turcs, des avanies, des vexations auxquelles on n'échappe qu'à force d'argent!

II

LE PATRIARCAT

. Après la prise de Ptolémaïs et la mort du patriarche Nicolas
Anapiis englouti avec les malheureux qu'il recevait à son bord pour
les sauver, l'administration spirituelle de la Terre-Sainte resta aux
mains du R. P. Custode. Ce ne fut qu'en 1848 que Pie IX releva
l'antique siège de Saint-Jacques. Une des considérations qui l'amenèrent à prendre cette mesure fut d'utiliser le zèle de quelques jeunes
gens qui désiraient s'employer au salut des âmes et ne se trouvaient
pas la force d'embrasser les rigueurs de la règle franciscaine. Le
nouveau patriarche, Mgr Valerga, quoique n'ayant ni palais, ni église,
ni clergé, et obligé de lutter contre la défiance des uns, l'apathie
des autres, les rivalités jalouses des schismatiques, réussit cependant
par sa science, son zèle et son habileté à exercer un grand ascen-
dant sur toute la population, mahométane comme chrétienne, et à
ramener bien des schismatiques au sein de l'Eglise.

Il eut pour successeur, en 1873, son secrétaire, Mgr Vincent Bracco,
qui nous a accueillis avec tant de bienveillance et au Saint-Sépulcre
et dans son palais. Il a bien voulu nous dire lui-même l'heureuse
impression que notre pèlerinage a produite, la liberté dont jouissent
actuellement les Catholiques et le respect dont lui et ses prêtres sont
entourés.

Au premier rang des œuvres de son prédécesseur, continuées par
Mgr Bracco, il faut mettre l'achèvement du patriarcat, entre la porte de

Jaffa et les établissements franciscains. Cet édifice contient le palais du
patriarche, le grand séminaire et la jolie pro-cathédrale. La vraie cathédrale est l'église du Saint-Sépulcre où se font les offices des grandes
solennités. C'est à la pro-cathédrale que nous avons célébré les
fêtes de l'Ascension et de la Pentecôte et que nous avons inauguré
la statue de bronze de saint Pierre, faite sur le modèle de celle du
Vatican. Le but de cette cérémonie, comme l'a si bien exposé M. l'abbé
Metge, archiprêtre de Perpignan, était de rappeler aux schismatiques
de toutes sortes l'autorité de saint Pierre sur toutes les églises confirmée par la tradition unanime des siècles.

Une autre œuvre plus considérable est la formation d'un clergé
indigène au séminaire de Beit-Djallah, sous la direction du vicaire
général du patriarche et la création d'une quinzaine de paroisses
pourvues de nouveaux pasteurs.

III

LES FRÈRES DES ÉCOLES CHRÉTIENNES

Je ne saurais dire assez de bien de ce magnifique établissement,
de cette excellente maison, où nous avons été accueillis si fraternel-
lement ; de son zélé directeur, le cher frère Évagre et de tout son
personnel. C'est l'établissement français par excellence.

Dans un pays où toutes les sectes se heurtent et se jalousent, s'arrachent les sanctuaires et les enfants ; en face des vastes et riches
établissements où le schisme et l'hérésie, les Russes et les protestants surtout, donnent gratuitement l'instruction, le logement et la
nourriture à des milliers d'enfants, on sentait le besoin d'un ensei-
gnement solide et varié, des Écoles Chrétiennes. C'est en 1876 que

son Em. le Patriarche, d'accord avec les Franciscains et le consul de France, offrit aux frères des Écoles Chrétiennes un vaste terrain situé près de la muraille nord-ouest de Jérusalem, entre le patriarcat et le couvent de Saint-Sauveur. Ce n'était pas une petite entreprise ; que ne fallut-il pas dépenser d'argent, de santé, de patience, d'habileté, de persévérance, pour mener cette affaire à bonne fin ! Le seul déblaiement de l'espace occupé par la forteresse d'Hérode le Grand demanda six mois de travail non interrompu. Les deux premiers frères, arrivés en novembre 1876 pour diriger les travaux, succombèrent à la peine. Ce ne fut que le 15 octobre 1878 que Mgr Bracco, entouré de son clergé, des Franciscains, de tout le personnel du consulat, etc., put invoquer solennellement les bénédictions du ciel sur le nouvel établissement. Dès le lendemain, près de cent enfants et jeunes gens se pressaient autour des bons Frères. Depuis, ce nombre est allé augmentant tous les jours. Il s'élève en ce moment (1882) à près de 230, catholiques pour la plupart, mais on compte aussi des grecs, des arméniens, des mahométans, des juifs, des protestants, etc.

Déjà cette école a fourni plusieurs membres aux séminaires catholiques grec et latin ; d'autres se sont faits religieux : bien des conversions ont eu lieu ; bien des préventions se sont dissipées ; grand nombre de jeunes gens sortis de là se sont placés dans les meilleurs maisons de commerce, où ils sont fort appréciés : tous donnent par leur bonne conduite les plus douces consolations à leurs anciens maîtres. Nous avons pu nous-mêmes juger l'arbre par ses fruits, en voyant la bonne mine, la tenue parfaite de ceux de ces jeunes gens qu'on avait mis à notre disposition.

Ce n'est pas seulement à Jérusalem, à Jaffa et à Caïffa que l'on voudrait voir ces écoles ; mais c'est à Bethléem, à Ramlch, à Nazareth, à Naplouse, dans tous les centres populeux qu'il faudrait les établir, comme ont fait les protestants. De là elles répandraient aux environs la salutaire influence d'une éducation vraiment chrétienne, et la connaissance de notre belle langue que l'on étudie avec ardeur depuis quelques années ; elles élèveraient et affermiraient les caractères ; elles inculqueraient des habitudes d'ordre, de travail, de propreté, d'économie, hélas ! bien inconnues ; elles formeraient une génération dévouée à l'Église et sympathique à la France.

Les Frères des Écoles Chrétiennes ne reculent pas devant cette entreprise. Ils ont le projet d'établir à Jérusalem un juvénat pour y former des professeurs d'arabe et de français. Ils trouveraient en même temps des vocations pour leur Institut et pourraient ainsi combattre la propagande hérétique en Palestine, en Égypte et en Syrie. Mais, là comme en bien des endroits, la grande question, ce sont les ressources matérielles, au milieu d'une population pauvre, en face des prodigalités protestantes.

IV

AUTRES ÉTABLISSEMENTS

Je ne puis m'étendre sur les autres Instituts d'hommes qui offriraient cependant un grand intérêt et semblent appelés à faire un bien considérable. Je me contenterai de mentionner :

Le séminaire latin du Patriarcat, de 25 à 30 élèves ;

Le séminaire grec-uni de Sainte-Anne, sous la direction des PP. Blancs, de 40 à 50 élèves ;

La maîtrise des PP. Franciscains, de 25 à 30 élèves ;

Le maison St-Pierre, espèce d'école d'apprentissage des arts et métiers, fondée par le P. A. Ratisbonne, de 40 à 50 élèves ;

Ces quatre établissements sont des internats gratuits.

Les Grecs et les Arméniens catholiques ou unis ont aussi leurs sanctuaires, soit en construction, soit en projet.

Le R. P. Mathieu Lecomte (mort depuis), vient d'acheter, au nom des RR. PP. Dominicains, les ruines de l'église Saint-Étienne, où il se propose de bâtir un hospice pour recevoir les Français désireux de passer quelque temps en Terre-Sainte, soit pour y étudier sur place les Saintes Écritures et l'histoire du Peuple de Dieu, soit pour y finir leurs jours.

Les PP. de l'Assomption ont également acheté, en dehors des murs, au nord-ouest de Jérusalem, entre la porte de Jaffa et celle de Damas, un vaste terrain où ils élèvent un hospice pour les grandes caravanes, pour les pèlerinages de pénitence. Tout à côté se trouve l'hôpital Saint-Louis, dont nous allons bientôt parler.

V

DAMES DE SAINT-JOSEPH DE L'APPARITION

Le zèle et le dévouement des femmes chrétiennes ne pouvait rester en arrière, là où il y avait tant d'ignorance à dissiper, tant de misères à soulager. Aussi, sans parler du Carmel de la montagne des Oliviers, d'une salle d'asile et d'un orphelinat dirigés l'un par Mme Saxe, l'autre par Mlle Colomb, toutes deux françaises, je puis nommer les sœurs Saint-Joseph, les dames du Rosaire, les Filles de Charité de Saint-Vincent-de-Paul et les dames de Sion.

Les sœurs de Saint-Joseph de l'Apparition ont deux établissements à Jérusalem, le premier dans l'intérieur de la ville, où une partie des religieuses soigne avec une tendresse toute maternelle tous les malheureux qui se présentent ; l'autre partie donne gratuitement l'instruction à des jeunes filles pauvres.

Le second a été bâti hors les murs, à l'arrivée de Jaffa, par une femme d'esprit et de cœur, Mme la comtesse de Piellot, qui y consacre une soixantaine de mille francs chaque année. Il porte le nom de Saint-Louis. C'est une construction neuve, spacieuse, bien aérée, avec de vastes terrasses et de charmants jardins. Les malades y sont traités avec un soin, une affection que nous envient nos frères séparés dans leurs asiles mieux pourvus et plus confortables peut-être, mais moins recherchés. Plusieurs de nos compagnons ont pu en faire l'expérience.

VI

SŒURS DU ROSAIRE

Ces bonnes religieuses, qui sont aussi françaises, habitent près du patriarcat. Elles élèvent des orphelines, vont fonder des écoles dans les villages chrétiens et travaillent avec un talent particulier pour préparer de pieux souvenirs aux pèlerins.

VII

FILLES DE SAINT-VINCENT-DE-PAUL

Les sœurs de Charité, établies tout récemment dans Jérusalem (3 mai 1886), ont tenu à mettre leur communauté sous la protection de la Croix du Sauveur. Les Arabes, les voyant pour la première fois avec leur cornette blanche, ressemblant aux ailes d'un oiseau d'Orient, les ont appelées les *oiseaux blancs* de la France. Ce sont des oiseaux qui volent partout où il y a une misère à soulager. Elles sont installées dans le quartier arménien. Leur réputation de *médecins* les avait précédées. Aussi se virent-elles entourées de malheureux dès le lendemain de leur arrivée.

Suivant l'usage adopté par elles en Orient, elles reçoivent à leur dispensaire tous les malades pauvres qui se présentent. Après examen, elles envoient à l'hôpital Saint-Louis ceux dont l'état plus grave demande les soins d'un médecin ; elles soignent elles-mêmes les autres et donnent gratuitement les remèdes. Le soir, elles vont deux à deux visiter les malades pauvres à domicile. Cette visite est la partie la plus pénible de leur ministère. Souvent elles partent avec la pensée de ne voir que cinq ou six malades ; mais elles sont arrêtées au passage et ne rentrent qu'accablées de fatigue, après vingt, trente ou quarante visites. Aujourd'hui le nombre des malades soignés à leur dispensaire s'accroît énormément et s'élève certains jours jusqu'à trois cent cinquante.

VIII

LES DAMES DE SION

Les dames de Sion doivent leur origine au R. P. Alph. Ratisbonne qui, appelé miséricordieusement du judaïsme à la vraie foi, a consacré sa fortune et sa vie à la conversion de ses anciens co-religionnaires.

Le P. Alph. Ratisbonne a trois établissements en Terre-Sainte : 1° L'école d'apprentissage Saint-Pierre, dont nous avons parlé plus haut ; 2° le couvent de l'*Ecce Homo*, et l'orphelinat de Saint-Jean dans la Montagne, où l'on envoya les plus jeunes enfants, durant notre séjour à Jérusalem, afin de laisser place à un certain nombre de dames du pèlerinage. Je parlerai plus spécialement du couvent de l'*Ecce Homo*.

L'œuvre du P. Ratisbonne est surtout une œuvre d'expiation et de conversion. Aussi les dames de Sion, établies sur un sol arrosé du sang du Sauveur, tout près du Prétoire et de la Flagellation, en face des murailles témoins des humiliations du Fils de Dieu, font leur principale occupation de la pénitence et de la prière. Un de leurs cris les plus touchants, que nous n'avons pu entendre sans être profondément pénétrés, est cette parole du Sauveur demandant grâce pour ses bourreaux : « Mon Père, pardonnez-leur, car ils ne savent ce qu'ils font : *Pater, dimitte illis; non enim sciunt quid faciunt.* »

Mais avec cela, elles tiennent école, et reçoivent toutes les petites filles qu'on leur adresse, sans distinction de religion : grecques, juives, musulmanes, comme catholiques : elles leur apprennent à lire, à écrire, à coudre: en même temps qu'à parler français, et préparent en elles des femmes utiles et laborieuses.

Au-dessus de l'école primaire les dames de Sion ont une école destinée aux jeunes filles d'un rang plus élevé. Là encore les femmes de l'avenir apprennent à aimer la France et à secouer le joug des préjugés qui les éloignent du Catholicisme. Sans faire de prosélytisme auprès des enfants dont les familles ne sont pas catholiques, les pieuses *institutrices* ouvrent peu à peu les intelligences à la vérité et les cœurs à l'amour pratique du bien. Le spectacle de leur dévouement, de leur bonté, ne peut rester longtemps stérile ; le charme de leurs vertus finit par séduire leurs élèves peu habituées à de pareils exemples et par former des liens indissolubles. Ainsi on a vu telle fille du pacha de Jérusalem qui, ses études terminées, ne pouvait se séparer de ses saintes maîtresses et n'avait pas de plus douce jouissance que de leur rendre visite.

Mais l'œuvre principale des religieuses de Sion est l'orphelinat. On y recueille les enfants, spécialement les juives dont les familles y consentent. Toutes sont instruites dans la religion catholique ; élevées gratuitement ou à peu près, pendant de longues années, elles vivent comme au foyer de la famille, et dans ce délicieux intérieur, elles prennent des sentiments et des habitudes qui en feront des chrétiennes vraiment dignes de ce nom.

Les dames de Sion ont encore un dispensaire où elles distribuent aux nécessiteux de toute religion des secours de toute sorte, surtout des remèdes.

Ainsi tous les âges, toutes les conditions, tous les besoins trouvent lumière et assistance sous toutes les formes. Jérusalem est comme enserrée d'un réseau de bonnes œuvres, de vertus, de saints exemples qui finiront, dans un avenir plus ou moins prochain, s'il plaît à Dieu, par l'arracher à sa corruption, à sa mollesse, à son indifférence.

IX

LA FRANCE ET SES REPRÉSENTANTS A JÉRUSALEM

Mais ce n'est pas sans efforts que le bien peut s'opérer. Les passions mauvaises, la routine, les préjugés ne cèdent pas sans résistance la place à la vérité, à la justice, à la charité. La raison n'y suffit pas, il faut l'appui d'un bras étranger ; il faut souvent la force au service de la vérité. Ce bras, c'est la France qui, de tout temps, depuis Clovis, l'a présenté. La France n'est-elle pas le soldat du Christ et de son Église ! Les Français ne sont-ils pas les ouvriers de Dieu dans le monde ?

Clovis, à peine devenu chrétien, va combattre et détruire l'hérésie au midi de la Loire ; Charles Martel écrase l'islamisme à Poitiers ; Charlemagne, en même temps qu'il protège les pontifes romains de sa vaillante épée et repousse l'erreur en Germanie et en Espagne, Charlemagne obtient d'Haroun-al-Raschid la liberté pour les chrétiens en Orient et établit des monastères dans la Ville Sainte et sur le mont des Oliviers. Qu'est-ce que les Croisades, entreprises et dirigées surtout par les Francs, sinon la lutte armée du Christianisme, de la vérité, de la civilisation contre Mahomet, l'erreur et la barbarie? Quel est le but de saint Louis dans ses expéditions en Égypte et dans ses voyages en Terre Sainte, sinon de secourir ses frères dans la foi et de relever le nom et le prestige du Christianisme.

Dès que la paix a pu se rétablir entre l'Orient et l'Occident, les rois de France interviennent en faveur des chrétiens de la Terre Sainte et en sont reconnus comme les protecteurs naturels. Pour les Orientaux, Francs et Catholiques latins sont une seule et même chose.

En 1517, François 1er fait restituer aux Franciscains une partie du Cénacle. En 1540, il obtient la délivrance de quelques religieux qui avaient subi une atroce captivité de trente-neuf mois. Louis XIII donne à l'église du Saint-Sépulcre les plus beaux ornements qu'elle ait jamais possédés. Louis XIV et Louis XV prennent les Franciscains sous leur protection spéciale, sans toutefois pouvoir établir un consul à Jérusalem. En 1802, la grotte de l'Agonie est rendue aux Catholiques grâce à l'appui du maréchal Brune, ambassadeur à Constantinople. La guerre de Crimée, entreprise dans le but avoué de protéger les Saints Lieux contre les envahissements de la Russie, fit concevoir de belles espérances qui, hélas ! n'aboutirent point. Quand on traita de la paix, il eût été facile de réduire les prétentions des schismatiques, dont toute la force venait de l'appui de la Russie. Napoléon, déjà engagé dans les nœuds de la franc-maçonnerie ne pouvait attacher grande importance à cette question. Il n'était pas fâché *de rendre les Catholiques plus modestes,* comme si la dignité, la grandeur de la France n'étaient pas en cause, aussi bien que l'honneur et l'intérêt de l'Église ; comme si, aux yeux des populations orientales, les maîtres du Saint-Sépulcre n'étaient pas les vrais maîtres du pays. La Turquie dut donc céder aux prétentions des Grecs, quoiqu'elle se fût volontiers tournée vers nous, qui, vu notre éloignement, ne lui donnions aucune inquiétude. Ces dispositions sont bien exprimées par ce mot d'un haut personnage, durant notre séjour à Jérusalem : « Tant mieux que vous soyez ici ; les Russes enragent. » Au lieu de les faire enrager, on les a laissé étendre leur influence qui va grandissant de jour en jour !

Nous aurions les sympathies des Musulmans ; nous avions auss des droits et des intérêts à maintenir. Nos droits consacrés par bon nombre de firmans (pièce officielle du sultan) ont été spontanément reconnus par les Puissances au congrès de Berlin. Le consul de France, établi depuis 1843, est le protecteur avoué de tous les sanctuaires, de tous les Catholiques de Terre Sainte ; c'est à lui qu'on en réfère, dans les questions litigieuses où ils sont intéressés. Des honneurs particuliers lui sont rendus dans les cérémonies publiques ; il est le seul qui, au Saint-Sépulcre, reçoive l'encens des patriarches arméniens, grecs, syriens, aussi bien que des patriarches catholiques.

Quelle force pour la France, si nos gouvernants savaient toujours tirer parti de cette prééminence, maintenir bien haut le drapeau de l'Église ? C'est par là que nous conserverions l'estime, l'influence dans l'Orient. La cause de l'Église et celle de la France y sont étroitement unies ; quand l'une est puissante et honorée, c'est toujours au profit de l'autre. Plusieurs des représentants du pouvoir ont eu assez de bon sens pour le comprendre et agir en conséquence, malgré leurs sentiments peu chrétiens. Ainsi les a-t-on vu défendre les intérêts catholiques en Orient durant la grande Révolution. Gambetta lui-même ne disait-il pas qu'il fallait *ménager notre clientèle catholique.* Si on lui reprochait cette conduite, au moment où il persécutait, chassait les religieux du sol français, il avait une réponse toute préparée : La persécution n'est pas une marchandise à exporter au dehors.

On a eu communément le bon esprit de placer en Orient, à Jérusalem en particulier, des consuls chrétiens dans le vrai sens du mot, et de leur donner des instructions en rapport avec leur foi. N'eussent-ils pas eu ces sentiments en arrivant à leur poste, qu'ils ne tardaient pas à les prendre. Témoin cet ambassadeur qui à Rome s'était montré ouvertement hostile au Souverain Pontife (1), et qui, à Constantinople, défendit très activement les intérêts catholiques, et prépara le retour des Arméniens schismatiques au sein de l'Église. C'est sous l'empire de ces sentiments qu'un de nos ministres, fort peu clérical pourtant (2), disait à ses amis politiques : « Vous voulez supprimer les sommes allouées par la France à nos religieuses ; vous oubliez que ce sont les soutiens les plus puissants de notre influence et de notre honneur en Orient. »

C'est ce qui explique les égards avec lesquels nous avons été accueillis à Caïffa, à Nazareth, à Ramleh, à Jaffa, à Jérusalem surtout, partout où il y avait un représentant de la France. Puisse cette conduite leur être imputée, sans que nous ayons à rechercher si *tous* agissaient avec une pureté d'intention incontestable.

(1) M. Fournier.
(2) M. de Saint-Vallier.

CHAPITRE XXVIII

LE R. P. ALPH. RATISBONNE [1]

Alphonse Ratisbonne, né à Strasbourg en 1814, appartenait à une famille juive opulente et connue par sa générosité. Alphonse, élevé parmi des jeunes gens sans foi et amis du plaisir, était de la plus entière indifférence en fait de religion, ne songeait qu'à jouir de la vie et ne se croyait mis au monde que pour courir de fête en fête. Pour le Catholicisme en particulier, ce n'était pas seulement de l'indifférence qu'il ressentait, c'était de la haine, de l'horreur, depuis qu'il avait vu son frère Théodore converti, devenu prêtre, exercer son zèle sous les yeux de sa famille. Entré par la mort de ses parents en possession d'une grande fortune, fiancé à une riche juive qu'il aimait passionnément, placé par son oncle à la tête d'une des premières maisons de l'Alsace, il avait tout ce qu'il fallait pour s'attacher de plus en plus au judaïsme et suivre son goût pour les plaisirs.

En novembre 1841 il entreprend un voyage d'Orient et pour son agrément et pour raffermir sa santé. Après quelques semaines pas-

---

(1) La conversion du P. Alphonse Ratisbonne offre tant d'intérêt et d'édification qu'on en lit toujours les détails avec un nouveau plaisir. Le rôle qu'a joué le R. P. dans la régénération des juifs de Jérusalem est si important qu'il est tout naturel d'en dire quelques mots dans un volume consacré à la Terre Sainte.

sées à Naples et employées principalement à blasphémer contre les prêtres et contre la religion, il allait partir pour Malte, lorsque, contre toute prévision, sans trop savoir comment, presque malgré lui, il se met en chemin pour Rome. Là il rencontre un ami d'enfance, Gustave de Bussière, qui, dans son zèle de piétiste, s'efforce de l'amener au protestantisme. Il leur arrive souvent de discuter sur la religion. Mais ce prosélytisme semble d'un ridicule achevé à notre voyageur, et les conversations finissent ordinairement par ces deux mots : « protestant enragé; » — « juif encroûté. » Une visite que M. Ratisbonne fit au *Ghetto* (quartier où les Juifs étaient alors relégués), la vue de leur misère et le baptême solennel, à l'église de l'*Ara Cæli*, de deux israélites nouvellement convertis, excitèrent davantage encore sa rage contre l'Église. M. de Bussière, père de Gustave et excellent catholique, voulut à son tour entreprendre la conversion d'Alphonse. Il n'en reçut que ces mots pour toute réponse : « Monsieur, je suis né juif et juif je mourrai. D'ailleurs, permettez-moi de vous le dire, j'ai trop la superstition en horreur et je suis trop instruit pour me faire jamais catholique. » — « Puisque vous êtes un esprit-fort si éclairé, auriez-vous le courage de vous soumettre à une épreuve bien innocente ? » — Laquelle ? — « Ce serait de porter sur vous un objet que je vais vous donner... Voici ! C'est une médaille de la sainte Vierge (la médaille miraculeuse). » La proposition parut ridicule, mais fut acceptée, parce qu'elle fournirait un délicieux chapitre à des impressions de voyage.

« Mais, ajoute M. de Bussière, il faut compléter l'épreuve, en récitant matin et soir le *Memorare*, prière très efficace de saint Bernard à la sainte Vierge. » — Cette prière fut copiée machinalement, mais, les jours suivants, elle revenait sans cesse à l'esprit du *nouveau prosélyte*, qui s'efforçait en vain de l'éloigner. Il la répétait continuellement, comme ces airs de musique qui vous poursuivent,

vous impatientent, et qu'on fredonne malgré soi ; ce qui n'empêchait pas les plaisanteries, les blasphèmes contre les pratiques religieuses des Catholiques de suivre leur cours.

Cependant le 20 janvier, M. Ratisbonne, après avoir projeté dix
fois de partir pour Naples, était encore à Rome. Il avait passé la
matinée au café avec des amis qui ne l'avaient entretenu que de fu-
tilités. Si on lui eût parlé de renoncer au monde, à sa fiancée, d'adorer Jésus-Christ, de lui sacrifier sa fortune, ses amis, son avenir, il
eût regardé ce langage comme celui d'un insensé.

Dans l'après-midi il devait continuer de visiter les curiosités de
Rome en compagnie de M. de Bussière. Celui-ci étant monté à la sacristie de la paroisse Saint-André *delle fratte,* pour prendre des dispositions relatives aux funérailles de M. de la Ferronnays, M. Ratisbonne entra dans l'église. Il la parcourait froidement, cherchant
des objets d'art, lorsque tout à coup il se sentit poussé par une force
invincible vers une petite chapelle du côté de l'évangile. « Saisi d'un
trouble inexprimable, disait-il quelques moments après, j'ai levé les
yeux ; tout l'édifice avait disparu à mes regards ; une seule chapelle
avait, pour ainsi dire, concentré toute la lumière; et, au milieu de
ce rayonnement a paru debout, sur l'autel, grande, belle, pleine de
majesté et de douceur, la Vierge Marie, telle qu'elle est sur ma médaille. Trois fois j'ai essayé de contempler la Mère des miséricordes;
trois fois mes efforts inutiles ne m'ont permis de lever les yeux que
jusqu'à ses mains bénies, d'où s'échappaient, en gerbes lumineuses,
des torrents de grâces. Elle m'a fait signe de m'agenouiller ; elle a
semblé me dire : C'est bien ! Elle ne m'a point parlé, mais j'ai tout
compris. »

« En entrant dans l'église, au retour de ma commission, dit à son
tour M. de Bussière, je n'aperçois pas d'abord Ratisbonne ; mais je
le découvre bientôt agenouillé devant la chapelle de l'ange saint Mi-

chel. Je m'approche de lui, je le pousse trois ou quatre fois avant qu'il s'aperçoive de ma présence. Enfin il tourne vers moi un visage baigné de larmes, joint les mains, et me dit avec une expression impossible : « Oh! comme ce saint homme a prié pour moi (M. de la Ferronnays, dont personne ne lui avait parlé). »

« J'étais moi-même stupéfait d'étonnement ; je sentais ce qu'on éprouve en présence d'un miracle. Je relève Ratisbonne, je le guide, je le porte, pour ainsi dire, hors de l'église ; je lui demande ce qu'il a, où il veut aller : « Conduisez-moi où vous voudrez, s'écrie-t-il ; après ce que j'ai vu, j'obéis. » Je le presse de s'expliquer, il ne le peut, son émotion est trop forte. Il tire de son sein la médaille miraculeuse, qu'il couvre de baisers et de larmes. Je le ramène chez lui, et, malgré mes instances, je ne puis obtenir que des exclamations entrecoupées de sanglots. « Oh ! que Dieu est bon ! Que je suis heureux ! Quelle plénitude de grâce et de bonheur ! Que ceux qui ne savent pas sont à plaindre ! » Puis il fond en larmes, en pensant aux hérétiques, aux mécréants, à sa famille. »

« Lorsque cette déchirante émotion commence à se calmer, Ratisbonne, avec un visage radieux, je dirais presque transfiguré, me serre dans ses bras, m'embrasse, me demande de le conduire chez un confesseur, veut savoir quand il pourra recevoir le baptême, sans lequel il ne peut plus vivre ; soupire après le bonheur des martyrs. Il me déclare qu'il ne s'expliquera qu'après en avoir obtenu la permission d'un prêtre, « car ce que j'ai à dire, ajoute-t-il, ne peut se dire qu'à genoux. »

« Je le conduis aussitôt au *Gésu*, près du P. de Villefort, qui l'engage à s'expliquer. Alors Ratisbonne tire sa médaille, nous la montre et s'écrie : *Je l'ai vue, je l'ai vue!!!* Et son émotion le domine encore. Mais bientôt plus calme, il peut faire le récit de ce qui s'est passé, tel que nous venons de le donner, en s'interrompant souvent, comme pour respirer et contenir l'émotion qui l'oppresse. « Nous l'écoutions avec une sainte frayeur mêlée de joie et de reconnaissance, admirant la profondeur des voies de Dieu et les trésors ineffables de sa miséricorde. Un mot surtout nous avait frappés par sa mystérieuse profondeur : « *Elle ne m'a point parlé, mais j'ai tout compris.* » *Jamais en effet il n'avait ouvert un livre de religion, lu une seule page de la Bible. Le dogme du péché originel, totalement oublié ou nié par les Juifs de nos jours, n'avait jamais occupé un instant sa pensée. Il ne se rappelle pas en avoir connu même le nom ; en entrant à l'église il ignorait tout, en sortant il voyait clair. La foi catholique débordait de son cœur comme un parfum précieux du vase qui le renferme et ne peut le contenir.* Il parlait de la présence réelle et des autres vérités de la foi comme un homme qui en est profondément pénétré, comme un homme qui les *sent*. Ce sont ses appréciations. »

Il était heureux surtout de se dire que dans sa conversion on ne pouvait voir que le doigt de Dieu. « Quel motif pouvais-je avoir de changer de religion ? Est-ce l'intérêt ? Mais le mien n'était-il pas plutôt de rester ce que j'étais ? — Un attrait secret ? Mais on sait combien je haïssais la religion catholique ! — Des lectures antérieures ? Mais jamais de ma vie je n'ai ouvert un livre de religion ! — Mes liaisons ? Mais ma famille est juive, ma fiancée est juive, mon oncle est juif ; mes connaissances étaient mondaines, anti-religieuses : en me faisant catholique je romps toutes mes espérances de la terre. Et pourtant je ne suis pas fou, je ne l'ai jamais été. On doit donc me croire. Ma conversion est l'œuvre de Dieu et de la sainte Vierge. »

Ce qui s'était passé en lui n'avait pas seulement ému son âme ; mais l'avait retournée, dirigée dans un autre sens, transformée. Le monde n'était plus rien pour lui ; les préventions contre le Christianisme, les préjugés de son enfance avaient disparu sans laisser de trace : l'amour de Dieu avait tellement pris la place de tout autre amour qu'il lui fallait le baptême sans retard, afin de se consacrer sans réserve au service de l'Église.

Sa ferveur et les circonstances extraordinaires qui avaient accompagné sa conversion firent abréger les délais fixés par l'Église. Après une retraite de dix jours au Gésu, sous la conduite du P. de Villefort, il recevait le sacrement qui fait les chrétiens des mains du cardinal-vicaire, Mgr Patrizi. M. de Bussière lui servait de parrain et M. l'abbé Dupauloup, devant une assistance composée de ce que Rome comptait de plus illustre, célébrait la bonté du Seigneur et de Marie envers le nouveau converti : quelques jours après, le souverain pontife Grégoire XVI le serrait dans ses bras, le comblait de félicitations et de bénédictions.

La joie de M. Ratisbonne était ineffable. Il se renferma dans la solitude pour ne pas laisser se répandre au dehors les trésors de grâce dont il avait été comblé. C'est dans ce but qu'il demanda à faire partie de la compagnie de Jésus. Il y demeura dix ans, et au bout de ce temps, malgré son tendre et filial respect pour ce grand ordre, il revint à son premier projet de se consacrer à la conversion des Juifs. Pie IX approuva ce dessein. L'œuvre de Notre-Dame de Sion fut fondée et le rapide accroissement qu'elle a pris, le bien qu'elle a déjà opéré semblent indiquer suffisamment que c'était la place où la Providence appelait le P. Ratisbonne, quand elle le faisait entrer si miraculeusement dans le sein de l'Église.

ÉPILOGUE

On me permettra de finir par quelques mots qui eussent été mieux placés au commencement de ce volume. Bon nombre de lecteurs auront probablement trouvé mon récit trop sérieux et pour le fond et pour la forme. On aime tant à rire, aux jours où nous sommes. L'observation m'en a été faite, si je ne me trompe. J'aurais pu demander peut-être au critique : « N'est-ce pas vous qui ne seriez pas assez sérieux? » Quoi qu'il en soit, il ne m'a pas paru convenable de songer surtout à faire rire, en racontant un *voyage comme le nôtre, un pèlerinage de pénitence*. Je me suis proposé de dire des choses instructives, édifiantes, sans trop ennuyer mes lecteurs. Si j'ai réussi, j'en rends grâces à Dieu. Dans le cas contraire, les lecteurs ennuyés avaient la ressource de fermer le livre. — Personne ne leur en voudrait de l'avoir fait.

TABLE

TOURS, IMP. DESLIS FRÈRES, RUE GAMBETTA, 6